Jerome Yehuda Gellman

·

Perfect Goodness and the God of the Jews

A Contemporary Jewish Theology

Academic Studies Press

2019

Джером Йехуда Геллман

·

Совершенная благость и Бог евреев

Современная иудейская теология

Academic Studies Press

Библироссика

Бостон / Санкт-Петербург

2025

УДК 26
ББК 86.36
Г31

Перевод с английского Валерия Шубинского

Серийное оформление и оформление обложки Ивана Граве

Геллман Джером Йехуда.

Г31   Совершенная благость и Бог евреев. Современная иудейская теология/ Джером Йехуда Геллман [пер. с англ. В. Шубинского]. — СПб.: Academic Studies Press / Библиороссика, 2025. — 266 с. — (Серия «Современное религиоведение и теология» = «Contemporary Religious and Theological Studies»).

ISBN 979-8-887199-54-2 (Academic Studies Press)
ISBN 978-5-907918-39-9 (Библиороссика)

Абсолютная благость Бога древнееврейской Библии и раввинистической литературы — «Бога евреев» — нередко ставится под сомнение. Критика исходит как из сферы морали, где Его поступки воспринимаются как противоречащие универсальным человеческим нормам, так и в связи с «аргументом от зла», утверждающим, что количество зла в мире перевешивает любое добро. Обращаясь прежде всего к религиозному читателю, Джером Геллман стремится преодолеть первую из этих трудностей — так называемую идеологическую критику, — предлагая заменить образ «Бога евреев» на «еврейского Бога», в Которого верят последователи иудаизма. Вторая проблема — теодицея — получает у Геллмана новое осмысление, укорененное в еврейской философской и этической мысли.

Книга написана в аналитическом ключе, но при этом вдохновлена богословскими моделями хасидизма.

УДК 26
ББК 86.36

ISBN 979-8-887199-54-2
ISBN 978-5-907918-39-9

והערב נא ה׳ אלוקינו את דברי תורתך בפינו . . .
Сотвори сладкими, о Господи, слова Торы твоей в наших устах.

Утренняя молитва

Благодарности

Это третья книга, которую я публикую в издательстве Academic Studies Press. Я благодарен Дову Шварцу, включившему мои книги в серию «Эмунот: Еврейская философия и каббала», главным редактором которой он является. Academic Studies Press — лучшее место для моих книг. Коллектив издательства образцово показал себя в редактировании и выпуске этих трех книг. Я благодарен этим людям за их прекрасную работу. Я особенно благодарен Стюарту Аллену, чья редактура значительно улучшила книгу.

Я в долгу перед Институтом Ван Леера за то, что он позволил мне стать читателем библиотеки Полански, где я написал бо́льшую часть этой книги. Байла Пасиков, главный библиотекарь, и сотрудники библиотеки создали прекрасную среду, позволившую мне писать сосредоточенно (и с чашкой чая). Их вклад в написание этой книги — основополагающий.

Ширли Зауэр отредактировала сноски и составила для этой книги библиографию. Благодарю ее за прекрасную и кропотливую работу.

Многие люди помогали мне и ободряли меня во время написания этой книги. Мой давний друг Джонатан Малино прочитал бо́льшую часть книги и сделал много важных комментариев, которые подтолкнули меня к серьезным изменениям. Он избавил меня от некоторой путаницы и неясностей, а иногда и глупостей. В какой-то момент, когда я подумал о том, чтобы сдаться, Джонатан вернул меня в нужное русло. Его вклад был неоценим.

Кэсс Фишер любезно и внимательно прочитал несколько глав. Обладая широкими познаниями и большим интересом к еврейскому богословию, он предложил несколько существенных исправлений, которые я частью принял, частью же его предложения побудили меня уточнить и прояснить свои формулировки. Его вклад был жизненно важен для моего проекта. Стивен Кепнес дал очень хорошие отзывы о некоторых частях книги. Его поддержка была ценна для меня. Менахем Келлнер прочитал отрывки из рукописи и особенно помог мне в том, что я писал о Маймониде. Я высоко ценю его поддержку и опыт.

Партнер по исследованию, Элиот Сакс, на протяжении всего периода выступал в роли лояльной оппозиции. Он не согласился с некоторыми моими главами и любезно написал обширные разъяснения своей позиции. Некоторые его соображения подтолкнули меня к важным изменениям.

Мой дорогой сын Уриэль (величайший в мире знаток современного польского еврейства!) оказался очень эффективным в поиске хасидских текстов, которые я помнил, но забыл, где я их видел. Он также рекомендовал некоторые хасидские источники, о которых я прежде не знал и которые включил в эту книгу.

Люди из синагоги Якар в Иерусалиме, директор Раббанит Гила Розен и ее сын, раввин Шломо Дов Розен, не принимали участия в моем проекте. Тем не менее молитвенная атмосфера, которая создана в синагоге Якар, была для меня очень ценным духовным подспорьем при работе над книгой. (Я не претендую на согласие ее руководителей с тем, что я здесь написал.) Моя благодарность им велика.

Тамар Росс многие годы вдохновляла меня на нескольких уровнях. Ее огромная работа в области современной еврейской теологии определила значительную часть повестки дня современных ортодоксальных еврейских богословов. Хотя у нас есть и разногласия, она больше, чем кто-либо другой, определила те вопросы, которые, как я убедился, требуют серьезного погружения, и подняла дискуссию на новый уровень.

Я обязан покойному Дэвиду Хартману за наши многочисленные беседы, которые касались моральных проблем в иудаизме. Хотя мы не всегда были согласны по всем пунктам, его напряженная забота об истине убедила меня прямо и откровенно взглянуть в лицо моральным проблемам. Хочу выразить огромную благодарность множеству замечательных людей, которые научили меня иудаизму и философии. С особой благодарностью отмечаю своего многолетнего учителя, религиозного философа Элвина Плантингу, с которым я поддерживаю связь на протяжении многих лет. Учение этого набожного христианина-реформиста оказало глубокое влияние на мою, религиозного еврея, жизнь.

Эди, моя жизнерадостная жена, всегда с любовью поощряла меня писать и опубликовать эту книгу, хотя она может не согласиться со всем, что я здесь пишу. Я глубоко благодарен ей за ее любовь, понимание и постоянную поддержку во все годы нашей супружеской жизни. Дай ей Бог здоровья и счастья на долгие годы.

Некоторые фрагменты восьмой главы перепечатаны из Европейского религиозно-философского журнала (European Journal for Philosophy of Religion) с разрешения редакции[1].

---

[1] Jerome Gellman. On God, Suffering, and Theodical Individualism // European Journal of Philosophy of Religion. 1 (2010): P. 187–191.

К читателю

Будда однажды говорил о правильных и неправильных способах понимания его учения. Он сравнил их с правильным и неправильным способами ловли змеи. По его словам, ловить змею за хвост — неправильный способ. Змея повернется и укусит тебя. Ты должен поймать змею за голову, чтобы она не смогла повернуться. Даже если она обовьет хвостом твою руку, это тебе не повредит. Будда продолжает: если ты схватишь мое учение за хвост, оно обернется против тебя и причинит тебе боль. Ты должен воспринять мое учение с головы, и тогда оно принесет тебе пользу (*Ариттха Сутра*)[1].

Говоря о ловле змеи за хвост, Будда имел в виду тех, кто принимает его учение, не осознавая, что оно направлено за собственные пределы. Когда кто-то указывает на луну, такие люди пристально смотрят на палец указующего, а не на луну. Те, кто понимает учение «с головы», смотрят на палец, но знают, что надо смотреть на луну.

Честно говоря, только когда я начал читать хасидские тексты, я понял, что все это время держал свой иудаизм за хвост. Я не понимал, что мой иудаизм оборачивается против меня и кусает меня. Чтение хасидов научило меня не бояться брать свой иудаизм за голову, и он уже не причиняет мне вред, а помогает идти вперед по этой извилистой, неровной, неизведанной тропе под названием жизнь.

---

[1]   https://www.oum.ru/literature/buddizm/alagaddupama-sutta-primer-so-zmeyey/ (дата обращения 05.03.2025)

Таким образом, эта книга основана на широко понимаемом хасидском образе мышления на темы еврейского богословия. Я благодарен Тому, кто читает мое сердце, за то, что Он дал мне способ понять, что мне не следует продолжать смотреть на палец моего иудаизма, а надо идти дальше — вплоть до луны.

Я посвящаю эту книгу своим внукам и правнукам, с молитвой о том, чтобы они не побоялись схватить змею за голову.

Введение

Это книга посвящена апологетике традиционного иудаизма. Термин «апологетика» имеет плохую репутацию в глазах некоторых, потому что они имеют в виду то, что я называю «отвергающей апологетикой», то есть защиту своей веры через категорический отказ принимать то, что требует как-то модифицировать религию. Хотя такая отвергающая апологетика может быть честной и благородной, за ней может скрываться также явная нечестность, отсутствие информации (или намеренное нежелание ее получить), очевидные заблуждения или рассуждения настолько запутанные, что кажутся явно приспособленными к конкретному случаю. Есть и другие формы апологетики. Существует «апологетика отступничества», назовем это так, которая стремится представить еврейскую традицию как идентичную — или почти идентичную — нынешним идеям, бросающим этой традиции вызов. Так происходит, например, когда евреи позволяют «иудаизму» стать еще одним названием для либеральных, демократических ценностей, ценностей свободы, равенства и экологии: Песах становится праздником политической свободы; Ханука — одним из случаев национального самоопределения; Суккот и 15-й день Швата — праздниками природы и т. д. «Апологетика отступничества» достигает успеха, исподволь заявляя, что, когда вера сформирована *должным образом*, она выглядит *точно* так же, как якобы превосходящие ее светские альтернативы. И отвергающие апологеты, и отступники решают все проблемы для своих приверженцев, каждые по-своему.

Моя апологетика традиционного иудаизма — ни отвержение, ни отступничество. Я начинаю с принятия традиционного иудаизма и взвешенно рассматриваю предполагаемые угрозы или проблемы. Когда постановка очевидной проблемы оказывается чисто спекулятивной и становится привлекательной, например, в силу своей новаторской (или даже бунтаркой) природы, либо является популярной причудой, ее можно отклонить: она не представляет собой настоящей угрозы для моей апологетики. Если трудность сводится к произвольному бунту против традиции, мало чем подкрепленному, не опирающемуся на жесткие доказательства или веские аргументы, ею также можно пренебречь. Однако, когда предполагаемая проблема подкрепляется строгим мышлением, сильным моральным суждением, убедительными конкретными доказательствами и/или раскрывает реальные внутренние трудности, касающиеся веры, то она должна быть взвешена как причина для корректировки традиции; в этом случае мы должны быть готовы к изменениям, хотя и осторожным, и, возможно, против собственной воли. В данном случае я занимаюсь тем, что называю «уязвимой апологетикой». Она начинается с признания того, что могут быть ситуации, где апологетика может не добиться успеха, и что традиция требует пересмотра. Тем не менее уязвимая апологетика отступает только тогда, когда ее подтолкнет к этому сила доказательств и аргументации. Она не уступит ни одной из других форм критики, которые я перечислил выше — идеям, которые политкорректны или просто популярны, но при том плохо аргументированы, эксцентричны или просто основаны на мировоззрении, с самого начала расходящемся с традиционным иудаизмом.

Моя книга адресована в первую очередь традиционным приверженцам иудаизма, для которых вызовы, которые я описываю, являются проверкой их *эмуны*, веры в Бога, и доверия к нему. Они верят в истинность традиционного иудаизма или, чаще, верят, что в традиционном иудаизме *достаточно истины*, чтобы заслужить их верность и преданность. Тем не менее вопросы этой книги должны быть важны для любого еврея, который верит в Бога, и любого верующего теиста. Моя уязвимая апологетика реагирует на *реальные* проблемы традиционного иудаизма одним из двух способов: она либо решает проблему, изменяя традицию, когда это необходимо и в минимально возможной степени; либо снижает остроту проблемы до такого состояния, когда она может быть умерена человеческой *эмуной*, и вера может сосуществовать с ней, не требуя ее полного решения, в надежде на лучшие дни.

В связи с этой уязвимой апологетикой в предыдущих книгах я счел необходимым предложить новую концепцию евреев как избранного народа [Gellman 2012]. Я также осознал, что мне приходится принять широко распространенное мнение ученых о том, что Тору уже нельзя считать достоверным свидетельством об исторических событиях, по крайней мере, в деталях. Поэтому я предложил теологию Торы и истории, которая учитывает этот факт, сохраняя при этом настолько много из традиции, насколько это возможно [Gellman 2016].

Темой этой книги является Бог, или, точнее, «Бог евреев», ЯХВЕ еврейской Библии и раввинистической литературы. Моя цель — продемонстрировать, что вполне возможно быть приверженцем традиционного иудаизма, который в то же время принимает умеренную форму вновь возникающей западной морали. Таким верующим, как я, который верит, что Бог — это в высшей степени благое существо.

Первая глава книги объясняет основу ее богословского метода, чтобы читатель знал мою точку зрения касательно «права» на веру в традиционном иудаизме и «права» претендовать на объективную истину. В частности, я объясняю, почему я не принимаю постмодернистскую концепцию истины. Это имеет решающее значение для методологии моего проекта и поможет избежать последующих недоразумений.

Во второй главе объясняется, что я подразумеваю под «совершенно благим существом». Я утверждаю: чтобы быть совершенно благим, нужно обладать максимальной добротой, совершенной силой, совершенным знанием, существовать вечно, быть творцом и владыкой мира и поддерживать активную связь с творением. Как я уточняю дальше, то, что я имею в виду под «совершенством», не включает в себя всемогущество, всеведение или неизменность.

В третьей главе собраны избранные места из Еврейской Библии и раввинистических текстов, которые подтверждают совершенную благость Бога или указывают на нее. В этих текстах проявляется желание видеть Бога евреев, ЯХВЕ, совершенно благим существом. Главным аргументом в пользу совершенной благости Бога является библейское повеление любить Его безусловно и абсолютно. Я предполагаю, что это повеление религиозно оправдано только в том случае, если Бог является совершенно благим существом.

В следующих двух главах я рассматриваю два вызова идее о том, что Бог — совершенно благое существо. Первый — это «идеологическая критика» Божьих недостатков, особенно моральных, как они изображены в еврейской Библии и раввинистической литературе. В этих текстах создается впечатление, что Бог евреев не вполне добр. Второй вызов — классический «аргумент от зла», цель которого — показать, что не существует совершенно благих существ. Если же их не существует, то и Бог евреев не совсем благ.

Цель моей книги — оказать верующему человеку поддержку как перед лицом идеологической критики Бога, так и «аргумента от зла», оспаривающего возможность, что Бог совершенно благ. Не ждите от меня решений, не доступных более никому. Но я очень надеюсь, что для того типа традиционных евреев, к которым я обращаюсь, чаша весов склонится в сторону веры в совершенную благость Бога.

Четвертая глава посвящена идеологической критике Бога — критике, которая основывается на том, каким Бог предстает в еврейской Библии и раввинистической литературе. Идеологическая критика утверждает, что у Бога есть моральные недостатки и другие ограничения. Идеологическая критика связана с двумя проблемами. Одна из них — *практический вопрос*: как современный еврей может жить *сейчас* традиционной еврейской жизнью, не подрывая при этом всерьез современные моральные основы. Назовем это «идеологической критикой современности», или, сокращенно, «современной критикой». Второе — это то, что я называю «идеологической критикой истории», или, короче, «исторической критикой». Даже если современная критика смягчается, историческая критика решительно задается вопро-

сом, как современный традиционный еврей может смириться
с тем фактом, что *давным-давно* еврейская Библия и раввинистическая литература изображали Бога существом с явными моральными недостатками. Только некоторые из этих недостатков
подверглись рассмотрению со временем, постепенно, тогда как
другие стали проблемой только сейчас. Как объяснить, почему
Бог допустил подобное, если предполагается, что Бог совершенно благ?

В пятой главе представлен второй моральный вызов — «аргумент от зла». Этот аргумент исходит из того, что количество
и разнообразие зла в нашем мире исключает возможность существования совершенно благого существа. Зло, о котором идет
речь, включает в себя зло, на которое указывает историческая
критика изображения Бога в традиционных еврейских текстах.
Это проблема, которая остается в полной силе, даже если мы
полностью разобрались с современной критикой.

Глава шестая — это ответ на «аргумент от зла», который я называю «ответом смирения». Этот ответ показывает несколько
причин, в силу которых мы не в состоянии судить Бога морально.
Согласно ответу смирения, ни аргумент от зла, ни идеологическая
критика не могут сдвинуться с мертвой точки. Однако я утверждаю, что мы должны дополнить ответ смирения дальнейшими
соображениями, если хотим склонить чашу весов в свою пользу
и перевесить аргумент от зла — чтобы продолжать действовать,
веря, что совершенно благой Бог — истина, или истина в доста-
точной степени, чтобы в нее верить. Глава завершается первым
из моих дополнений к ответу смирения: акцентируемой в традиционном иудаизме благодарностью Богу за благо, которое мы
испытали в нашей жизни.

Глава седьмая предлагает второе дополнение к ответу смирения, противодействующему современной идеологической критике. (Исторической критике посвящена одна из последующих
глав.) В еврейской традиции два основных движения радикально
изменили образ Бога евреев. Они содержатся, соответственно,
в средневековой еврейской философии и хасидской мысли, во
многом основанной на каббале. Первое в первую очередь заин-

тересовано в том, чтобы сделать Бога евреев совершенным Богом *как таковым*. Второе, на мой взгляд, хочет сделать Бога евреев совершенно благим. В процессе этой рецепции в традиционном иудаизме появляется Бог евреев, специфически *еврейский* Бог, осознанный евреями. Верующий должен признать Руку Божью в этом развитии иудаизма, поскольку процесс усвоения происходит под Божественным руководством. (Мою концепцию Божественного Провидения см. в восьмой главе.) Через наше еврейское усвоение Бог открывает нам больше Божественного. Мы должны, однако, сохранять осторожность и продвигаться в этом начинании со смирением и уважением.

Прошлые модификации Бога не соответствуют тому, что нам нужно сегодня. Потому в этой главе я предлагаю хасидский путь в качестве прототипа для современного и все продолжающегося усвоения евреями идеи совершенно благого Бога. Этот тип модификации обещает дальнейшее развитие, которое потенциально может противопоставить современной идеологической критике подходящий образ еврейского Бога.

Восьмая глава начинается с того места, на котором закончилась предыдущая, и в ней исследуется хасидское представление о «части Бога свыше» и его связь с хасидской идеей совершенно благого Бога. Я называю этот хасидский взгляд «теологическим панпсихизмом», намекая на панпсихический принцип, согласно которому ментальное пронизывает всю созданную реальность. Крупные философы и ученые защищали панпсихизм, и я нахожу поучительные параллели между ним и хасидским учением. Глава завершается соединением темы «дарованной свыше части Бога» с более ранним ответом на современную идеологическую критику.

В девятой главе представлен еще один дополнительный элемент «ответа смирения». Это «возможная теодицея» для большей части (но не всех) мировых зол, которая применима и к идеологической критике истории. Просто теодицея рассказывает предположительно правдивую историю, объясняющую, почему совершенно добрый Бог *допускает* зло, а возможная теодицея рассказывает лишь о том, почему совершенный Бог, *возможно*, допустит зло.

Цель старой доброй теодицеи состоит в том, чтобы дать реальные обоснования зла в мире, где существует совершенное существо. Цель возможной теодицеи — противостоять чувству, что невозможно, чтобы совершенный Бог по какой-либо причине допустил зло. Учитывая ответ смирения, любая возможная теодицея должна быть частичной и скромной в своих притязаниях. Глава завершается применением моей возможной теодицеи к ответу на историческую критику Бога.

К концу книги я надеюсь показать, что традиционный еврей, задетый современными нравственными чувствами, может поверить в совершенно благого Бога, если: 1) он признает, что Бог в значительной степени находится за пределами нашей способности к суждению; 2) он признает, что продолжающийся проект по превращению Бога евреев в совершенно благого еврейского Бога — это обязанность как перед Богом, так и перед нами самими; 3) он в состоянии представить себе причину, по которой Бог может позволить по крайней мере значительную часть мирового зла; 4) он способен использовать свою веру и доверие к Богу для решения проблем, которые продолжают существовать в уменьшенной форме.

Глава 1
Мой богословский метод

Моя аргументация в этой книге восходит ко времени, когда я завершил среднее образование в Ортодоксальной йешиве в Детройте, Мичиган, и поступил в 1950-е годы в местный университет. Молчаливо подразумевалось, что мне не следует изучать ни психологию, ни философию, так как они противоречат иудаизму (библиистика тогда даже не рассматривалась). Потому, естественно, я выбрал в качестве предмета обучения философию и психологию и получил магистерскую степень по философии, с дополнительной специализацией по психологии. В итоге я защитил диссертацию по философии и делал карьеру в этой области.

Итак, я учился на философском отделении, и мы читали в издании 1952 года бестселлер А. Дж. Айера «Язык, правда и логика» [Ayer 1952]. Эта работа была ведущим текстом логического позитивизма, направления, которое существовало за много лет до Айера. Согласно Айеру и логическому позитивизму, утверждение «Бог существует» — не только не истинно, но даже не ложно. Оно в точном смысле слова бессмысленно, как ряд закорючек на бумаге. Эта точка зрения настолько утвердилась в философии, что даже иные богословы начали принимать ее и отказываться от веры в то, что существование Бога — истинно. Одно время некоторые христианские богословы, которые в таком духе отрекались от Бога — Джон Робертсон, например, — пользовались широкой популярностью [Robertson 1963]. Я был в средоточии всего этого и весьма беспокоился по поводу моего религиозного будущего. Для меня не существовало религии без Бога. Что же мне было делать? Власть философии надо мной тогда, в студенческие годы, была настолько сильна, я был настолько охвачен бунтом против идеи о том, что мне не следует изучать философию, что я не видел выхода.

Однако в один прекрасный день я понял, что у меня кое-что шиворот-навыворот. Я перепутал мое эпистемологическое «внутри» с эпистемологическим «вне». Я тогда воспринимал свою религиозную веру как мое эпистемологическое «вне», которое нуждается во внутренней оценке и ожидает приглашения во-внутрь, а мой позитивистский философский класс — как часть того, что находится внутри. Я задумался о том, что отношусь к своей идентичности в качестве студента-философа как к выиг-рышной позиции, с которой я могу судить свою идентичность ортодоксального еврея. Я понял, что ничто не заставляет меня учинять такой суд, и что на деле мне не стоит его учинять. Я был больше уверен в ключевых положениях моей веры, чем в осно-вательности аргументов лежащей передо мной книги[1]. Я увидел, что именно мой иудаизм — та выигрышная точка, с которой я могу судить о взглядах других, в том числе об элементах фило-софских учений. Когда я посмотрел на книгу Айера с этой точки зрения, я обнаружил, что за ней не стоит ничего основательного и ничего такого, что даже *начинало бы* бросать вызов существо-ванию Бога. Я увидел, что в действительности это не более чем свежая философская мода — захватывающе новая и бунтарская, но не более того. Я пришел к пониманию того, что с точки зрения любой успешной теории семантических значений слова «Бог

---

[1] Людвиг Витгенштейн комментирует уверенность Дж. Э. Мура в том, что у него есть две руки, говоря, что это не собственная уверенность Мура, а знак того, что Мур разделяет распространенную социальную веру в то, что две руки требуются для жизни. Исходя из этого можно сказать, что и моя уве-ренность не была личной, а определялась базовыми рамками моей религи-озной идентификации. Однако из того, что уверенность основана на соци-ально детерминированном допущении, не следует, что она не переходит в индивидуальную веру или хотя бы в частное убеждение. См. среди проче-го см.: Людвиг Витгенштейн «О достоверности» https://opentextnn.ru/old/man/index.html@id=4600 (дата обращения 5 марта 2025 г.).

существует» должны быть семантически значимы. Значит, утверждение «Бог существует» либо истинно, либо ложно.

Мое решение о том, что моя религия является арбитром философии, однако, поставило меня перед лицом новых опасностей. Оно вело к чистому догматизму и могло легко свестись к убеждению в том, что ничто в философии не может изменить или даже уточнить какой-либо элемент моей религиозной веры. Моя позиция могла подвигнуть меня к защитной стратегии, придуманной только для того, чтобы держать внешний мир на расстоянии протянутой руки — к худшему варианту отвергающей апологетики. Именно поэтому я увидел, как важно принять апологетику сознательно уязвимую, с самого начала допускающую возможность того, что какие-то компоненты моей религиозной веры значительно ослабеют. И в то же время эта апологетика не должна была сдаваться под напором простой популярности или острых ощущений, которые дает бунт против старых ценностей.

В результате богословский метод этой книги — то, что я называю «структурно-эпистемологическим консерватизмом». Простой «эпистемологический консерватизм» (без рамок) предусматривает, что если у человека уже есть вера, то ему позволено сохранять ее, если у него нет веской причины от этой веры отказаться. Подразумевается, что без веской причины человек своей верой не пожертвует. И это не зависит от того, какое основание есть у личности для ее нынешней веры. Попросту говоря, простой эпистемологический консерватизм разрешает слишком многое. Вот хороший пример того, почему он не работает:

Представьте, что вы подбросили монетку, и не видите места, куда она упала. Не глядя, я решаю, что она упала «решкой». Я не считаю монету фальшивой (падающей все время на одну сторону) и не считаю себя телепатом... Я просто верю, что монета упала решкой. Теперь: тот факт, что я сейчас верю в то, что она упала «решкой», не укрепляет меня в том, чтобы и дальше верить в то, что она упала «решкой». Никакая вера в ориентацию монеты не может быть подтверждена в моей нынешней ситуации (не)свидетеля [Christensen 1994: 74].

Это очевидно. То, что я (так уж случилось) *уже* поверил в то, что монета упала «решкой», едва ли хорошая причина для того, чтобы сохранять эту веру. Если бы я должен был сформулировать свою веру таким образом, что падение монеты «решкой» есть *истина*, я не был бы спокоен ни одной минуты, покуда разделяю ее.

Однако структурно-эпистемологический консерватизм лишен этого порока. Этот вид консерватизма применим только к верованиям, возникающим внутри более или менее разграниченной структуры или в обрамлении других взаимосвязанных верований, примером чего являются религиозные убеждения. По словам Кевина Маккейна, этот тип эпистемологического консерватизма исходит из

> ...распространенного интуитивного представления о том, что, когда возникает необходимость пересмотреть наши убеждения, нам следует попытаться пересмотреть наш набор убеждений по частям, а не целиком. Таким образом, когда мы пытаемся устранить несоответствия, возникающие в нашем наборе убеждений и сформировать убеждения новые, мы пытаемся сохранить, насколько это возможно, как можно больше от наших первоначальных убеждений... Мы не решаемся покончить с нашими убеждениями, потому что интуитивно мы думаем, что, если уж мы придерживаемся своей веры (пусть это и не считается доказательством/доводом в пользу этой веры), стоит сохранять эту веру до тех пор, пока у нас не будет причин от нее отказаться[2].

Идея состоит в том, что, если убеждение встроено в расширенную структуру взаимосвязанных убеждений, человек имеет право продолжать поддерживать это убеждение до тех пор, пока у него не появится веская причина отказаться от него на время

---

[2]   [McCain 2008: 187–188]. МакКейн излагает свою точку зрения не в тех терминах, которыми я пользуюсь здесь, такими как структурно-эпистемологический консерватизм. Тем не менее его отсылка к «набору верований», а затем апелляция к «согласованности» верований определенного человека близки к тому взгляду, который я здесь предлагаю.

или насовсем[3]. Чем глубже проникла вера в структуру сознания, тем сильнее должна быть критика, чтобы вытеснить ее. Другими словами, чем большее количество других верований, входящих в эту структуру, придется человеку отвергнуть в силу отказа от какого-либо одного верования, тем бо́льшую роль играет это верование в структуре его личных убеждений. В этом случае структурно-эпистемологический консерватизм требует более сильных контраргументов, прежде чем человек откажется от этого верования. От верований, находящихся на границах структуры убеждений, легче отказаться, и поэтому для их вытеснения требуются более слабые контраргументы. Другими словами, от нас не требуется отказываться от уже существующей структуры убеждений и начинать все сначала из эпистемологической неопределенности. (Непонятно, как это вообще возможно.) Вместо этого моя богословская позиция предполагает правильность структурно-эпистемологического консерватизма.

Структурно-эпистемологический консерватизм в качестве следующего шага подразумевает, что вовлечение в стратегии самозащиты не является грехом, если эта самозащита направле-

---

[3] На протяжении десятилетий философы как сумасшедшие спорили о том, что должно произойти, когда вы понимаете, что другие, такие же умные, хорошо информированные и, казалось бы, такие же честные, как вы, обладают структурой религиозных убеждений, несовместимой с вашей. С одной стороны, есть философы, которые утверждают, что это является веской причиной для того, чтобы на время отказаться от вашей структуры религиозных убеждений или по крайней мере придерживаться ее лишь условно; другие отрицают, что это вообще является веской причиной для таких изменений в ваших убеждениях. Я отношусь к последней группе и отстаиваю свою позицию в ряде публикаций. К сожалению, погружение в эти джунгли выходит за рамки этой книги. См. мои статьи: "Religious Diversity and the Epistemic Justification of Religious Belief," Faith and Philosophy 10, no. 3 (1993). P. 345–364, перепечатано в: Philosophy of Religion, The Big Questions, eds. Michael J. Murray and Eleonore Stump (Oxford, Blackwell: 1999), p. 441–453; "Epistemic Peer Conflict and Religious Belief," Faith and Philosophy 15 (1998). C. 229–235; "In Defense of a Contented Exclusivist," Religious Studies 36 (2000), p. 401–417; и "Jewish Chosenness and Religious Diversity—A Contemporary Approach," в сборнике Religious Perspectives on Religious Diversity, ed. Robert McKim (Leiden: Brill, 2016), p. 21–23.

на на поддержание уже существующей более широкой структуры. Мы не должны пренебрегать стратегиями самозащиты просто потому, что они носят оборонительный характер; следует судить о них по тому, насколько они разумны или неразумны для поставленной цели. Об этом судить трудно. Если человек изначально не симпатизирует вам, он будет склонен считать данную стратегию самозащиты неразумной или иррациональной. Если вы ему изначально симпатичны, он будет даже слишком готов одобрить данную оборонительную стратегию. Требуется взвешенное суждение, но даже в этом случае вероятность разногласий велика.

Вот почему следует представить свои стратегии самозащиты читателям, как это делаю я на следующих страницах. Реакция читателя позволяет увидеть себя чужими глазами. Это понимание помогает нам со временем приблизиться к истине. Развитие конкурентной защитной стратегии — наиболее эффективный способ приблизиться к истине. Каждый стратег будет, учитывая свою личную приверженность, выражать свою точку зрения настолько убедительно, насколько может, и благодаря жесткой конкуренции появляется шанс продвинуться к истине. Это особенно справедливо для точек зрения тех, кто находится на периферии общества или «правильных» научных дисциплин; речь не только о женщинах и цветных, с чьими проблемами мы знакомы, но обо всех, кто игнорируется в мейнстриме эпистемологии. Среди этих позиций есть позиции традиционных евреев, чьи религиозные взгляды вряд ли являются парадигмами того, что теория эпистемологии стремится сохранить или узаконить. Традиционные еврейские взгляды могут помочь исправить узко истолкованные популистские эпистемологические предубеждения.

Наконец, и это самое главное, я принимаю во внимание мои личные отношения с Богом. Я молюсь Богу и временами чувствую присутствие Бога в моей жизни. Моя теология касается не только меня и читателя. В идеале она должна быть сознательно создана для Бога и с Богом. Было бы серьезным нарушением моих отношений с Богом игнорировать эти отношения, на которых основана моя теология. Я обязан своим отношениям с Богом стремлением к особой осторожности. Августин писал об этом предостережении в категоричной форме: «Я предпочитаю быть нелюбопытным, чем быть отлученным от Бога»[4]. Я стремлюсь к тому, что по-еврейски называется *тмимут*. Это слово сложно перевести на английский язык. Оно имеет следующие значения: быть простым; несложным; невинным; доверчивым; верным, благочестивым; цельным; совершенным без порока; преданным. Понятие тмимут относится к личным отношениям человека с Богом, как во Второзаконии 18:13: «Вы будете тамим с Господом, Богом вашим» (рус. пер. — «Будь непорочен пред Господом, Богом твоим») («тамим» — прилагательная форма от «тмимут»). Учитывая это, верующий теист должен выполнять любую богословскую задачу в молитвенном ключе — подобно тому, как Ансельм Кентерберийский молился Богу о руководстве, намереваясь доказать существование существа, лучше которого ничего не могло бы быть задумано, а именно Бога.

* * *

Мой структурно-эпистемологический консерватизм создает известный соблазн: можно подумать, что, поскольку я говорю, что разные люди имеют право отстаивать разные структуры убеждений, я, должно быть, отказываюсь от истины. Можно сказать: «Все относительно». Это было бы ошибкой. Эпистемологический консерватизм относится только к тому, во что человек имеет право верить в любой момент. Это не исключает того, что человек может считать то, во что он верит, *истиной* в объективном, метафизическом смысле. Тогда он имеет право верить, что его верования являются истиной, если не доказано иное.

Моя теология утверждает истину существования Бога, а также других компонентов традиционного иудаизма. Утверждая истину существования Бога, я хочу сказать, что утверждению «Бог существует» соответствует положение вещей, которые су-

---

[4]   Августин. О нравах католической церкви и нравах манихеев (в оригинале ссылка на английский перевод, [Augustine 2015]; на русский не переводилось).

ществуют объективно и независимо от того, что мы можем думать об этом, независимо от того, как мы это описываем. Бог реален. Значение слова «истинность», когда я ее приписываю утверждению «Бог существует», то же самое, что и когда я приписываю «истинность» утверждению «Я сейчас сижу за компьютером». В обоих случаях истинность связана с тем, что каждое утверждение точно записывает что-то, соответствующее реальности. Конечно, в обоих случаях природа утверждаемой реальности весьма различна — Бог против меня и моего компьютера, — но природа истины едина, а именно: корреспондентная истина.

Далее: есть три философские позиции, которые бросают вызов моей консервативной структурной эпистемологии и моему корреспондентному подходу к истине, и я чувствую необходимость сейчас их коснуться. Эти позиции имеют довольно широкий круг последователей в определенных интеллектуальных кругах, а также некоторое влияние за пределами этих кругов. Назову их: «экспрессивистское возражение», «возражение происхождения» и «постмодернистское возражение». Я делаю вывод, что они, по отдельности или вместе, не дают мне достаточных оснований изменить мое мнение о корреспондентной истине и структурно-эпистемологическом консерватизме.

ЭКСПРЕССИВИСТСКОЕ ВОЗРАЖЕНИЕ

Экспрессивист возражает против самой идеи, что, поддерживая религиозные верования, человек претендует на фактические утверждения. Классическое изложение этой позиции было дано Р. Б. Брейтуэйтом, и оно заслуживает подробного рассмотрения [Braithwaite 1971: 72–91] Брейтуэйт основывал свою позицию на общем философском взгляде («принципе верификации», любимом Айером), от которого с тех пор отказались почти все философы. Нас это не должно интересовать, поскольку меня больше интересует жизнеспособность самого экспрессивизма, чем его исторические корни. Вот примеры цитат от Брейтуэйта, передающих суть его экспрессивизма:

1. Религиозное утверждение используется для выражения отношения.... Оно используется не для утверждения того факта, что [человек] определенным образом относится к чему-либо; оно используется, чтобы показывать или проявлять [свое] отношение. (78)

2. [Религиозные утверждения] — это прежде всего декларации приверженности определенной политике действий, декларации приверженности известному образу жизни. (80)

3. Я сам принимаю совокупность христианских утверждений как нечто, следующее из провозглашенных намерений следовать агапеистическому образу жизни. (81)

4. Должно быть какое-то более важное различие между агапеистически ведущим себя[5] христианином и агапеистически ведущим себя евреем, чем то, что первый посещает церковь, а второй — синагогу.

...По-настоящему важное различие, я думаю, следует искать в том, что намерения проводить политику поведения, которая может одинаковой для разных религий, связаны с размышлениями о разных историях (или наборах историй). (84)

5. На мой взгляд, нет необходимости для провозглашающего религиозную идею верить в правдивость историй, связанных с этой идеей [Braithwaite 1971: 85–86].

Таким образом, согласно Брейтуэйту, утверждение, что «Бог существует» или что «Бог дал Тору еврейскому народу», не утверждает никакой истины. Оно выражает, скорее, положительное отношение к образу жизни, связанному с этими утверждениями, или приверженность соответствующему образу жизни. Оно поддерживает ценности данной религиозной жизни. Далее, все, что отличает религиозного еврея от христианина — это разные истории, которые они рассказывают применительно к своему образу жизни, даже если они описывают два своих образа жизни примерно одинаковыми словами. Если Брейтуэйт прав, мое утверждение о моих религиозных убеждениях не имеет ничего общего с истиной и является лишь симптомом моей симпатии к определенному религиозному бренду. Короче говоря, слова «Бог

---

[5] Это означает: проводить политику, цель которой — чистая, безусловная любовь.

существует» больше похожи на «Ух ты!», сказанное о вкусном мороженом, а не на утверждение: «Я сижу за компьютером».

Экспрессивизм проник во взгляды некоторых современных традиционных еврейских философов. Например, Ави Саги решительно пишет:

> Претензии на правду в том, что касается мира, Бога и важнейших событий, таких как откровение на Синае, не имеют религиозного значения. Другими словами, религия — это система ценностей, которая не опирается на метафизические предположения или фактические данные, которые можно было бы перевести в утверждения об истине, и не отражает их [Sagi 2009: 27].

«Религия», таким образом, не обязана претендовать на истину, а является лишь системой ценностей, которым люди выражают приверженность или с помощью которых народ выражает соответствующие ценности. Они не могут быть фактически истинными (или ложными) по своей природе.

Тамар Росс также придерживается позиции экспрессивистского типа [Ross 2004]. Она пишет:

> Когда ортодоксальный еврей говорит: «Я верю в Тору Небесную», его основная задача состоит не в том, чтобы обсуждать факты или устанавливать историю... Это отражает его желание принять гораздо более строгие требования, которые будут регулировать всю его жизнь [Ross 2004: 194].

> Цель этого утверждения [что Тора Божественна] состоит в том, чтобы подтвердить высший смысл и ценность определенного образа жизни и мировоззрения [Ibid.].

> Основная цель религиозной доктрины действительно состоит в том, чтобы придать смысл «образу жизни», который мы ведем [Ibid.: 196].

> Вера в Божественное откровение для традиционных евреев просто означает лояльность к Торе и образу жизни, который она пропагандирует [Ibid.].

Теперь позвольте мне с самого начала сказать, что, поскольку это «свободная страна», все вольны говорить о Боге так, как им хочется. Они могут подразумевать под Богом «природу» или «свою главную заботу» или использовать разговор о Боге как секретный код, который не известен никому, кроме пользователей кода. Люди могут использовать любые слова так, как они хотят. Что недопустимо, так это проецировать свою позицию на всех остальных. Одно дело заявлять в ходе разговора о Боге о своих устремлениях, но совсем другое — сделать фактическое утверждение о том, что люди делают, когда кажется, что они заявляют о религиозных истинах.

Исходя из моего собственного опыта общения с единоверцами (а иногда и с самим собой), я согласен, что экспрессивистская цель у верующих действительно существует в их религиозном языке. То есть я согласен, что высказывания типа «Бог избрал евреев» и «Бог даровал Тору» часто используются, чтобы выразить намерение следовать еврейской религиозной практике. Я также согласен, что иногда такие заявления — средство просигнализировать о своей принадлежности к «группе», говоря именно то, что говорят традиционные евреи. Традиционные евреи соблюдают Шаббат, едят кошерную пищу и произносят такие слова, как «Бог избрал евреев» и «Бог даровал Тору». И говоря такие вещи, они зачастую просто говорят то, что традиционные евреи привыкли говорить.

Этот эмпирический факт, безусловно, далек от религиозного идеала. Традиционный иудаизм требует преданности Богу, ощущения присутствия Бога, требует не грешить ни публично, ни наедине с собой, соблюдать множество иногда раздражающих законов и, в крайнем случае, быть готовым пожертвовать своей жизнью ради Бога. Никакое из этих требований не должно сводиться к разговорам о том, что, мол, я желаю вести определенный образ жизни. А если все ограничивается разговорами, мы можем задаться вопросом, рационально ли всерьез относиться к требованиям традиционного иудаизма. Но это именно религиозный идеал. Соответственно, есть и всегда было множество людей, для которых метафизические утверждения истины имеют решающее значение в религиозной жизни. Отрицать это — значит отвергать очевидные факты.

Самое важное здесь — признать, что если люди иногда действительно используют религиозные утверждения, чтобы выразить отношение к чему-то или рассказать о принятом на себя обязательстве, отсюда не следует, что они *в то же время* не заявляют об истине. Если мы вкладываем в утверждение экспрессию, это вполне может сочетаться с утверждением истины. Утверждение истины даже может иметь важное значение для успеха экспрессивной функции. Например, предположим, на улице идет сильный дождь, и я вижу, как вы открываете дверь, чтобы выйти из дома без зонтика. Я в тревоге кричу вам: «На улице дождь!» Ясно, что я использую это предложение, чтобы предупредить вас, что из дома без зонтика лучше не выходить. Чистое предупреждение (скажем, «Будьте осторожны!») уместно или неуместно, но не верно и не лживо. Однако, когда я говорю: «На улице дождь!», я не только предупреждаю, я также хочу заявить правду: на улице идет дождь. Это утверждение истины необходимо для достижения выразительной функции высказывания. Предупреждение возникает из-за факта моей настойчивости. То, что высказывание имеет экспрессивную функцию, не означает, что это высказывание не претендует на истину.

Точно так же есть все основания полагать, что утверждения типа «Бог существует» часто являются чем-то бо́льшим, чем просто экспрессивные восклицания. Ясно, как и в случае с зонтиком, что предупреждение: «Бог существует» иногда выражает отношение к образу жизни тех или иных людей именно потому, что в этом высказывании содержится утверждение об истинности того, что Бог существует. В частности, именно потому, что человек верит в существование Бога, он привержен теистической религиозной практике или желает в ней участвовать. В этих случаях говорящий претендует на то, что его высказывания будут корреспондентными утверждениями об истине. Экспрессивизм не дает оснований думать иначе.

Наконец, экспрессивизм не может объяснить все религиозные утверждения: он хотя бы в какой-то степени правдоподобен, когда рассматривает только категоричные утверждения, такие как просто «Бог существует» или «Тора с Небес». Когда мы расширяем нашу перспективу, включив в нее некатегоричные религиозные высказывания, мы сразу видим, что экспрессивизм несправедливо рассматривает природу религиозного языка. Обратите внимание: слова «Бог существует» могут содержаться в сложных высказываниях, где, очевидно, нет той экспрессивной функции, которую имеют в виду экспрессивисты — никакого выражения лояльности или провозглашения системы ценностей. Вот несколько примеров: «Если Бог существует, то у меня проблемы»; «Надеюсь, это ложь, что Бог существует»; «Бог существует только в сознании людей». В первом примере не утверждается, что Бог существует. Об этом говорится только условно. Невозможно выразить лояльность таким образом. Очевидно, что второе и третье высказывания не привязаны к образу жизни и не выражают позитивного отношения. В приведенных выше сложных предложениях слова «Бог существует», судя по всему, имеют тот же смысл, что и в простом предложении «Бог существует». Чтобы осознать это, учтите, что следующее рассуждение логически вполне безупречно:

1. Если Бог существует, то у меня проблемы.
2. Бог существует.
3. Итак, я в беде.

Но эти рассуждения справедливы только в том случае, если слова «Бог существует» означают одно и то же и в пункте 1, и в пункте 2. Однако этого не может быть, если пункт 2 имеет только экспрессивную функцию и не предъявляет никаких претензий на истинность. Дело в том, что часть «если» перед словами «Бог существует» в пункте 1 задает условный контекст. Это выражение не может служить цели выражения приверженности или верности определенному образу жизни. Если бы это было так, все рассуждение оказалось бы неверным, а это, конечно, не так. Итак, экспрессивная функция слов «Бог существует» не может исчерпывать смысл этих слов. Отсюда очевидно, что в пункте 2 утверждается объективный факт.

Я делаю вывод, что экспрессивистский анализ моих религиозных высказываний не содержит того, что нужно, чтобы заставить меня отказаться от моего эпистемологического консерватизма, основанного на корреспондентной истине.

ВОЗРАЖЕНИЕ ПРОИСХОЖДЕНИЯ

Это возражение восходит, по крайней мере, к Джону Стюарту Миллю и основывается на утверждении о том, что место и время рождения человека — факт случайный. Сюда входит религиозный контекст их места и времени рождения. Если бы этот человек родился в другое время и в другом месте, он бы получил бы совершенно другой набор религиозных убеждений. Вот как об этом писал Милль:

> Мир для каждого человека означает ту его часть, с которой он связан; его партию, его секту, его церковь, его класс общества... Его не беспокоит, что простая случайность решила, какой из этих многочисленных миров является объектом его уверенности, и что те же самые причины, которые делают его благочестивым христианином в Лондоне, сделали бы его буддистом или конфуцианцем в Пекине [Mill 1913: 10–11].

А вот что говорит Джон Хик:

> Очевидно, что примерно в 99 % случаев религия, которую человек исповедует и взгляды, которых он придерживается, зависят от случайности рождения. Тот, кто родился в семье буддистов в Таиланде, будет, скорее всего, буддистом, человек, родившийся в семье мусульман в Саудовской Аравии, будет мусульманином, человек, рожденный от родителей-христиан в Мексике, будет христианином, и так далее [Hick 1989: 2].

Вот слова Филипа Китчера:

> Большинство христиан приняли свои доктрины так же, как язычники и почитатели предков приняли свои: через раннее обучение и социализацию. Если бы христиане родились

среди аборигенов Австралии, они бы верили точно так же, на тех же основаниях и с такой же убежденностью в доктрину о Времени Снов вместо доктрины Воскресения. Симметрия полная... Учитывая, что все эти идеи существуют на одном уровне, мы не должны доверять ни одной из них [Kitcher 2011: 26].

Я обнаружил, что Наум Глатцер цитирует еврейского философа Франца Розенцвейга с похожим мотивом. Розенцвейг написал это в возрасте 23 лет в защиту двоюродного брата, принявшего христианство: «Может ли человек, который ищет непреходящие ценности и непреходящую преданность, быть доволен тем, что является евреем просто по случаю рождения?» [Glatzer 1953: 18].

Носитель «аргумента от рождения» заключает, что есть что-то дефектное в том, что я считаю свои религиозные убеждения действительно истинными, основанными на фактах. В таких убеждениях есть что-то произвольное, и по этой причине они эпистемологически дефектны. «Аргумент от рождения» не приводит к мысли о том, что рассматриваемое убеждение ложно — только к тому, что у человека мало оснований придерживаться этого убеждения.

Аргументация выглядит следующим образом:

Вы, Геллман, верите в традиционный иудаизм только потому, что вы родились евреем, выросли и получили образование в религиозной еврейской среде. Однако, то, что вы родились и получили такое образование, было чистой случайностью. Вы могли бы родиться, например, 150 лет назад в Индии у родителей-индуистов. Тогда бы вы сами оказались индусом. Следовательно, ваша вера в свой иудаизм зависит исключительно от случайностей вашей биографии. Итак, ваша вера эпистемологически дефектна. Вы должны отречься от нее или счесть ее недостаточно существенной для того, чтобы претендовать на корреспондентную истину.

Есть несколько проблем с возражением от рождения. Во-первых, я не принимаю мысль, что я родился евреем чисто случайно. Каждое утро я благодарю Бога за то, что он сделал меня евреем.

То есть я верю, что мое рождение евреем произошло по Божьему замыслу и не было случайностью[6]. Иначе и быть не могло. Да, если бы я родился в далеком Тибете, тибетцем, а не евреем, у меня не было бы моих нынешних религиозных убеждений. Но я *не* мог родиться в Тибете, *а не тогда и там*, где я был рожден. Утверждать, что я родился евреем и получил традиционное образование чисто случайно, это просто отвергнуть мою религиозную веру с самого начала. С чего бы мне обращать на это внимание?

Но тут мой оппонент может ответить, что если бы я не родился евреем, я бы не верил, что Бог создал меня евреем — а то, что я родился евреем, случайно. Следовательно, моя вера в то, что *Бог сделал меня евреем*, столь же случайна и, следовательно, эпистемологически дефектна. Здесь мы упираемся в тупик. Ибо моим ответом, как и прежде, было бы то, что я благодарю Бога за то, что он привел меня к пониманию того, что Бог сделал меня евреем. В результате аргумент происхождения может показаться убедительным моему оппоненту, но меня никак не затрагивает, потому что зависит от ложной предпосылки.

Но даже оппоненту это возражение не должно казаться убедительным. Аргумент забрасывает слишком широкую сеть, заманивая в нее и моего оппонента. Вероятно, он верит в демократию, в равенство всех людей, в гражданские права. А если бы он родился семьсот лет назад на Рейне — по его вере, это произошло бы совершенно случайно — он не был бы таким же как сейчас; он не поддержал бы ни один из этих политических принципов. Если бы он услышал о них и понял их, он бы отмахнулся от них, как от безумных идей. К тому же, родившись и сформировавшись на Рейне, возражающий никогда бы не подумал, что обстоятельства его рождения — причина *не* исповедовать христианство.

Возражение происхождения является эпистемологически дефектным, поскольку оно опирается на фундаментально произвольное основание: случайность рождения его сторонника. Но я скло-

---

[6] Проблема в том, что в девятой главе я собираюсь поддерживать мысль о существовании в этом мире случайных событий. Однако я поддерживаю и веру в существование примеров божественного действия, которые неслучайны.

нен считать, что мой оппонент так же не желает отказываться от *своих* убеждений из-за подобного «самоуправства», как я от своих. Тогда признайте, что *что-то* не так с его аргументами.

Я прихожу к выводу, что «возражение происхождения», как и экспрессивистское возражение, не должно отвращать меня от моего религиозно-эпистемологического консерватизма, с его претензиями на корреспондентную истину.

ПОСТМОДЕРНИЗМ

К «постмодернизму» я не отношу такие явления, как дети, не подчиняющиеся родителям, разрушение старого социального порядка или та степень, в какой молодые люди по мере взросления оставляют религию[7]. Это социальные явления, находящиеся за пределами моей компетенции. Меня интересует другое — различные философские позиции, которые постмодернизм занимает в отношении истины и претензий на очевидную истину. В первую очередь мне интересно рассмотреть, какой вызов может бросить постмодернизм моему пристрастию к реальным религиозным утверждениям истины — утверждениям, которые, как я верю, соответствуют действительности.

Элвин Голдман, ведущий эпистемолог, выделил элементы постмодернистской мысли. Вот три, которые кажутся наиболее важными для меня (названия мои):

1. Конструктивизм
Не существует такой вещи, как истина. То, что мы называем «истиной», — это просто то, с чем мы согласны по обоюдной доброй воле. Так называемые «истины» или «факты» — просто согласованные убеждения, продукты социального

---

[7]   Рабби Шимон Гершон (известный как Рабби Шагар) идентифицирует этот феномен как относящийся к постмодернизму. См, напр. его переведенную на английский язык статью «Иудаизм и постмодернизм» в книге [Rosenberg 2013: 428–40]. Оригинал: https:// kavvanah.wordpress.com/2016/10/26/judaism-and-postmodernity-rabbi-shagar-inenglish-translation/ (в настоящее время ресурс недоступен).

строительства и фабрикации, а не «объективные» или «внешние» особенности мира.

2. Репрессионизм

Апелляции к истине — это всего лишь инструменты доминирования или репрессий, и должны быть заменены практиками, имеющими прогрессивную социальную ценность.

3. Предвзятость

Истины невозможно достичь, потому что все предположительно ориентированные на истину практики скомпрометированы политикой или корыстными интересами.

Я рассмотрю каждый из них ниже, но сначала хочу указать на нежелательную уловку, которую философы-постмодернисты иногда используют, чтобы свести на нет оппозицию их философским убеждениям — утверждение (догматическое и нерефлексивное) о том, что «мы живем в постмодернистском мире». Это характерная ошибка *апелляции к большинству*. Эту ошибку совершают, когда ссылаются на популярность идеи как на повод для другого человека принять ее: «Все, просто все верят в это! Что с тобой не так?» Другими словами, постмодернисты говорят вам, что, если вы не подписываетесь на их «стадное мышление», вы идете не в ногу с тем, что все остальные уже признали правдой. Если вы не постмодернист, вы одновременно не правы и подозрительно антисоциальны!

Помимо того, что апелляция к большинству является ошибочным способом аргументации, то, что мы живем в постмодернистском мире, просто неверно. Согласно данным исследовательского центра Pew за 2010 год[8], в мире проживало 2 миллиарда христиан, включая сотни миллионов евангелистов, 1,5 миллиарда мусульман, 1 миллиард индуистов, 500 миллионов буддистов, 400 миллионов приверженцев местных религий в Африке, Азии и других местах, и еще 58 миллионов последователей бахаизма, джайнизма, сикхизма, синтоизма, даосизма, зороастризма, культов Тенрикё и Викка и других религий, менее известных на Запа-

---

[8]   См. [Pew Research Center, 2018].

де. Конечно, подавляющее большинство из них не являются постмодернистами. Я полагаю, что из 14 миллионов евреев мира только явное меньшинство могут считаться постмодернистскими. Религиозные люди обычно не являются поклонниками постмодернистской мысли. Кажется, мы вообще не живем в «постмодернистском мире».

Но, возможно, идея в том, что мы живем в северном полушарии, западном, интеллектуальном, постмодернистском «мире». Но даже это неверно, учитывая большое число специфически *христианских* интеллектуалов в этом «мире», в том числе огромное количество набожных католических и протестантских интеллектуалов за пределами постмодернистского лагеря. В северном полушарии, в западном интеллектуальном обществе много христиан, отвергающих постмодернизм во всех его вариациях. Сообщества философов и богословов томистской традиции, мыслителей-евангелистов и просто христианских философов набирают силу благодаря своим журналам, конференциям и множеству последователей. И конечно, основная масса верующих ортодоксальных евреев, особенно их правое крыло, не имеют даже отдаленно постмодернистских взглядов.

Наконец, при изучении разнообразия взглядов в философской литературе мы не обнаруживаем ничего, даже отдаленно напоминающего о «мире» западного интеллектуального постмодернизма. Конечно, примечательные части этой литературы демонстрируют приверженность постмодернистской проблематике, но в целом это не так. Итак, мы живем не в *таком уж* постмодернистском мире. Посылка этого подхода ложна и иногда ведет к ложным выводам.

Некоторые традиционные еврейские теоретики приняли постмодернистское богословское мышление. Сюда входит Тамар Росс, о которой я упоминал ранее[9]. Наиболее красноречивым ортодоксальным еврейским мыслителем постмодернистского толка является Мириам Фельдманн-Кэй. В своих работах она хочет предложить людям, «которые считают постмодернизм

---

[9] См. [Ross 2002: 459–83] (на иврите).

проблематичным или просто несущественным», возможность переосмыслить свои представления[10].

Элвин Голдман, которого я процитировал выше, — ведущий западный эпистемолог Северного полушария — убедил меня, что постмодернизм не является устойчивой позицией. Здесь я записываю собственное изложение убедительных аргументов Голдмана против трех постмодернистских позиций, которые я уже перечислил, дополненное некоторыми моими собственными мыслями[11].

Чтобы обсудить проблемы постмодернизма, сначала введем понятие «прагматического противоречия». Простое противоречие состоит одновременно из утверждения и высказывания, несовместимого с ним. Например: «Идет дождь и нет дождя». Прагматическое противоречие не *констатирует* противоречия: его содержание не является внутренне противоречивым. Вместо этого возникает противоречие между *содержанием* заявления и самим *актом* его высказывания. Рассмотрим следующее утверждение: «Идет дождь, а я не *верю*, что идет дождь». В этом утверждении нет внутреннего противоречия. Мы легко можем представить, когда это может быть правдой — когда на улице идет дождь, а я не замечаю, что идет дождь. В данном случае у меня нет веры в то, что идет дождь. Без проблем. Проблема возникает, когда именно *я* заявляю одновременно и то, что идет дождь, и то, что я не верю в то, что идет дождь. Это потому, что *сам факт* моего заявления о том, что идет дождь, подразумевает, что я *верю*, что идет дождь. Вторая часть того, что я говорю, противоречит моим словам первой части. Это прагматическое противоречие.

Другой пример: «Я не умею говорить». В этом заявлении нет противоречивого содержания. Вы вполне можете представить меня, как и других, не умеющим говорить. Но здесь имеется

---

[10] См. предисловие Мириам Фельдманн-Кэй к ее книге [Feldmann-Kaye] (в настоящее время работа в печати). Я отдаю должное этой книге, хотя не согласен с ее тезисами, так как впечатлен тем, как эти тезисы обосновываются.

[11] Другой тип критики постмодернизма см. [Plantinga 2000: 422–457].

прагматическое противоречие, поскольку одновременно невозможно, чтобы это предложение было истинным, *и* чтобы я мог его произнести. Когда я произношу предложение, я противоречу его содержанию. Здесь нет внутреннего противоречия, а есть прагматическое. Эта идея прагматического противоречия играет роль в критике постмодернизма, к которой я сейчас перехожу.

Голдман убедил меня в том, что у постмодернизма есть серьезные проблемы. Для более полного обсуждения я отсылаю вас к обширной критике Голдмана [Goldman 1999].

Конструктивизм («К»)
Не существует такой вещи, как истина. То, что мы называем «истинным», — это просто то, с чем мы единодушно согласны. Так называемые истины или факты — это просто согласованные убеждения, продукты социального строительства и вымысла, а не «объективные» или «внешние» характеристики мира[12].

Голдман спрашивает: «В чем заключается истинность того, что относительно данного утверждения существует консенсусное убеждение?» Другими словами, что дает нам основания утверждать, что «мы» согласны относительно данного утверждения — например, Х? Голдман отвечает, что, согласно самому утверждению «К» (конструктивистское утверждение), есть основание полагать, что существующее соглашение по поводу Х должно исходить из *еще одного* уровня нашего соглашения; а именно консенсусной веры во *второе* утверждение, в котором говорится, что у нас есть консенсусное убеждение относительно Х. Это потому, что, согласно самому «К», *наше согласие относительно Х* не может быть голым, объективным, внешним фактом, а может отражать только то, *что мы согласны с тем, что мы согласны с Х*. И дальше — то же самое. Основание для второго утверждения, которое декларирует существование *согласия о соглашении по Х*, также не является объективным фактом, а может зависеть

---

[12] Тамар Росс в книге «Constructing Faith» (Leiden: Brill, 2016) демонстрирует сходный конструктивистский взгляд на иудаизм.

только от *третьего* утверждения, в котором говорится, что мы согласны, что мы согласны, что мы согласны в отношении X. Таким образом, происходит бесконечный регресс уровней согласованных убеждений. На каждом из уровней мы занимаемся социальным конструированием. Но поскольку такого бесконечного регресса согласованных убеждений не существует и не может существовать, конструктивизм не может быть последовательным. (Однажды женщина сказала Бертрану Расселу, что, по ее мнению, земля покоится на спине черепахи. Когда он спросил ее, что держит черепаху, она ответила: «Там черепахи до самого низа».)

Тот же аргумент применим к самому утверждению «К», когда это обсуждаемое утверждение. В свете его собственной логики, утверждение «К» должно отражать только то, до чего «мы» договорились. Оно не представляет никакого объективного факта. Но тот же невозможный бесконечный регресс последует и в отношении «К», так же как это происходит в отношении X. «К» нельзя высказывать с тем, чтобы оно было принято, без создания этого невозможного бесконечного регресса. Если человек будет настаивать на «К» как на обоснованном утверждении, он попадет в ситуацию прагматического противоречия.

Далее, конструктивисты могут в ответ утверждать, что «консенсусные убеждения» относительно утверждений являются исключением из «К», поскольку они не нуждаются в дальнейшем консенсусе (и это также применимо к консенсусному убеждению о самом конструктивизме). Они могут сказать, что консенсус по поводу утверждений — это очевидный факт, не требующий дальнейшего согласования. Это включает в себя соглашение о об утверждении «К». Бесконечный регресс останавливается тут же — на объективном факте согласия по поводу утверждения «К».

Но почему кто-то должен соглашаться с такой позицией? Почему социальные/психологические заявления, сообщающие о нашем согласии относительно утверждений, не должны требовать дополнительного согласия для их авторизации, в то время как все остальное не может быть авторизованным без нашего согласия? Это очевидно приспособленная к случаю метафизическая или эпистемологическая позиция. В частности, почему традиционный еврей, который верит в реальный мир и настоящего Бога, независимо от консенсуса или без него, должен соглашаться с этой постмодернистской доктриной? Я не вижу веских причин для этого и поэтому возвращаюсь к выводу, что конструктивистская версия постмодернизма порождает невозможный бесконечный регресс.

Другой подход к проблеме с «К» — посмотреть на статус утверждения: «Нет такой вещи, как истина». Если человек, говорящий это, верен своим убеждениям, он должен признать, что само это утверждение также не является доподлинной истиной. В противном случае он впадает в прагматическое противоречие. Он утверждает истину о том, что истины не существует. Он заявляет, что истин не существует. Если он хочет быть свободным от прагматических противоречий, то «К» должно просто быть частью собственного «нарратива» его и его друзей, без каких-либо претензий на что-то большее. Просто они так любят выражаться. Однако в этом случае я мог бы просто отвергнуть его утверждение со ссылкой на *собственный* «нарратив». В *моем* нарративе есть настоящие истины. Если какой-либо нарратив так же хорош, как и любой другой, поскольку об истине не может быть и речи, и если с этим согласно достаточное количество людей, мой нарратив же хорош, как и конструктивистский. Короче говоря: есть много людей, которые согласны с моим нарративом; я оставляю за собой право на собственный нарратив (если дело обстоит таким образом).

> Репрессионизм («Р»): апелляции к истине являются всего лишь инструментами доминирования или репрессий и должны быть заменены практиками, имеющими прогрессивную социальную ценность.

Если мы не хотим принять это как догматическую позицию, которую человек вроде меня может игнорировать, нам нужна причина для принятия «Р». И такая причина, несомненно, должна быть связана с известными фактами/истинами о том, как апелляции к истине в реальном мире используются в качестве инструментов доминирования и репрессий. Естественно предположить, что сторонники «Р» опираются на факты, исследования и наблюдения. Фуко, например, рассуждая о науке, не собирался что-то выдумывать[13]. Он намеревался представить читателю правдивое сообщение, истинные факты о реальном мире. Он хотел предоставить реальные доказательства связи между властью и притязаниями на знание. Однако мы *знаем*, что обращение к истине *на самом деле* является зловещей попыткой контроля.

Такой подход порождает новое прагматическое противоречие. Ибо утверждение «Р» как *истины* подразумевает, что *эта* апелляция к истине не доминирует и не подавляет. Однако то, что такая истина существует, противоречит содержанию «Р». Если Фуко и ему подобные не хотели сказать нам ничего *правдивого*, а просто излагали нам свой «нарратив», то я имею право на собственный альтернативный нарратив. А если они все же хотели сказать нам нечто истинное, не имея при этом никаких мыслей о подавлении или доминировании, то у нас есть основания отвергнуть «Р», которое говорит нам, что апелляция к истине — это попытки доминирования и подавления. Отсюда следует, что у нас нет оснований принимать репрессионизм.

Для некоторых постмодернистов позиция «репрессионизма» может сигнализировать о чувстве морального превосходства. То есть некоторые постмодернисты, выдвигающие «Р», декларируют собственную свободу от стремления доминировать и подавлять. То есть они верят, что злые желания, стремление подавлять, доминировать, сокрушать и порабощать мотивируют *всех, кроме* постмодернистов. Если их точка зрения такова, то мне интересно, почему, если постмодернисты могут достичь свободы от зловещего стремления к контролю, другие не могут этого сделать? Почему постмодернисты должны быть единственными святыми в мире, а все остальные должны руководствоваться стремлением к власти? Тот предполагаемый факт, что постмодернисты хорошо умеют раскрывать попытки репрессий там, где другие их не видят, дает ли им автоматически моральное превосходство над всеми остальными? Я могу постараться поверить,

---

[13] См. [Foucault 1972], особенно с. 178–198.

что люди, которые умеют улавливать намерения других контролировать и доминировать, лучше видят свои желания того же рода. Но это было бы самое большое необходимое условие для преодоления подобных желаний. То, что это условие не является достаточным, ясно как в теории, так и на практике. Теоретически склонность людей делать то, что они считают неправильным, является одновременно фактом и моральной проблемой, восходящей к Сократу. Чтобы преодолеть такие наклонности, требуется большая моральная подготовка и практика. Просто знать, что вы делаете что-то неправильно, недостаточно. (Подумайте о тех академических факультетах, где постмодернизм используется как дубинка, позволяющая держать младших преподавателей в узде, и используется как непреложный критерий при приеме на работу и принятии решений о продвижении по службе.) Вспомните мой протест против девиза «Мы живем в постмодернистском мире», который иногда используется для контроля и доминирования во имя якобы святого мировоззрения.

Я делаю вывод, что репрессионизма недостаточно, чтобы заставить меня изменить свое мнение.

Предвзятость («П»)
Истины невозможно достичь, потому что все предположительно ориентированные на истину практики искажены и предвзяты политикой или корыстными интересами.

«П» подразумевает, что всеми убеждениями движут предубеждения, и что всегда существует конфликт между предубеждениями и стремлением к истине. Подразумевается, что, поскольку поиск истины весьма несовершенен, от него следует отказаться. С отказом от истины происходит отказ от Великого Нарратива в пользу более скромных конкурирующих нарративов.

Голдман активно выступает против мнения, что всякая вера основана на предубеждениях и коррупции, а также против мнения, что предубеждения всегда мешают поиску истины. Однако здесь я хотел бы пойти другим путем. Если практика установления истины скомпрометирована, почему бы не считать, что предубеждения и коррупция будут компрометировать все, что заменяет истину? Коррупция исходит от людей, а не от истины. Так почему же мы должны ожидать, что люди, ориентированные на нечто иное, чем истина, внезапно избавятся от предубеждений? В обоих случаях предубеждения одни и те же: то есть предубеждения, связанные с попыткой убедить себя и других в том, что данный человек имеет право утверждать то, что он утверждает, и что другие должны с вами согласиться. Поскольку это так, «П» — это просто еще одно заявление, зараженное политикой и личными интересами. Зачем беспокоиться об этом? Почему я должен отказываться от *своих* предубеждений ради предубеждений последователя «П»? Здесь мы имеем еще одно прагматическое противоречие: кто-то выступает против предубеждений, а это подразумевает, что то, что он говорит, само по себе является предвзятым. Это все равно, что сказать что-то и при этом сказать, что ты в это не веришь.

Как бы постмодернистский поклонник «П» ни возносился и ни заявлял, что он выше человеческих предубеждений, выдвигая «П», я снова не вижу причин предоставлять постмодернисту статус морального и эпистемического превосходства над остальным человечеством. И конечно, сознательно или нет, ваш повседневный постмодернист подвержен сколь угодно большому количеству коллективных и личных предубеждений. Только на том основании, что человек хорошо обучен выявлять предубеждения там, где другие их не замечают, едва ли разумно считать, что он полностью понимает и полностью отвергает собственные предубеждения. Постмодернизм — это не то же самое, что подготовка к святости.

Чтобы ответить «П» напрямую, мы должны различать кошерные «предубеждения» и некошерные предубеждения. Кошерные «предубеждения» — это те, с которых человек начинает разрабатывать защитные стратегии того, во что уже верит. Они кошерны под строгим контролем эпистемологического структурного консерватизма. Это хорошо и полезно, когда конкурирующие оборонительные стратегии разрабатываются в присутствии друг друга, чтобы истину (или то, что занимает ее место) можно было продвигать посредством серьезного интеллектуального взаимодействия. Это «предубеждения», а не предубеждения, поскольку этот термин носит неодобрительный характер. Из этого следует, что не все «предубеждения» — повод отказаться от истины.

Некошерные предубеждения могут проявиться как необоснованные или иррациональные позиции либо в процессе формулирования защитной стратегии, либо в необоснованных ответах на другие защитные стратегии. Но здесь, как я утверждал выше, не так-то просто точно определить, что кошерно, что нет. Тем не менее, имея добрые намерения, здоровое чувство собственной уязвимости и уважение к другим, с которыми мы не согласны, при любой удаче мы можем продвинуться вперед к значимому прогрессу. Это моя методологическая философия, и, надеюсь, она содержит настолько мало желания подавлять, доминировать или искажать, насколько это в моих силах.

Этим закончу оправдание моего реалистического богословия, которое гласит, что разговор о Боге — это разговор о реальном существе, существующем независимо от того, кто его так или иначе понимает, и моей приверженности истине, чему способствует мой структурно-эпистемологический консерватизм.

Глава 2
Совершенно благое существо

Верить в совершенно благое существо — это не просто верить в то, что утверждение «Совершенно благое существо есть» соответствует истине. Это также значит относиться к миру *максимально* оптимистично, несмотря на печаль, боль и страдания. Верить в то, что существует тот, кто совершенно добр, — значит быть убежденным в том, что добро онтологически более фундаментально для реальности, чем зло, и что добро побеждает зло. Это убеждение лежало в основе средневековой характеристики зла как неполноты существования — как результата лишения или искажения добра. Добро было онтологически базовым; зло было производным.

Верить в совершенно благое существо — значит полностью признать зло, включив его в такую систему взглядов, в которой оно не побеждает вас, а поглощается высшим оптимизмом, который обеспечивает вера в совершенно благое существо. Для меня поверить в то, что существует совершенно благое существо, значит попытаться как можно лучше понять мир с учетом моего личного религиозного опыта и моего знания того, чему учили и чем жили другие, которые, я убежден, были способны знать или иметь возможность приблизиться к истине.

В этой главе я объясняю, что я подразумеваю под «совершенно благим существом». Ричард Суинберн определяет то, что он называет «совершенной моральной добродетелью», как «совершение и обязательных, и сверхобязательных действий, а также несовершение никакого зла и никаких неподобающих вещей в других отношениях» [Swinburne 1993: 185]. Обязательные добрые действия — это те, что человек обязан совершать, а сверхобязательные добрые действия — это те, что выходят за рамки обязательств. К последним относятся проявления Божественного милосердия, которых ситуация не требует морально.

Однако определение моральной добродетели, данное Суинберном, несовершенно, поскольку существу, которое всегда *действует* совершенно благим образом, может недоставать надлежащих моральных чувств, которых мы требуем от совершенно благого существа. По Суинберну, такое существо может совершать только хорошие поступки и, таким образом, быть совершенно благим, но иногда действовать только из собственных интересов, а не ради блага других. Просто может оказаться, что в таких случаях то, что человек считает отвечающим его собственным интересам, по совпадению, оказывается и хорошим поступком. Допустим, я отобрал нож у человека, который собирается кого-то зарезать на улице, тем самым спасая жертве жизнь. Я совершил «нравственно хороший поступок». Но предположим, что я отбираю нож у нападавшего, потому что понимаю, что это мой нож, и просто хочу его вернуть. Мне действительно все равно, спас я беднягу или нет. Единственное, что меня беспокоит, — это вернуть мой любимый нож с жемчужной ручкой и гравировкой. Поступок, мотивированный таким образом корыстным интересом, не является поступком совершенно благого существа, даже если это хороший поступок.

Чтобы обладать совершенно благой природой, необходимо всегда действовать ради максимально возможного блага и всегда делать это не из корыстных побуждений, а только из желания сделать добро другим. Среди других возможных мотивов существо совершенно благой природы никогда не действует из корыстной необходимости сделать это, а делает это только ради блага других, из любви и заботы о них. Таким образом, чтобы иметь совершенно благую природу, необходимо всегда действовать во благо *и* делать это ради блага других, а не ради собственных интересов.

Обладание совершенно благой природой — это еще не совсем то, что я подразумеваю под «совершенно благим существом». Под «совершенно благим существом» я подразумеваю не только совершенное в добре существо *как таковое*, которое может обладать совершенно благой природой. Я имею в виду существо, которое совершенно настолько, насколько это возможно *в качестве существа*, и при этом обладает совершенно благой природой. В моем понимании существо с совершенно благой природой еще не будет совершенно благим *как таковое*, если, например, оно несчастно или беспомощно. В таком случае совершенно благое существо будет совершенно бесполезно. Для идеи совершенного блага недостаточно иметь соответствующую природу. Чтобы существо *было совершенно благим*, его способность реализовывать свою совершенно благую природу не должна знать никаких ограничений. Следовательно, совершенно благое существо должно обладать *совершенной силой*, которую я определяю как *обладание всей возможной силой, необходимой для полного проявления своей совершенно благой природы*.

Не надо путать *совершенную силу* со всемогуществом. Наличие совершенной силы не означает, что существо может делать все, что только можно, — в чем, грубо говоря, заключается всемогущество. Это означает лишь то, что у него есть возможность полностью реализовать свою совершенно благую природу. Это может быть меньше, чем всемогущество, поскольку могут существовать силы, не необходимые ни в одном возможном мире для реализации совершенного блага. Такие полномочия необязательно должны быть включены в то, что я называю «совершенной силой», под которой другие подразумевают всемогущество. Я думаю, что у нас нет возможности узнать, существуют ли такие силы, которые можно исключить из совершенной благости.

Я утверждаю, что нам не следует думать о всемогуществе как о обязательном атрибуте совершенно благого существа. Всемогущество может сделать данную особу чрезвычайно впечатляющей в качестве космического акробата, но это не обязательно для совершенной благости. Представим велосипедиста, который умеет петь арии во время напряженной гонки. Пусть его музыкальный талант чрезвычайно впечатляет, но он не способствует тому, чтобы этот велосипедист стал более совершенным *участником гонки*. Эта способность не имеет ничего общего с его способностью выигрывать гонки. Это замечательное шоу. Точно так же всемогущество может вызвать у нас громкое восклицание: «Ух ты! Посмотрите на это!», но, возможно, оно не необходимо для существа совершенно благой природы. Если моя совершенная сила окажется эквивалентной всемогуществу, поскольку ни в одном возможном мире не существует такой силы, которая никогда бы не потребовалась для совершения блага, ценность всемогущества будет обусловлена тем, что оно представляет собой совершенную силу, служащую совершенной благости.

То, что существо обладает совершенной силой, не означает, что оно использует свою силу всегда и везде, чтобы предопределять все сущее. Обладание совершенной силой совместимо с созданием существ со свободной волей, чей выбор зависит от них, или с возможностью развития событий случайным образом. В таких случаях совершенно могущественное существо воздерживается от использования своей силы для управления событиями, если от этого лучше воздерживаться.

Некоторые феминистки утверждают, что мы не должны включать в идею Бога огромную силу. Они говорят, что великая сила — нечто безоговорочно мужское. Думать, что Бог велик по силе, значит поддерживать мужскую модель господства, которая включает в себя право мужчин управлять женщинами[1]. Это возражение ошибочно, поскольку предполагает, что чистая сила сама по себе считается «совершенством», в изоляции от других совершенств Бога. Действительно, рассматривая силу изолированно, мы не должны думать о ней как о совершенстве. Сила может быть использована как во зло, так и во благо. Напротив, нам следует рассматривать великую силу как совершенство только в сочетании с совершенным добром. Когда мы соединяем силу с благом, Божественной моделью для людей — как мужчин, так и женщин — любая имеющаяся сила будет в максимальной

---

[1] См. [Hampson 1988: 239ff] и [Daly 1985: 20].

степени использоваться только во благо. Унижение другого не может быть результатом подражания совершенно благому Богу, обладающему совершенной силой во благо[2].

Далее, тот, кто совершенно благ, должен обладать всеми знаниями, необходимыми для совершенного использования своей благости и силы. Назовем это «совершенным знанием». Это может включать в себя всеведение — знание всех истин, которые возможно знать. А может и нет. Возможно, существуют истины, которые совершенно благому существу никогда нет нужды знать ни в каком из возможных миров, чтобы полностью активировать свою совершенную благость. В этом случае то, что я называю «совершенным знанием», будет меньше, чем всезнание.

Я включаю в совершенное знание то, что философы называют «промежуточным знанием». Это означает знание про каждого человека, которого совершенно благое существо создает, что бы этот человек сделал, если бы ему предоставили выбор, в любой возможной ситуации. С промежуточным знанием вот какая загвоздка: тот, кто совершенно благ, свободно решает, каких людей создавать. Допустим, он, создав меня, поставит меня в конкретную ситуацию, в которой возникнет искушение украсть миллион долларов; он знает, проглочу я наживку или нет. Такое знание помогает этому существу решить, кого создавать и в каком мире[3]. Промежуточное знание должно быть атрибутом того, кто совершенно благ, потому что оно увеличивает возможности творить благо.

Совершенное знание должно также включать в себя глубокое знание того, что значит находиться в различных психологических состояниях для чего-то, обладающего сознанием. Обладая совершенным знанием, это существо знает и, так сказать, «изнутри» о чувствующих существах, что значит быть существом такого

---

[2] По сути, Питер Бирн ответил по-своему на феминистскую критику всемогущества. См. [Byrne 1995: 145–65].

[3] Возможность «промежуточного знания» в философии вызывает противоречивые мнения, но здесь не место перебирать все точки зрения или вступать в кровавый бой. См. [Laing 2019].

рода, а также знает, что значит быть конкретно *этим* чувствующим существом. Итак, тот, кто совершенно благ, знает изнутри, что значит быть мной и что значит быть тобой. Если совершенно благое существо само по себе никогда не боится, оно должно знать, что такое страх. Это усиливает сочувствие, когда оно действует ради своих созданий. Короче говоря, я утверждаю, что совершенная благость в этом смысле — подходящее понятие для разговора о Боге. Богу не обязательно быть ни всемогущим, ни всеведущим, чтобы по праву заслужить нашу всеобъемлющую любовь, послушание и преданность.

Наконец, совершенно благое существо будет тем более благим, чем больше/дольше оно существует. Оно должно существовать вечно. Соответственно, я предполагаю, что только совершенно благое существует вечно. Некоторые подумают, что такое существо будет существовать вечно во времени, другие — что оно должно существовать вечно вне времени. В любом случае не будет такого момента, когда можно будет сказать, что его не существует.

Поскольку тот, кто совершенно благ, обладает всей силой и знаниями, необходимыми для использования своей совершенной благости, такое существо будет творить и иметь суверенитет над тем, что оно создает, тем самым создавая реальность, в которой воплощается его совершенная благость. Другими словами, совершенно благое существо будет творцом и властителем мира.

Имеет смысл полагать, что совершенно благое существо должно находиться в активных отношениях с созданными им существами. Некоторые утверждают, что такое существо должно существовать во времени, чтобы это произошло. Другие считают, что существо, находящееся над временем или вне времени, может поддерживать активные отношения с миром[4]. К счастью, чтобы принять реляционность, нам не нужно выбирать между существом исключительно во времени или исключительно вне времени. Существует также возможность того, что оно находится вне времени и входит во время в акте творения, а затем и в отно-

---

4   Осторожная защита этой позиции в книге [Stump 2016].

шении к творению. Тогда я предполагаю, что совершенно благое существо находится в активной связи с творением, и оставлю открытым вопрос о том, находится ли оно во времени или вне его. Тем не менее я склоняюсь к гибридному атрибуту пребывания одновременно во времени и вне времени.

В последующих частях этой книги, если контекст явно не предполагает иного, когда я пишу о *совершенно благом существе*, я имею в виду следующее: существо совершенно благой природы, обладающее совершенной силой и совершенным знанием, существующее вечно, являющееся творцом и властелином мира и состоящее в активных отношениях с творением. А к «совершенной благости» я отношу такие моральные чувства, как любовь и желание делать добро другим без корысти.

Кроме того, в дальнейшем, если иное не ясно из контекста, я буду называть «Богом» *Бога евреев, ЯХВЕ, так, как ЯХВЕ изображается в традиционных еврейских текстах*, прежде всего в еврейской Библии и раввинских писаниях. Меня беспокоит, сможет ли традиционный еврей, на которого *в некоторой степени* произвели впечатление новые достижения западной морали, признать, что Бог евреев совершенно благ.

Глава 3
Бог евреев

В этой главе я, опираясь на источники из еврейской Библии, раввинистической литературы и традиционной еврейской литургии, постараюсь доказать, что Бог евреев в основном воспринимался как совершенно благой или что Бог, по крайней мере, близок к тому, что я называю совершенно благим существом. В следующей главе я рассмотрю контраргументы — то, что я называю идеологической критикой Бога евреев.

Еврейская Библия содержит бесчисленные провозглашения величия Бога. Хотя величие еще не равно полному совершенству, крайняя степень величия, которая приписывается Богу, естественным образом указывает в этом направлении. Есть и явные примеры приписывания Богу совершенств, которые должны быть компонентами совершенно благого существа, как я его определил.

Высшее величие и благость Бога появляются в самом начале Пятикнижия, где Бог является создателем неба и земли. У Бога есть сила творить мир и править им, и он творит то, что «весьма хорошо». В Книге Бытия 18:14 сила Божья выходит на первый план благодаря риторическому вопросу: «Есть ли что трудное для Господа?» Бог — бог праведности и справедливости. Бог заповедует Аврааму «творить правду и суд» (Бытие 18:19) и повторяет призыв к праведности и справедливости несколько раз, например в Исайе 5:7 и Иеремии 23:5[1]. Исход 15 говорит нам, что Бог правит вечно; в Исходе 34:6 говорится, что Бог «человеколю-

---

[1] Более подробное изучение терминов «правосудие» и «праведность» см. в книге: [Weinfeld 1979].

бив и милосерден, долготерпелив и многомилостив и истинен»[2]. Во Второзаконии 32:4 говорится: «Он твердыня; совершенны дела Его, и все пути Его праведны; Бог верен, и нет неправды *в Нем*; Он праведен и истинен». Это описание приписывает Богу моральное совершенство. В Притчах 19:21 говорится о владычестве Бога над нашей жизнью: «Много замыслов в сердце человека, но состоится только определенное Господом».

Псалмы — кладезь превосходных похвал Божеству. Например: «Как много добра, которое Ты приготовил для боящихся Тебя» (Псалом 31:19. В русском переводе Псалом 30:20: «Как много у Тебя благ, которые Ты хранишь для боящихся тебя»). Псалом 106:2 (в русском переводе — 105) прославляет Божью силу, риторически задавая вопрос: «Кто изречет могущество Господа, возвестит все хвалы Его?», указывая, что Бог обладает совершенной силой, превосходящей воображение. «Славьте Господа, ибо Он благ, ибо вовек милость Его» (Псалом 107:1. В русском переводе 117:29). «Ты благ, и то, что ты делаешь, благо» (Псалом 119:68) (в русском переводе это Псалом 118, и этот стих звучит так: «Благ и благодетелен Ты, научи меня уставам Твоим»). Псалом 115:4 говорит нам, что все остальные боги — творения рук человеческих, тогда как Бог сотворил небеса (в русском переводе Псалом 113:11–12: «Бог наш на небесах; творит все, что хочет. А их идолы — серебро и золото, дело рук человеческих). Паралипоменон 1:16, строки 25–26, говорит нам, что Бог «страшен паче всех богов», которые являются всего лишь идолами, ложными богами.

Продолжим: в Псалме 145 (в русском переводе 144) мы читаем: «Я поведаю о Твоем величии» (в русской версии — «Буду превозносить Тебя»), «величие Его неисследимо». При этом Божественная благость бесконечна: «Бог благ ко всем, и сострадание Его распространяется на все дела Его» (русский перевод: «Благ Господь ко всем, и щедроты Его — на всех делах Его»). «Бог праведен во всех Своих путях и добр во всем, что Он делает» (русский перевод: «Праведен Господь во всех путях Своих и благ во всех делах Своих»). «Бог велик в любящей доброте». Исайя 44:6 про-

---

[2] Об этом подробнее в следующей главе.

возглашает Бога: «Я первый и я последний»; в то время как Исайя 40:28 говорит нам, что никто не может «постичь Его разумение» (русский перевод: «Разум его неисследим»). Иов 9:10: «Он совершает великие дела, которые невозможно измерить, чудеса, которые невозможно исчислить» (русский перевод: «делает великое, неисследимое и чудное без числа»); и в немного другой версии, Иов 5:9: «Он творит чудеса, которые невозможно измерить, чудеса, которые невозможно сосчитать» (русский перевод: «творит дела великие и неисследимые, чудные без числа»).

Еврейская Библия провозглашает вездесущность Бога — Бог повсюду. В Иеремии 23:24 Бог заявляет, что Он наполняет «небо и землю». Несколько более осторожно во Второзаконии 4:39 говорится, что Бог находится *на* небе вверху и *на* земле внизу. Это намекает на вездесущность.

Утверждение о том, что Бог присутствует повсюду, не противоречит тому, что у Бога нет тела. Божественное может присутствовать повсюду в смысле способности действовать в любом месте напрямую, без промежуточного действия. Философы различают действия *базовые* и *небазовые*. Базовое действие — это действие, для выполнения которого не требуется выполнять какое-либо другое действие. Итак, обычно движение пальца является основным действием. Вам не нужно больше ничего делать, чтобы переместить палец. Вы просто перемещаете его. Небазовое действие — это действие, которое вы можете совершить только посредством какого-либо опосредующего действия. Например, чтобы включить свет, вам нужно сначала коснуться выключателя пальцем, а затем переместить его. Таким образом, Бог повсюду, в том смысле, что Бог может действовать в любом месте посредством базового действия — непосредственно. Между Богом и каким-либо физическим местом нет пространственного расстояния.

Особенно примечательное основание для того, чтобы считать Бога совершенно благим, встречается в отрывках, находящихся на самом переднем краю еврейского религиозного сознания. Это библейские и раввинистические отрывки, которые предписывают *любящую, безусловную и безоговорочную* преданность Богу как выражение любви к Нему. Во Второзаконии 6:5 говорится:

«Люби Господа, Бога твоего, всем сердцем твоим, и всею душою твоею, и всеми силами твоими». И Второзаконие 11:13: «Если вы будете слушать заповеди Мои, которые заповедую вам сегодня, любить Господа, Бога вашего, и служить Ему от всего сердца вашего и от всей души вашей». Оба стиха встречаются в ежедневной молитве Шма, столь важной в иудаизме.

Подобная формулировка встречается еще несколько раз во Второзаконии: в 4:29: «Но когда ты взыщешь там Господа, Бога твоего, то найдешь *Его*, если будешь искать Его всем сердцем твоим и всею душою твоею»; в 10:12: «Итак, Израиль, чего требует от тебя Господь, Бог твой? Того только, чтобы ты боялся Господа, Бога твоего, ходил всеми путями Его, и любил Его, и служил Господу, Богу твоему, от всего сердца твоего и от всей души твоей»; в 26:16: «В день сей Господь, Бог твой, завещевает тебе исполнять постановления сии и законы: соблюдай и исполняй их от всего сердца твоего и от всей души твоей»; в 30:2: «и обратишься к Господу, Богу твоему, и послушаешь гласа Его, как я заповедую тебе сегодня, ты и сыны твои от всего сердца твоего и от всей души твоей»; в 30:6: «и обрежет Господь, Бог твой, сердце твое и сердце потомства твоего, чтобы ты любил Господа, Бога твоего, от всего сердца твоего и от всей души твоей, дабы жить тебе»; и в 30:10: «[Когда] ты повинуешься Богу, богу твоему, соблюдая Его заповеди и постановления, которые написаны в этой книге закона, потому что ты обращаешься к Богу всем своим сердцем и всей своей душой» (русский перевод: «если будешь слушать гласа Господа, Бога твоего, соблюдая заповеди Его и постановления Его, написанные в сей книге закона, и если обратишься к Господу, Богу твоему, всем сердцем твоим и всею душою твоею»).

За некоторыми из этих стихов, как, например, во Второзаконии 11:13, следуют обещания наград процветания и счастья, а это подразумевает преданность Божеству из практических соображений, из личной выгоды, что противоречит идее преданности Богу из-за внутреннего достоинства Бога. Однако еврейская традиция в значительной степени уже давно приняла изречение раввина Симеона Праведного: «Не будьте подобны слугам, которые служат господину, чтобы получить награду, но будьте подобны тем слугам, которые служат господину не ради награды» (Авот, 1:3). Маймонид в Мишне Тора, Законах покаяния, записывает этот принцип, и он является основой большинства еврейских мировоззренческих концепций. Таким образом, согласно этому сильному компоненту традиции, неограниченная, безусловная преданность к Богу требуется *не* ради получения награды, а из-за внутренней природы Бога. Ссылку на процветание и мирское счастье здесь надо воспринимать не как награду, а как побочный эффект *неограниченной, безусловной преданности* Богу, например предоставление материальных условий для возможности в полной мере поклоняться Ему.

Раввинистическая литература еще больше расширяет предельную преданность Божеству, предписывая три ситуации, в которых человек должен пожертвовать жизнью, но не согрешить, даже вынужденно. Это когда человека принуждают к убийству, совершению незаконных сексуальных действий или идолопоклонству. Как сказано в *Мишне* Брахот 9:5 и систематизировано Маймонидом (Законы об идолопоклонстве 5:7), человек должен сохранять преданность Богу, «даже если Бог заберет твою душу». Примечательно, что это следует из степени максимальной любви, которую мы должны иметь к Богу, а не из страха Божия.

Далее: *безудержная полная преданность* из любви к Богу всем сердцем и душой подобает только по отношению к совершено благому существу[3]. Безусловная полная преданность неуместна, если Бог *не* является максимально возможным благим существом[4]. Ибо если данное существо не совершенно в своей благости, теоретически возможно, что *другое* существо будет или было более благим. В таком случае, если бы это другое существо *существовало*, то именно оно, а не Бог, было бы подходящим объектом нашей безоговорочной тотальной любви.

---

[3] Это рассуждение — модификация аргумента в книге: [Wainwright 2009: 228–51].

[4] Она уместна, если речь идет об отказе от жизни ради спасения другого человека. Она также уместна, если солдат готов умереть ради безопасности других. Но здесь речь идет только о выполнении воли другого, потому что такова его воля.

При знании, что кто-то *мог быть* более благ, чем Бог, возможно, было бы уместно воздать Богу большую любящую преданность, но неограниченная, полная преданность со всеми подразумеваемыми безоговорочными отношениями была бы неуместна. Бог не заслужил бы абсолютного максимума преданности. Такая преданность была бы уместна только для существа, более благого. Если бы Бог не был абсолютно благ, то в Его благости, в Его абсолютно максимальной благости не хватало бы чего-то важного.

Если заповедь Торы относиться к Богу с безоговорочной и полной преданностью, из любви к Богу, вплоть до смерти, является уместной и оправданной, мы должны заключить, что Бог — это существо, выше которого в благости не может быть ничего, совершенно благое существо. Например, приказ не является морально оправданным, если он основывается на явной угрозе, исходящей от командира и если ему нужно подчиняться из страха перед тем злом, которое может случиться с вами, если вы не подчинитесь. Традиционные евреи признают, что заповедь Торы о безоговорочной и полной преданности основана не на явной власти Бога сокрушать тех, кто не подчиняется. Она основана на том, что Бог достоин такой верности. Традиционные евреи признают, что заповедь Торы о безоговорочной и полной преданности вполне уместна и оправдана. Таким образом, у традиционных евреев есть веские основания верить в то, что Бог совершенно благ.

В раввинистический период существовало множество ценностей, обогащающих Бога, помимо тех, о которых говорится или упоминается в еврейской Библии. В своем исследовании раввинского текста «Мехильта рабби Ишмаэля» Кэсс Фишер показывает, что эта работа была главным образом мотивирована желанием поддержать веру в то, что Бог обладает «максимальным величием», желанием, которое, по словам Фишера, «пронизывает» всю работу[5]. Под «максимальным величием» Фишер подразумевает превосходство над любым другим *имеющим место в реальности* существом[6]. Это отличается от того, что я называю «со-

---

[5] [Fisher 2011]. Последнюю цитату см. там же, с. 104.

[6] Там же, с 250n8.

вершенно благим существом», которое выше в благости не только всех *реальных* существ, но и всех *возможных* существ. В любом случае Фишеру удается показать, что Мехильта рабби Ишмаэля стремится явно вознести Божественное величие еще больше, чем это имеет место в Библии.

Количество уточняющих отрывков в раввинистической литературе служит широкой основой для усиленных превосходных степеней, выходящих за рамки библейских текстов. Здесь я привожу подборку некоторых важных качеств, которые получили раввинистическую оценку или привлекли особое внимание[7]. Это качества, которые следует включить в описание того, кто совершенно благ, и кто при том является тайной, находящейся за пределами нашего понимания.

Величие Бога за пределами человеческого понимания

Многие раввинистические утверждения подчеркивают и развивают библейские стихи, в которых утверждается, что величие Бога находится за пределами человеческого понимания. В Талмуде (б. Брахот 33б) рассказывается о человеке, который, молясь в присутствии рабби Ханины, приписывал Богу множество атрибутов величия сверх установленных. Рабби Ханина упрекнул его за это, потому что запрещено хвалить Бога сверх того, что установлено. Это связано с тем, что сколько бы хвалебных прилагательных мы ни использовали, это все равно, что мы восхваляли бы царя за то, что у него есть серебро, хотя на самом деле у него есть золото. Величие Бога — особая статья. Оно отличается по своему характеру от того, что мы можем постичь, и не только по масштабам. Так же и Мехильта рабби Ишмаэля, развивая темы библейских стихов, подчеркивает, что Бог, как бы мы его ни восхваляли, больше, чем наша хвала подразумевает[8].

---

[7] В этом разделе я опираюсь на ряд источников помимо моих собственных изысканий, в том числе новаторскую работу Марморштейна [Marmorstein 1968; Fisher 2011; Urbach 1986–1987].

[8] См. [Urbach 1986–1987: 75].

Вездесущность

Вездесущность, вероятно, является сутью известного высказывания рабби Акивы о том, что «все видимо Им, и дается свобода выбора» (Авот 3:15–16). Это изречение часто употребляется в том смысле, что Бог знает будущее заранее, но когда мы действуем, мы по-прежнему проявляем свою свободную волю. Однако Эфраим Урбах убедительно доказывал, что наиболее правдоподобная трактовка высказывания рабби Акивы заключается не в том, что Бог *заранее* знает, что мы будем делать, а в том, что в реальном времени Бог — *свидетель* того, что мы делаем[9]. Некоторые комментаторы Мишны включая Хамейри и рабби Овадию Бартенуру, понимают это высказывание рабби Акивы аналогичным образом. Ту же идею высказывает раввин в Мишне, Авот 2:1: «Познай то, что над тобой — видящее око». Действительно, в Притчах 15:3 сказано об этом задолго до этого: «На всяком месте очи Господни: они видят злых и добрых». Рабби Акива развивает эту тему, заявляя, что, хотя Бог видит нас, нам разрешено выбирать то, что мы хотим, а также выбирать дурное.

Божье знание

Раввинистическая литература подчеркивает и возвеличивает размеры Божьего знания. Рабби Иошуа утверждал, что Бог знает будущее (Санхедрин 90б); Бог знает мысли людей еще до того, как они сформированы (Мидраш Псалмы 45:4); еще до рождения людей Бог знает все их мысли (Исход Рабба 9:3). Рабби Шимон бен Лакиш учит, что одним взглядом Бог увидел весь этот мир и мир грядущий (Бытие Рабба 9:3). С самого начала творения Бог предвидел благость Моисея, увидел, что Корей восстанет, что евреи примут Тору, и что придет время, когда евреи прогневят Бога[10]. Все это является расширенным взглядом на Божье знание, как в Библии.

---

[9] См. там же, 1, глава 11.
[10] См. [Marmorstein 1968: 157].

Раввинистическая литература пытается по-новому интерпретировать библейские стихи, которые, как представляется, подразумевают ограничения Божественного знания или величия. Один из подходов заключался в том, чтобы истолковать эти стихи как предназначенные для того, чтобы научить людей тому, как следует вести себя, приписывая такое поведение Богу. Ограничение знания Бога не следует понимать буквально. Ниже приведены некоторые примеры.

В Бытии 3:9 мы читаем: «И воззвал Господь Бог к Адаму и сказал ему: где ты?» Это явно подразумевает ограничение знаний. Бог не знает, где находится Адам. Пятая глава малого трактата «Дерех Эрец Рабба», берущая свое начало в раннем раввинском периоде, рассматривает этот стих, исходя из его простого смысла:

> Никогда человек не должен входить в дом ближнего своего без разрешения, и этому поведению можно научиться у Святого, благословен Он, Который стоял у ворот рая и звал Адама [Быт. 3:9]: «И воззвал Господь Бог к Адаму и сказал ему: где ты?»

Итак, читаем: местонахождение Адама было известно с самого начала. Согласно этому пониманию, призыв к Адаму не подразумевает отсутствия Божественного знания о местонахождении Адама, а выражает уважение к Адаму, сообщая ему о присутствии Бога перед тем, как приблизиться к нему. Нам преподают урок, и Божье знание событий сохраняется.

В Бытии 11:5 Бог сошел на землю, чтобы своими глазами увидеть город и башню, которые построили восставшие люди. Это подразумевает четкие ограничения на знание и вездесущность. Бог не может знать, что происходит, не спустившись туда и не посмотрев. Мидраш Танхума выражает удивление:

> «Должен ли Он спуститься, чтобы увидеть? Ему все видно и открывается!» [Этот стих приходит] только для того, чтобы научить людей не выносить суждений и не утверждать то, что они не проверяют [букв. *видят*] сами.

Опять же, этот текст предназначен только для того, чтобы преподать нам урок, и не является истинным описанием Бога. Тора желает лишь научить нас, как действовать. Так сохраняется величие Божие.

Во время Акеды (жертвоприношения Исаака) ангел говорит Аврааму от имени Бога: «теперь Я знаю, что боишься ты Бога». Мидраш Рабба отделяет простой смысл от подразумеваемого отсутствия Божественного предвидения, как будто Бог не знал этого до сих пор или нуждался в явном действии Авраама, чтобы узнать это. Вместо этого в Мидраше говорится, что ангел возвещал, что Богу есть что «возвестить» другим народам о чистой преданности Авраама (Мидраш Рабба Бытие 56:7). Подобным образом раввины защищали и расширяли знания Бога за пределы того, что мы находим в библейских источниках, если воспринимать их буквально.

Божья сила и благость

Я рассматриваю их вместе, потому что ссылки на силу и власть — неотъемлемая часть провозглашения благости. Раввинистическая литература изобилует заявлениями о том, что люди неспособны постичь силу и могущество Бога. Обычно это связано с чрезмерной благостью Бога. Соответственно, имя Бога в раввинистической литературе — *гвура*, то есть «сила». Бар Капра, прославляя эту силу, утверждает, что Бог делает невидимое видимым, глухого слышащим и немого говорящим (Мидраш Самуил 9). Мехильта рабби Ишмаэля перечисляет многое из того, что Бог может сделать, а идолы не могут, хотя у последних есть руки и ноги, а у Бога нет. Бог создал мир, может говорить два слова одновременно, слышать молитвы всех людей одновременно и исполнять желания каждого.

Тема неограниченной многозадачности подробно описана в Мидраше Рабба Исход (28:4–5):

> Бог делает все одновременно... будь то рожающая женщина, люди, пустившиеся в путь по морю, люди, путешествующие по пустыням, или находящиеся в темнице, хотя бы один был

на востоке, а другой на западе, один на севере, а другой на юге — он слышит их всех одновременно. Смертный царь не может вести войну и в то же время быть писцом и учителем маленьких детей, но все это может сделать Бог. На море он был воином... и сегодня, во время откровения, он спустился, чтобы преподавать Тору своим детям.

Мехильта рабби Ишмаэля подчеркивает независимое существование Бога. Например, там говорится, что жертвенный ритуал существует не ради Божества. Это касается и создания святилища в Исходе 25:8: «И устроят они Мне святилище, и буду обитать посреди них». Это не ради Бога. Это не сочетается с тем, что Бог наполняет Собой все небо и землю, как в Иеремии 23:24. И это противоречит библейским отрывкам, в которых Бог наслаждается ароматом жертвоприношений, например, делая это, очевидно, ради Себя. В этом раввинистическом труде утверждается, что Богу не нужны человеческие дары, поскольку Бог не зависит от других.

У раввинов была сильная склонность прославлять Божью силу путем умножения чудес или описания библейских чудес с подробностями, выходящими далеко за рамки библейских писаний. Мехильта рабби Ишмаэля утверждает, что, когда Красное море расступилось, все воды мира тоже расступились. И в том же Мидраше раввины соперничают друг с другом, перечисляя казни, от которых пострадали египтяне, как в Египте, так и на море. Рабби Йосси из Галилеи говорит, что на море было 50 казней; рабби Элиезер говорит, что было 40 казней в Египте и 200 на море; а у рабби Акивы 50 язв в Египте и 250 на море. Пасхальная Агада, рассказывающая историю Исхода, включает в себя такие преувеличения и говорит, что чем больше мы рассказываем о чудесах, тем лучше.

Талмуд рассказывает о сотнях чудес, помимо тех, что описаны в еврейской Библии. Мидраш Рабба упивается добавлением новых чудес и увеличением масштаба и необычности чудес библейских. Я лично каталогизировал более 100 новых или великолепно приукрашенных чудес в Мидраше Рабба Торы. Вот еще примеры преувеличения библейских событий с прямым превознесением благости Божией.

В книге Исход Рабба Моисей чудесным образом убивает египтянина, поразившего израильтянина, произнеся тайное полное еврейское имя Бога (1:29). Когда палач фараона приставил меч к Моисею, меч повернулся и убил самого палача (Второзаконие Рабба 2:25). Одно из наиболее причудливых новых чудес в этом тексте заключается в том, что Моисей бежал из Египта после убийства египтянина только потому, что Бог создал ангела, который был идеальным двойником Моисея, чтобы сбить египтян с его следа (1: 31). Во время казни жабами капли воды превратились в жаб (Исход Рабба 10:3). В эпизоде, когда Моисей ударяет по скале, чтобы принести воду людям в пустыне, Исход Рабба говорит, что сначала скала источала кровь, и только после этого — воду (3:13). Когда израильтяне странствовали в пустыне, Бог выровнял для них землю, чтобы им не пришлось взбираться на горы или спускаться в глубокие провалы (Числа Рабба 19:16). Когда женщина рожает ребенка от мужчины, который не является ее мужем, Бог делает ребенка похожим на мужчину-прелюбодея (Левит Рабба 23:12). Это гарантия того, что справедливость восторжествует. Когда по жребию решается вопрос о разделе Святой Земли, жребий сам объявляет результаты вслух (Числа Рабба 21:5).

Подобным образом Талмуд развивает библейские чудеса по типу «чудо в чуде». (Это встречается также в Мидраше.) Например, посох Аарона превратился в крокодила и проглотил посохи египетских волхвов, чьи посохи тоже превратились в крокодилов. Однако посох Аарона поглотил другие посохи после того, как он уже снова превратился в дерево. Это было чудо в чуде. Мало того, что посох Аарона превратился в животное и пожрал других животных, но именно посох Аарона, в своем первоначальном обличье, проглотил остальные посохи (Шаббат 97а). Чудеса умножаются: десять произошло с израильтянами у моря (Авот:5); шесть чудес были сотворены Финеесом, когда он убил Зимри (Санхедрин 82б); шесть чудес произошло в тот день, когда Навуходоносор бросил Ананию, Мисаила и Азарию в огненную печь;

и было 12 регулярных чудес в [первом] Храме (Йома 21а). Хорошим примером нового благотворного чуда, дающего замечательные результаты, является талмудическое высказывание рабби Леви (Бава Меция 87а) о том, что, когда родился Исаак, люди сомневались, что Авраам мог быть настоящим отцом в таком преклонном возрасте. Тогда Бог изменил черты лица Исаака, чтобы они точно соответствовали лицу Авраама. Когда Исаак вырос, люди не могли отличить отца от сына. Эти и многие другие источники прославляют выдающуюся силу и благость Бога.

Справедливость

В талмудической и мидрашистской литературе есть примечательная группа раввинов, которые подчеркивают Божью любовь к праведности и справедливости, выходящую за рамки библейских источников. Исайя осуждал неискренние жертвоприношения животных. Иерусалимский Талмуд и Мидраш идут дальше, говоря нам, что Бог любит праведность и справедливость больше, чем все жертвоприношения животных, приносимых в Храм, даже, возможно, если они приносятся искренне (Иерусалимский Талмуд, Брахот 2:1; Рош ха-Шана 1:1; Мидраш Рабати, Толдот.

Любимый раввинский способ подчеркнуть Божественную справедливость — это принцип «меры за меру», согласно которому «форма наказания соответствует форме греха» (Санхедрин 90а). Хотя этот принцип часто подразумевается и в Библии (Исход 22:22–24; Судьи 1:5–7; Авдий 1:15), раввины применяли этот принцип к множеству божественных наказаний. Поколение потопа многократно согрешило. Как сказано: «И увидел Бог, что зло человеческое многочисленно» (Быт. 6:5; рус перевод: «И увидел Господь, что велико развращение человеков на земле»), так и наказал их Бог множественно, как сказано, что Бог открыл на них все «множественные» воды подземные. Египтяне, которые топили израильских младенцев мужского пола в воде, «варились в том же котле, в котором они варили», то есть также потонули в морских водах (Сота 11а). Исходя из предположения, что то, что называлось «проказой», стало наказанием за злословие против людей, нам говорят, что больной человек должен сидеть один за пределами лагеря в пустыне. Поскольку этот человек, говоря зло, вызвал разлад между мужем и женой или между друзьями — теперь этот человек сам останется один (Арахин 16б). Грех, предшествовавший потопу, был «великим», поэтому и наказание было «великим» (Санхедрин 108а). Мехильта рабби Ишмаэля стремилась показать, что Божья справедливость распространяется даже на лошадей, утонувших в Красном море! Бог действует абсолютно справедливо по отношению к каждому творению [Fisher 2011: 129–130].

Ироничный пример этого принципа совершенной справедливости встречается в Бытии Рабба 26:6, где рабби Меир обеспокоен несправедливостью наказания в аду. Он заключает, что с учетом существования ада справедливость торжествует через несправедливость! Бог говорит: «Если они не творили правосудие внизу, то и Я не буду творить правосудие наверху». Как низвергнутые в ад творили несправедливость в своей жизни, так и Бог наказывает их несправедливо, но по справедливости: мера за меру (так по-еврейски!).

Принцип меры за меру применим и к вознаграждению. Как Авраам заботился о пришедших к нему трех ангелах, так и Бог заботится о потомках Авраама. То, что Авраам сделал для ангелов, Бог сделал для израильтян, когда они вышли из Египта; то, что Авраам сделал через слугу, Бог сделал также через слугу. Согласно второму утверждению, за три добрых дела, которые Авраам сделал ангелам, израильтяне получили три дара: манну, столп облачный и колодец Мириам, которые сопровождали их в пустыне (Талмуд, Бава Меция 86б).

Мы видели примеры библейских и раввинских источников, решительно подтверждающих, что у Бога есть то, что я определил как совершенную благость. Они делают это, либо напрямую рассуждая о Божьей благости, либо рассуждая о Божьей великой силе, знании и тому подобном, а это является компонентами того, что я подразумеваю под «совершенной благостью». Традиционная еврейская литургия идет по этому же пути. Молитвы

Нового года и Йом-Кипура провозглашают, что Бог видит все поколения наперед, знает наши мысли и все наши действия. Ничто не сокрыто от Бога. Бог совершенно справедлив и милостив. «Все верят, что Он всемогущ» и «Все верят, что Его деяния совершенны». Эти и многие другие литургические источники дополняют предыдущие источники, открывающие нам совершенную благость Божию. Таким образом, я делаю вывод, что классические еврейские тексты дают основания думать о Боге как о совершенно благом существе.

Глава 4
Идеологическая критика

Тема, которая меня здесь занимает, заключается в том, может ли традиционный еврей, усвоивший современные западные моральные ценности, принять или продолжать принимать, что Бог евреев, Бог еврейской Библии и раввинистической литературы совершенно благ. Традиционному еврею не обязательно разделять каждое причудливое изобретение новой морали. У нас есть свои святые ценности и законные, *галахические* пути. Я пишу для традиционного еврея, который осторожен и умерен в усвоении новой морали и при том верит или хочет верить, что Бог совершенно благ. Я пишу это, исходя из умеренного, постепенно развивающегося западного морального чувства, которое проникло в традиционные еврейские круги. Человек, обладающий таким моральным чувством, умерен и осторожен в своих высказываниях, но при этом глубоко затронут переменами. Тем не менее это моральное чувство включает в себя радикальный отход от прошлого. Может ли такой человек действительно поверить, что Бог евреев совершенно благ?

Существует долгая история моральной и другой критики Бога евреев. Давным-давно христианский еретик Маркион (II век н. э.) провел резкое различие между Богом евреев, ЯХВЕ Ветхого Завета, и христианским Богом Нового Завета[1]. Для Маркиона ЯХВЕ

---

[1] Бо́льшая часть того, что мы знаем о Маркионе, известна из сочинений Тертуллиана (род. ок. 160). См. [Tertullian], (Christian Classics Ethereal Library). http://www.ccel.org/ccel/schaff/anf03.toc.html (дата обращения: 24.07.2017). Аналогичный взгляд на Бога еврейской Библии высказывался некоторыми христианскими гностиками. См. [Bettenson 2011: 37ff].

был низшим богом, которого он отверг вместе со всем Ветхим Заветом в пользу того, что было для него истинным Богом Нового Завета. Христианский Бог был совершенен. Бог евреев был далек от этого. Маркионизм, хотя и был объявлен ересью, просуществовал сотни лет как самостоятельная христианская группировка. В наше время христианский философ Петер ван Инваген считает, что образ Бога в Ветхом Завете отражает низшую мораль. Ван Инваген утверждает, что события Ветхого Завета никогда не могли произойти и что Бог не мог поддерживать моральные стандарты Ветхого Завета[2]. Бог вдохновил людей на написание Ветхого Завета только для того, чтобы зафиксировать низкий уровень морали в тот исторический момент, чтобы показать контраст с более поздней зрелой, истинной моралью Нового Завета.

Более того, так называемые новые атеисты отвергли Бога иудаизма и христианства как далеко не совершенного с моральной точки зрения[3]. Различные христианские мыслители приняли вызов, попытавшись ответить на критику морального статуса Бога Ветхого Завета[4]. И конечно же, нетрадиционные движения в иудаизме предложили способы радикального морального изменения Бога евреев. Существует также недавняя откровенная моральная критика еврейской традиции со стороны Дэвида Хартмана [Hartman 2011]. Однако среди более традиционных евреев этим проблемам уделялось недостаточно внимания.

В этой главе я представляю краткий очерк этой «идеологической критики», направленной на Бога евреев, Бога еврейской Библии и раввинистической литературы. «Идеологическая критика» утверждает, что в этих источниках есть много случаев, когда Бог в своих действиях или повелениях крайне несправедлив или аморален, или в иных отношениях не вполне благ. Она гово-

---

[2]   [Inwagen 2011: 79–84]. Том состоит из попыток доказать моральную благость ЯХВЕ в еврейской Библии и отповедей тем, кто считает эту защиту невозможной.

[3]   См. [Hitchens 2007; Harris 2004; Dawkins 2006: 31].

[4]   См. [Bergmann, Murray 2011; Copan 2011]. См. также мою рецензию на эти книги в *International Journal for Philosophy of Religion* 70 (2011), p. 161–166.

рит нам, что мы не можем думать о Боге как о достойном безоговорочной преданности, как о совершенно благом существе.

Основная современная идеологическая претензия к Богу еврейской Библии заключается во всеобъемлющем и резко андро-
центрическом характере традиционных текстов и их влиянии на
место женщины в традиционном иудаизме сегодня. Нам не следует спешить полностью осуждать «патриархат» в былые времена, не понимая его исторического контекста. Другое дело — наш
современный социально-экономический контекст с его представ-
лением о роли женщины в обществе. Традиционному еврею не
стоит спешить принимать некритически все, что общество считает в высшей степени моральным в отношении женщин. Тем не
менее даже умеренное согласие с новой моралью бросает вызов
систематически суровому андроцентризму еврейской традиции
наших дней.

В Книге Бытия есть два рассказа о сотворении первых мужчины и женщины. Бытие 1:27 говорит нам, что мужчина и женщина были созданы, по-видимому, вместе. Можно предположить,
что эта версия подразумевает равенство между мужчиной
и женщиной. Во второй версии (Бытие 2–3), суровая андроцентрическая перспектива существует в полной мере с самого начала жизни Адама и Евы.

Я не в состоянии здесь вдаваться в причину различий между
двумя версиями. Можно предположить, что вполне правдопо-
добно, что они отражают разные взгляды на отношения между
мужчиной и женщиной. Или, опираясь на комментарий Раши,
можно сказать, что Бытие 1:27 не означает ничего отличного от
повествования в Бытии 2–3. С этой точки зрения Бытие 1:27 представляет собой лишь краткое изложение факта сотворения
мужчины и женщины, тогда как Бытие 2–3 подробно описывает,
как произошло это творение (эта точка зрения создает множество
проблем). В любом случае нет никаких сомнений в том, что патриархальный, андроцентрический уклон Бытия 2–3 доминирует как в еврейской Библии, так и в раввинистической литературе.
Поэтому именно этому вопросу я придаю наибольший вес
и обращаюсь к нему.

Ведущие феминистки воспринимают историю из 2–3 глав Книги Бытия как базу женоненавистничества, пронизывающего еврейскую Библию[5]. Другие феминистки — Мике Бал, Филлис Берд, Кэрол Мейерс и (что наиболее важно) Филлис Трайбл — предложили ревизионистское прочтение этой истории [Bal 1987; Bird 1994: 521–534; Meyers 1988; Trible 1973: 251–258]. Трайбл, как представительница этой тенденции, пытается доказать, что «вместо того, чтобы узаконить патриархальную культуру, из которой он происходит, миф подвергает эту культуру рефлексии» [Ibid.: 258]. Тезис Трайбл заключается в том, что с самого начала в Эдеме женщина и мужчина наслаждались эгалитарными отношениями. Только когда эти отношения были испорчены из-за событий, связанных с Древом Познания добра и зла, патриархальная конфигурация заменила равенство посредством проклятия Евы. Это было наказание Евы, а не первоначальный план для человечества. Следовательно, эта история не возводит андроцентризм в канон, а рассматривает его как досадное отклонение от идеала.

Увы, такое понимание не соответствует деталям истории. В соответствии с современными стандартами, история Эдемского сада с самого начала строго андроцентрична[6]. Адам создан один. Только Адаму Бог поручил заботиться о Саде. Ева — лишь дополнение к порядку вещей. Ева не создана из глины, как Адам. Бог создает ее из Адама. Адам — мать Евы, и он счастлив, что она у него есть, поскольку она была его частью. Адам заявляет: «Вот, это кость от костей моих и плоть от плоти моей» (Бытие 2:23). Ева живет только потому, что жив Адам.

Последующие отношения Адама с Евой основаны на его ощущении, что Ева была создана из его тела и подвластна ему. Хотя Бог назвал Адама, уже сам Адам, а не Бог, дал имя Еве точно так же, как он дал имена животным. В сущности, Адам называет ее «женщиной» (*ишах*), тем самым внушая ей, что она произошла от мужчины, (*иш*) (Бытие 2:23). Когда мужчина оставляет отца и мать

---

[5] См., например, [Fiorenza 1986; Figes 1970].

[6] Полное изложение следствий из этого см. в [Gellman 2006a: 319–335].

и прилепляется *к жене* (Бытие 2:24), он прилепляется к части самого себя, которая принадлежит ему. Тора сразу говорит, что «Адам и *его жена* были оба наги», а не что оба, Адам и *женщина*, были обнажены. Она принадлежит ему с самого начала. Упоминание женщины как «жены» такого-то обычно в Торе; это должно было начаться, согласно Трайбл, только после того, как воцарился андроцентризм. Но это происходит с самого начала.

Бог повелевает не есть от дерева одному Адаму (Бытие 2:16–17). Хотя Тора никогда не упоминает, чтобы Бог повторял повеление Еве, она говорит змею, что ей нельзя есть от дерева. Мы не знаем, как и почему Ева узнала об этом запрете. Разумеется, она узнала об этом от Адама. Вероятно, Адам думал, что запрет на вкушение запретного плода распространялся и на Еву. В конце концов, она была создана из его тела. Она все еще была частью его. Однако, возможно, Адам ошибался на этот счет и запрет есть плод распространялся только на него, а не на Еву. Судя по дальнейшему повествованию, как мы скоро увидим, это, похоже, именно так. В любом случае обратите внимание: вполне возможно, что именно Адам определил, как должна вести себя Ева, это он велел ей не есть с дерева. Все это происходит *до* первородного греха и до того, как Ева была, как считает Трайбл, «наказана» подчинением Адаму.

После того как оба человеческих существа съели плод с дерева, Адам и Ева спрятались от Бога, гулявшего в Саду. Эта пара описывается не как «Адам и Ева», а как «Адам и его жена». Бог не воззвал, выясняя, где прячутся Адам *и Ева*, нет, он воззвал к одному Адаму, спрашивая его, где *он* прячется — «Где *ты*?». Ева и не должна была прятаться. Она уже невидима.

Далее следует разговор только между Богом и Адамом. Адам объясняет, почему *он* спрятался, и ни Бог, ни Адам не упоминают спрятавшуюся Еву. Бог спрашивает, не ел ли он, Адам, с запретного древа. Никакой речи о Еве. Адам отвечает, что Ева дала ему поесть с этого древа, и он поел. Адам не говорит о том, что и Ева ела с этого древа. Когда Бог обращается к Еве и сурово спрашивает ее, речь не заходит о том, что с древа ела *она*. В контексте этой истории предполагается, что Бог знает о случившемся, только если кто-то поставит его в известность. Но никто не сказал ничего о том, что Ева ела с запретного древа.

Разумеется, Бог гневается на женщину не потому, что она ела запретный плод, а только потому, что она сделала «это». Бог восклицает: «Что ты это сделала?» Отсылка к «этому» может означать только то, что Ева сказала, что она дала Адаму плод, запретный для *него*. Дальше Ева обвиняет змея и между делом сообщает, что сама она тоже ела с древа. Бог не реагирует на это признание, не говорит чего-нибудь вроде: «Что? Ты тоже ела этот плод?» Этот вопрос вообще не возникает в разговоре Бога с Евой. Очевидно, для Евы плод не запретен. Разделение между мужчиной и женщиной появляется *до* того, как Бог наказывает Еву.

Создается впечатление, что вся эта история происходит между Богом и Адамом, а Ева — второстепенная деталь, как и змей. Змей и Ева вместе — причины грехопадения Адама. Заповедь женщине, что будет «к мужу твоему влечение твое, и он будет господствовать над тобой» — не исходный пункт патриархии. Патриархия была с самого начала. Только сейчас Бог устанавливает то, что должно, по замыслу, *закрепить* патриархальный порядок. Коли женщина отныне и навсегда будет испытывать сильное влечение к своему мужу, она будет без слова делать то, чего он хочет, чтобы он не отверг ее. Следовательно, он будет властвовать не только формально, но и фактически. Опасаясь, что не снискает его милости, она будет повиноваться ему. Она захочет делать то, что он велит ей, в том числе не давать ему плод, запрещенный для него. Высокая степень ее влечения к мужу иллюстрируется тем, что она даже будет готова в муках рожать детей.

Бог *никогда* не упрекает Еву за то, что она съела плод, хотя и наказывает за это Адама. После этого Бога беспокоит только то, что *Адам* может вкусить от Древа Жизни, и ни слова о Еве (Бытие 3:22). И, как написано, в изгнание из Сада отправляется только *Адам*. Нет никакого упоминания о том, что Ева должна покинуть Сад или покинула его. Ева по-прежнему остается невидимой (Бытие 3:22–24). Мы знаем, что Ева ушла из Сада только потому, что в дальнейшем Адам и Ева будут вместе. Ева покидает Сад только потому, что это делает Адам, а она должна быть с ним.

В результате внимательного прочтения этой истории можно сделать вывод, что это с самого начала андроцентрическая история — об Адаме и Боге. У Евы лишь роль второго плана. Эта история не может нести в себе идею искаженного изначального равенства. Это понимание подчеркивается частыми раввинистическими ссылками на «первородный грех Адама» как на корень многих последующих бед (хотя Ева в раввинистических текстах не полностью игнорируется)[7].

С современной точки зрения, библейские тексты, рассказывающие историю Адама, в значительной степени андроцентричны. Рассмотрим первые главы Книги Бытия, где женщины являются пассивными объектами действий мужчин или действуют только ради мужчин. В 4-й главе Бытия и Адам, и Каин описаны как «познавшие» своих жен, а Лемех «берет» двух жен. Все, кто вносит своими изобретениями вклад в цивилизацию, — мужчины (Бытие 4:19–22). В 5-й главе Бытия генеалогия детей Адама и Евы ограничена мужчинами и восходит только к Адаму; в 6-й главе Бытия нечеловеческие существа «входят» к человеческим женщинам, «кого пожелают»; в 7-й главе Бытия даны имена Ноя и его сыновей, но не названы имена ни одной из женщин — и нам сказано, что каждая пара животных, вошедших в ковчег, была «мужчиной и его женой» (в русском переводе «мужеска пола и женского»); в 8-й главе Бытия снова анонимное упоминание о жене и дочерях Ноя; в 9-й главе Бытия благословение умножения дано только Ною и его сыновьям, а не женщинам; в 10-й главе Бытия генеалогия полностью мужская. Каждый народ получил свое название от древнего патриарха, а не от матриарха. В 11-й главе Бытия мы снова имеем исключительно мужскую генеалогию, и, хотя рождение Аврама зафиксировано, рождение Сары — нет. Она представлена читателю опосредованно — как невестка Фарры и жена Аврама. В 12-й главе Бытия Аврам «берет свою жену

---

[7] В Левите Рабба 29:1 рабби Элахарг отслеживает час за часом первый день создания Адама и Евы. Рабби Элазар отмечает только съедение плода Адамом и его изгнание. Никаких упоминаний о съедении плода Евой и ее изгнании. Ева стала невидимой.

Сару» в Ханаан, затем в Египет и выдает ее за свою сестру; в 13-й главе Бытия именно Аврам уходит из Египта, его жена и все его домашние просто «идут» вместе с ним; в 14-й главе Бытия Аврам возвращает Лоту «женщин и народ» после битвы; в 15-й главе Бытия Бог обещает детей только Авраму, а не Саре; в 16-й главе Бытия Сара описывается как еще не родившая «для Аврама» — она просто «отдает» Агарь Авраму в жену, Агарь повинуется и позже рожает ребенка «для Аврама»; в 17-й главе Бытия, когда Бог меняет имя Сары на Сарру и дает ей благословение — что она родит сына «Аврааму» — Бог открывает Аврааму и имя, и благословение, но Сарре не говорит ни слова. (Отсюда раввинистическое утверждение в Бытии Рабба 20:6 о том, что Бог обычно не разговаривает с женщинами.) В 18-й главе Бытия ангелы приходят сообщить, что у Сарры будет сын, но они сообщают об этом только Аврааму, а не Сарре; в 19-й главе Бытия посланники говорят Лоту «забрать» его жену из Содома. Тогда жена Лота, но не Лот, не может сдержаться и оглядывается назад. Кроме того, в этой главе дочери Лота заботятся о том, чтобы дать семя «отцу своему»; а в 20-й главе Бытия мы видим историю спуска Авраама с Саррой в Герар, где Авраам снова выдает ее за свою сестру.

Сказанного достаточно, чтобы установить демаркационную линию между мужчинами и женщинами, которая проходит через все повествования Торы. Женщинам свойственна пассивность или подчинение мужчинам. Да, иногда женщины свершают важные деяния, а некоторые даже становятся пророчицами, но это аномалии, растворяющиеся среди несметного количества андроцентрических текстов в Торе и еврейской Библии.

Андроцентризм пронизывает и юридическую часть Торы. Из пресловутых 613 заповедей, перечисленных в анонимной книге Сефер Га-Хинух, можно насчитать немало андроцентрических по формулировке и содержанию, подразумевающих лишь умеренную заботу о положении женщин. Андроцентризм определяется либо простым смыслом текстов, либо их раввинистическими интерпретациями. Просто ради интереса обратите внимание на законы, согласно которым муж может аннулировать обеты жены, может привести жену на испытание в Храм по подозрению в измене и, наконец, может развестись с ней. При этом у нее нет никакого права на что-либо из этого. Обратите внимание, что законы о сексуальном насилии, а также многие другие законы, включая последнюю из Десяти заповедей, адресованы исключительно мужчинам, хотя в равной степени применимы и к женщинам. Священниками и действующими левитами являются только мужчины.

Обратите внимание, что, в отличие от популярной апологетики, в раввинистической литературе мужчина, женившийся на женщине, иногда рассматривается буквально как приобретший женщину в собственность. Это проявляется в законе, согласно которому жена священника может есть из его освященных даров *терума*, что было бы запрещено ей, если бы она не была его женой. *Сифра* основывает этот закон на стихе из Книги Левит 22:11 о том, что «если же священник купит себе человека за серебро, то сей может есть оную». Согласно *Сифре*, эти слова относятся как к рабам-неевреям, так и к жене.

Второе направление идеологической критики Бога евреев в еврейской Библии касается несправедливых действий иного характера. Бог убивает невинных людей непосредственно, или приказывает убить их, или причиняет им несправедливые страдания. По крайней мере, людей, которых *следовало бы* считать невиновными. Великий потоп уничтожает бесчисленное количество мужчин, женщин и детей, а также несет смерть бесчисленному количеству животных в глобальной водной камере. Это потому, что «человечество» растлилось. Бог уничтожает всех жителей Содома и Гоморры, мужчин, женщин и детей, за исключением очень немногих праведников, из-за их тяжких грехов (Бытие 18).

Бог повелевает Аврааму принести в жертву своего сына, предотвращая убийство лишь в самый последний момент. И, как говорится, «этот голос все еще звучит» в современных религиях[8]. «Акеда», жертвоприношение Исаака, для некоторых наших современников представляет собой инструментализацию Исаака: он рассматривается только как «сын Авраама», а не как самостоя-

---

[8] [Holloway 2004], цит. по: [Moberly 2009].

тельная личность — мотив, который можно найти еще кое-где в еврейской Библии[9]. (В 1990 году в Калифорнии некий Кристос Валенти убил своего любимого ребенка, девочку, потому что был уверен, что Бог повелел ему сделать это. На суде он заявил о своей невиновности, сравнив свой поступок с действиями Авраама во время Акеды. Присяжные признали Валенти невменяемым.) Бог навлек смерть и неисчислимые страдания на огромное количество невинных египтян — десятью казнями — из-за упрямства их царя. Все первенцы Египта убиты, потому что их царь не освободит израильтян. Бог приказывает уничтожить каждого амаликитянина: мирных жителей, мужчин, женщин и детей.

Поскольку израильтяне согрешили с мадиамскими женщинами, Бог повелевает Моисею отомстить мадиамитянам, как виновным, так и невиновным. «И пошли войною на Мадиама, как повелел Господь Моисею, и убили всех мужеского пола» (Числа 31). Впоследствии Моисей повелевает убить всех мадиамитянских младенцев мужского пола, а также недевственных женщин, очевидно, с одобрения Бога, оставив только молодых девственниц. В Числах 21 и Второзаконии 2 рассказывается, как Сигон и его народ вышли сражаться с израильтянами, и израильтяне уничтожили весь народ Сигона — мужчин, женщин и детей. Точно так же и в народе Васана Бог убивает всех, кроме васанского царя Ога (Второзаконие 4). Хотя в этих случаях Библия не содержит явного приказа убивать всех подряд, эти действия явно происходят с одобрения Бога.

В 7-й главе Второзакония Бог повелевает полностью уничтожить семь народов, населяющих Землю Ханаанскую, не проявляя никакой милости. Завоевание Земли начинается с убийства «мечом» всех людей и животных в Иерихоне, «и мужей и жен, и молодых и старых, и волов, и овец, и ослов, *истребили* мечом». (Иисус Навин 6:21, рус. пер. — 6:20). Каждая из этих историй связана со страданиями и преждевременной смертью огромного числа мирных жителей, что кажется в высшей степени несправедливым со стороны Бога.

---

[9] На эту тему см. [Bunge, Frethheim 2008].

В том же самом месте Библии, где Бог называет себя милосердным и милостивым, Бог говорит о том, что он наказывает «вину отцов в детях и в детях детей до третьего и четвертого рода» (Исход 34:7; см. также Числа 14:18). Однако во Второзаконии 24:16 говорится, что человек будет предан смерти только за свои грехи, а не за грехи своего отца. Это может относиться к судебному правосудию, а не к божественной политике. Талмуд, однако, допускает противоречие между двумя стихами и разрешает его, говоря, что стих Исхода о том, что дети понесут наказание за грехи своего отца, применим только тогда, когда дети продолжают грешить, как отец (Санхедрин 27б). Правдоподобная трактовка следующая: это может означать только то, что дети строже наказываются за свои грехи с учетом грехов их отца. Раши, например, интерпретирует это место Талмуда так: когда сын совершает тот же грех, что и отец, сын получает двойное наказание — за свой грех и за грех своего отца. Ибн Эзра в комментарии к Исходу 20:5 говорит, что Бог быстрее наказывает таких детей грешников, не давая им обычного шанса покаяться. В любом случае налицо мораль, согласно которой дети являются продолжением своих родителей, а не полностью отдельными личностями.

Бог повелевает Моисею не производить прямого подсчета израильского народа, чтобы не последовала моровая язва (Исход 30:11–16); и во дни царя Давида, в главе, интерпретация которой сложна (2-я книга Царств), Бог гневается на Давида за то, что он провел перепись народа (или воинов). В отместку Бог в данном случае убивает 70 000 невинных людей[10]. Нам не объясняют, почему перепись запрещена. В Талмуде Йома 22:б раввин Ицхак утверждает, что перепись может проводиться только косвенно, путем непосредственного подсчета чего-либо, кроме человека. Рабби Элазар приводит один, рабби Нахман бар-Ицхак — два запрета на прямой подсчет еврейского народа. И опять нигде не объяснено, почему грех, совершенный Давидом, повлек за собой смерть 70 000 невинных людей.

---

[10] См. другую версию этой истории в Книге 1 Паралипомепон 27.

Когда во 2-й Книге Царств Давид возвращает Ковчег Завета израильтянам на повозке, запряженной волами, мы читаем:

> А Давид и все сыны Израилевы играли пред Господом на всяких музыкальных орудиях из кипарисового дерева, и на цитрах, и на псалтирях, и на тимпанах, и на систрах, и на кимвалах. И когда дошли до гумна Нахонова, Оза простер руку свою к ковчегу Божию, чтобы придержать его, и взялся за него, ибо волы наклонили его. Но Господь прогневался на Озу, и поразил его Бог там же за дерзновение, и умер он там у ковчега Божия (2-я книга Царств 6:5–7).

Никакого предупреждения, никакого учета благородного мотива — смерть за прикосновение к Ковчегу Завета.

Кроме того, существуют законы, предписывающие то, что все больше кажется чрезмерным наказанием или наказанием за действия, которые как будто вообще не должны караться. В Числах 4 говорится, что левитская семья Каафа должна нести принадлежности Скинии при ее перемещении с места на место. Тора говорит нам, что сыны Каафа умрут, если прикоснутся к какому-либо объекту без промежуточного покрытия, и умрут, если будут смотреть, когда объекты накрываются. Предусматривается существование ворожей, подлежащих казни (Исход 22:8 (в рус. пер. — 22.18)), за гомосексуальные действия тоже полагается смертная казнь (Леви 20:11 (в рус. пер. — 20.13)). Если мужчина утверждает, что нашел свою новую невесту не девственницей (Второзаконие 22 (ст. 20–11)),

> если же сказанное будет истинно, и не найдется девства у отроковицы, то отроковицу пусть приведут к дверям дома отца ее, и жители города ее побьют ее камнями до смерти, ибо она сделала срамное дело среди Израиля, блудодействовав в доме отца своего; и *так* истреби зло из среды себя.

Сегодня кажется чрезмерным, что женщину казнят за то, что она опозорила своего отца[11].

---

[11] В Талмуде (Санхедрин 51а) обсуждаются ограничения этого закона.

Но бывают случаи, когда Бог просто игнорирует несправедливые, злые поступки, а впоследствии даже проявляет благосклонность к преступникам. В 18-й главе Книги Самуила (рус. пер. — 1-я Книга Царств) Давид убивает 200 филистимлян и приносит их крайнюю плоть Саулу. Таким образом он получает разрешение жениться на дочери Саула. Убийство 200 мужчин, не обязательно комбатантов, в качестве платы за вступление в брак не соответствует современным представлениям о справедливости. Бог не карает за этот поступок. Во 2-й главе Книги Самуила (рус. пер. — 4-я Книга Царств) 2:23–25 Елисей проклинает мальчиков за то, что они надсмехались над ним, вызвав из леса двух медведиц, которые затем разорвали в клочья 42 ребенка. За этой историей следует история, в которой Бог гневается на Иосафата за его злые дела. Бог не реагирует на поведение Елисея. Елисей продолжает свой путь, убив 42 ребенка и не удостоившись никаких упреков от Бога[12].

Вышеупомянутая идеологическая критика усугубляется различными изображениями Бога в раввинистической литературе. Раввины усугубили андроцентрические тенденции еврейской нормативности, хотя есть и противоположные комментарии раввинов. При современном восприятии места женщины в обществе трудно не озадачиться тем, как раввины трактуют стих псалма 45:14 (рус. пер. — 44:14), который гласит: «Вся слава дщери Царя внутри; одежда ее шита золотом». Правдоподобное прочтение этого стиха в контексте говорит о том, что дочь царя одевается в своих покоях («внутри»), прежде чем ее представят публике в золотой одежде. Однако типичен комментарий Авраама ибн Эзры о том, что слава дочери-невесты состоит в том, что она остается «внутри» дворца и не видна другим. Это отражает стремление раввинов ранней эпохи к превращению «славы» в принцип, согласно которому место женщины — в доме[13]. В мо-

---

[12] Однако раввинистические источники (Талмуд Санхедрин 107b) говорят, что болезнь была послана Елисею в наказание за этот поступок.

[13] Однако есть по крайней мере один раввинский источник, осуждающий положение женщин после изгнания из Эдемского сада. Рабби Дими сравнивает тяжелое положение женщин с людьми, заключенными в тюрьму. И Раши объясняет это славой находящихся в затворничестве женщин Израиля (Эрувин 102а).

ей базе данных десятки случаев, когда раввинистическая литература использует этот принцип при интерпретации стихов Священного Писания ради внушения или одобрения женской скромности. Это перешло и к постраввинистическим комментаторам, которые продолжают применять и расширять этот принцип. Призыв к скромности можно принять. Проблема в крайнем затворничестве женщин. Дело здесь в том, что, интерпретируя таким образом Псалом 45:14, раввины хотят приписать этот принцип божественной воле[14].

Раввинистическая литература дает и другие основания для критики очевидной несправедливости Бога. Хотя существует несколько раввинистических заявлений о возвышенной справедливости Бога, мы не можем игнорировать то, что раввины часто одобряют действия или политику, которые сейчас могут восприниматься как несправедливые. Бог судит евреев мягче, чем неевреев (Бытие Рабба, 50:3). Мишна (глава 4, Мишна 3) утверждает, что, если бык нееврея забодает еврея, владелец-нееврей должен возместить ущерб, а если бык еврея забодает нееврея, еврей-владелец не несет ответственности за ущерб. Талмуд (38a) выводит это из стиха о том, что, поскольку неевреи не соблюдают семь относящихся к ним заповедей, они не могут взыскивать такой ущерб. Точно так же еврей обычно не обязан возвращать потерянную вещь ее владельцу-нееврею. Талмуд (Бава Кама 113a) объясняет это повелением вернуть потерянные вещи «брату твоему» (Второзаконие 22), исключая неевреев, которые не являются твоими «братьями». В то время как еврей не может обмануть другого еврея в бизнесе, еврею разрешено обманывать нееврея, поскольку последний не является «вашим братом» (Талмуд Бехорот 13б); в то же время как другие говорят, что еврей не должен обманывать нееврея, однако не нужно сообщать нееврею, если последний допустил какую-либо ошибку, например, в сум-

---

[14] Этот раввинистический взгляд разделял Павел, писавший, что «жены ваши в церквах да молчат, ибо не позволено им говорить, а быть в подчинении, как и закон говорит» (1 Коринфянам 14:34). И «а учить жене не позволяю, ни властвовать над мужем, но быть в безмолвии» (1 Тимофею 2:12).

ме, подлежащей выплате в пользу еврея[15]. Бог, согласно одному из источников, не дарует загробной жизни неевреям (Левит Рабба 13:2)[16].

Существует жанр раввинистических рассказов, в которых Бог, в ответ на оскорбление, нанесенное ему человеком или несколькими людьми, убивает их, а также/или их невиновных близких. Вот два примера. История в Числах Рабба (4:20) рассказывает об отце, который, проведя несколько дней в синагоге, не призывает к порядку своего маленького сына, когда мальчик отвечает на молитвы, требующие благочестивого отклика, глупыми (или, возможно, еретическими) словами. Мужчина защищает своего сына как маленького озорного ребенка. В течение трех лет мужчина умирает вместе с 15 членами его семьи. В его доме осталось только два человека: один хромой и слепой, а другой — безумный и злой. Другая история: когда арендатор заканчивает снимать дом у еврея, он должен оставить пергамент мезузы на дверном косяке. Один арендатор по окончании срока аренды забирает мезузу с собой. Бог наказывает его смертью жены и двух сыновей (Бава Меция 102a). В Талмуде говорится, что человек, дающий ложные показания, навлекает наказание не только на себя, но и на свою семью. И не только на свою семью, но и на весь мир (Шавуот 39a)! Эти утверждения порождают проблемы, даже если они сделаны только для того, чтобы напугать, а не констатировать факт.

Кроме того, существуют наказания, которые в любом случае кажутся совершенно несоразмерными проступку. Талмуд (Бава Батра 75a, Санхедрин 100a) одобрительно сообщает нам, что, когда ученик не захотел поверить словам рабби Йоханана до тех пор, пока не увидел своими глазами то, что рабби Йоханан предсказал, рабби «смотрел на него, пока он не превратился в груду костей». Тот же Рабби Йоханан превратил другого студента

---

[15] Однако законы этого параграфа, возможно, применимы сегодня разве что к язычникам-неевреям.

[16] Я должен отметить, что существует несколько раввинистических заявлений, свидетельствующих об уважении к неевреям и даже восхищении ими. Однако высказывания, подобные вышеприведенным, появляются достаточно часто, чтобы усомниться в Божьей благости.

в груду костей за то, что тот сказал раввину, что сам заметил то, что раввин изрек, и тем подтвердил слова раввина (Бава Батра 75a). В обоих случаях смертная казнь была назначена за непринятие слов мудреца без проверки. Точно так же рабби Шешет убивает еретика, глядя на него и превращая его в кучу костей (Брахот 58a). Термин «он стал кучей костей» встречается иногда в результате прямого действия Бога (см. Иерусалимский Талмуд, Швиит 10, Закон 1). Возможно, эти выражения надо понимать метафорически, но в самих текстах на это мало намеков. Здесь мы имеем богословие, которое предполагает одобрение таких наказаний Богом, и больше сказать нечего. Ни в одном из этих случаев не содержится ни слова осуждения.

Более того, некоторые раввинистические принципы справедливости не получили бы одобрения даже с точки зрения умеренных форм современной морали. В качестве примера можно привести правило справедливости, о котором я упоминал в предыдущей главе: наказание соответствует преступлению, или «мера за меру». Пример — Всемирный Потоп. Так как у людей было много грехов (рус. пер. — «велико развращение человеков на земле») (Быт. 6:5), Бог наказал их множественным наказанием: открыл множество подземных вод (рус. пер. — «навел потоп водный»). А поскольку египтяне топили израильских младенцев мужского пола в воде, их «варили в том же котле, в котором они варили других»: египетская армия утонула в водах моря (Сота 11a).

Принцип меры за меру, как мы здесь видим, используется для сопоставления *формальных* свойств греха, а не его существенных свойств. Именно *форма* греха должна соответствовать наказанию. Множественное по форме соответствует множественному по форме. Вода соответствует воде. Это игнорирует справедливость наказаний *по существу*. Это требует справедливости в отношении степени наказания и справедливости в отношении тех, кто наказан. Например, перед Потопом дети и животные никак не согрешили, поэтому суть постигшего их наказания ставится под вопрос. Задумавшись о справедливости ада, вспомним, что Бог действует справедливо, «мера за меру», посылая туда людей. Поскольку эти люди поступили несправедливо, со стороны Бога *справедливость* в том, чтобы тоже поступить несправедливо по отношению к ним, отправив их в ад. Опять же, это формальная концепция справедливости, которая игнорирует существенную проблему — то есть оправдано ли когда-либо неоправданное действие, даже если чисто формально справедливость торжествует.

Есть и другие примеры идеологической критики, о которой идет речь, но сказанного достаточно, чтобы подчеркнуть суть. То, как еврейская Библия и раввинистическая литература в разные моменты описывают Бога, противоречит современным моральным стандартам даже в их умеренной форме. Тогда то, что Бог совершенно благ, ставится под сомнение.

До сих пор я излагал *внешнюю* идеологическую критику Бога евреев, критику, рассматривающую традиционные тексты извне. Примечательно, что в самих традиционных еврейских текстах, в том числе в еврейской Библии, мы находим *внутреннюю* идеологическую критику. Мне хорошо известны попытки раввинистических и построввинистических авторов уменьшить или нейтрализовать моральную остроту некоторых из следующих стихов Библии. Тем не менее мое внимание на данный момент сосредоточено на внутренней критике как таковой, а не на ответах Библии.

Парадигмальный пример расширенной внутренней идеологической критики в Библии содержится в Псалме 44 (рус. пер. — 43). После перечисления прошлых действий Бога в отношении израильтян Псалом продолжается так:

> Но ныне Ты отринул и посрамил нас, и не выходишь
> с войсками нашими;
> обратил нас в бегство от врага, и ненавидящие нас
> грабят нас;
> Ты отдал нас, как овец, на съедение и рассеял нас между
> народами;
> без выгоды Ты продал народ Твой и не возвысил цены его;
> отдал нас на поношение соседям нашим, на посмеяние
> и поругание живущим вокруг нас;

Ты сделал нас притчею между народами, покиванием
головы между иноплеменниками.
Всякий день посрамление мое предо мною, и стыд
покрывает лицо мое
от голоса поносителя и клеветника, от взоров врага
и мстителя:
все это пришло на нас, но мы не забыли Тебя и не наруши-
ли завета Твоего.
Не отступило назад сердце наше, и стопы наши не
уклонились от пути Твоего,
когда Ты сокрушил нас в земле драконов и покрыл нас
тенью смертною.
Если бы мы забыли имя Бога нашего и простерли руки
наши к богу чужому,
то не взыскал ли бы сего Бог? Ибо Он знает тайны сердца.
Но за Тебя умерщвляют нас всякий день, считают нас за
овец, обреченных на заклание.
Восстань, что спишь, Господи! пробудись, не отринь
навсегда.
Для чего скрываешь лицо Твое, забываешь скорбь нашу
и угнетение наше?
ибо душа наша унижена до праха, утроба наша прильнула
к земле.
Восстань на помощь нам и избавь нас ради милости
Твоей.

Это развернутый протест против Бога за невыполнение обе-
щаний. Люди невиновны в идолопоклонстве, верны Завету, однако Бог не спасает их от жестокости, которой они подвергаются
со стороны других народов. Бог бросил их на произвол судьбы.
Народ соблюдал завет. Бог этого не сделал.

Более ранняя внутренняя идеологическая критика встречается в Бытии 18:16–33, где Авраам выступает против решения Бога
уничтожить весь народ Содома и Гоморры. Авраам протестует:
«Судия всей земли поступит ли неправосудно?» Фрагмент из
раввинистической литературы (Бытие Рабба 49:9) усиливает
позицию Авраама, объясняя его мысль следующим образом: по
решению любого суда человек может обратиться в суд более
высокой инстанции за возмещением ущерба, за исключением

суда высшего. В этом случае апелляция в вышестоящий суд невозможна. Итак, Авраам предупреждает, что Бог должен быть особенно осторожен в своих решениях, поскольку для судьи всего мира нет более высокой апелляции.

В Исходе 5:22 Моисей жалуется Богу, что Бог плохо поступает с израильтянами в Египте. С тех пор, как Моисей начал противостоять фараону по велению Бога, положение израильтян стало только хуже, и Бог им не помогает. Это больше, чем просьба о помощи. Это формальное обвинение в адрес Бога со стороны Моисея.

Другим примером является история дочерей Салпаада в Числах 27. Пять дочерей Салпаада жалуются на несправедливость, поскольку их отец умер, не оставив сыновей, и они не унаследуют никакой части Земли Ханаанской. Почему имя их отца должно быть забыто только потому, что у него нет сына, который мог бы получить в наследство землю? Наследство должно достаться пяти сестрам. Моисей советуется с Богом, который соглашается с женщинами, а затем устанавливает закон, согласно которому, если мужчина умрет без сына, его дочери получат наследство. В этой истории Бог издает несправедливый указ, но отменяет его, когда сталкивается с протестом (Талмуд Макот 24a).

Не раз Бог хочет уничтожить весь израильский народ, а Моисей препятствует этому. Моисей протестует против намерения Бога уничтожить израильский народ после поклонения Золотому тельцу (Исход 32:10). Моисей утверждает, что это было бы неправильно, поскольку, среди прочего, это нарушило бы обещание Бога, данное Аврааму, Исааку и Иакову: «умножая умножу семя ваше, как звезды небесные, и всю землю сию, о которой Я сказал, дам семени вашему, и будут владеть вечно» (Исход 32:13). Нарушать обещание аморально. Это больше, чем молитва: это критика Бога. В результате Бог меняет свое мнение и позволяет народу жить[17]. Поскольку израильтяне жаловались на Моисея и Аарона,

---

[17] Здесь мы находим хороший пример раввинистического смягчения текста, которое, как кажется, должно нейтрализовать несправедливость Божественного намерения. См. в Исход Рабба 42:9 утверждение о том, что Бог не хотел уничтожать израильтян, а хотел только, чтобы Моисей помолился за них, и они были бы прощены.

Бог решает убить их всех. Бог насылает на них чуму, и 14 700 человек умирают, прежде чем Моисей успевает послать Аарона остановить чуму, пробежавшись по лагерю с благовониями (Числа 17:6–15 (рус. пер. — Числа 16:46–48)). Моисей действует против Божественного желания убить всех израильтян.

В пророческой литературе нам нужно внимательно различать протесты против несправедливости Бога и, с другой стороны, молитвы об исправлении зла, которые необязательно обвиняют Бога в несправедливости. Однако довольно ясным примером протеста против несправедливости является растерянное обращение Иеремии к Богу (Иеремия 12:1–3):

> Праведен будешь Ты, Господи, если я стану судиться с Тобою; и однако же буду говорить с Тобою о правосудии: почему путь нечестивых благоуспешен и все вероломные благоденствуют? Ты насадил их, и они укоренились, выросли и приносят плод. В устах их Ты близок, но далек от сердца их. А меня, Господи, Ты знаешь, видишь меня и испытываешь сердце мое, каково оно к Тебе. Отдели их, как овец на заклание, и приготовь их на день убиения.

Эти вопросы кажутся скорее риторическими протестами, чем простыми просьбами о помощи.

Приведенные последние примеры библейской внутренней идеологической критики относятся к пророкам, *говорящим от имени Бога*, отменяющим более ранние Божественные постановления, которые, по-видимому, теперь считаются слишком суровыми или в каких-то других отношениях несправедливыми[18]. И потому, когда Бог начинает налагать суровые наказания на Израиль, Амос протестует против них — и не раз добавляет, что Бог отступил, и говорит: «Не будет сего» (Амос 7).

Мы видели библейские утверждения о том, что дети наказываются за грехи своего отца. Позже пришел Иезекииль и провозгласил Божественную политику (Иезекииль 18:4): «Душа согрешающая, та умрет» и «Я буду судить вас, дом Израилев, каждого

---

[18] Этот параграф основан на изречениях рабби Йосефа бен Ханина, Макот 24а.

по путям его» (18:30)[19]. То, что Бог меняет позицию по этим вопросам, может вызвать подозрения относительно прочности ценностей Бога, а также относительно моральной безупречности исходных позиций Бога.

Эти примеры внутренней идеологической критики из Библии не согласуются с тем, что Бог всегда действует и повелевает справедливо.

Та же раввинистическая литература, которая, как мы видели, обильно восхваляет Бога, также знает, как умерить идеологическую критику, основанную на моральных соображениях[20]. Дов Уайсс показал, что талмудические раввины разделились на протестующих против Бога и выступавших против такого протеста, причем рабби Акива — ведущая фигура антипротестантов [Weiss 2017: 25–27]. Уайсс показывает, что критика Божественного стала особенно распространена в поздний раввинистический период. Однако меня здесь интересует не столько то, кто из раввинов поддерживал и кто отвергал эту идеологическую критику. Сам факт, что подобная критика широко встречается в раввинистической литературе, противоречит предыдущей главе, где я описывал раввинов, превозносящих Божественное величие и благость.

Что касается протестов Авраама против уничтожении Содома и Гоморры, рабби Аха вкладывает в уста Авраама такие суровые слова: «Это [Твои действия] — унижение Имени!» (Бытие Рабба 49:9). Это выходит за рамки того, что можно вычитать только из библейского текста. Что касается создания Богом Дурных наклонностей, которые соблазняют людей на грех, Бог изображается сожалеющим о том, что создал их. Ибо если бы Бог не сделал этого, люди не восстали бы против него. Бог также сожалеет о том, что создал определенные нации[21]. Мы могли бы рас-

---

[19] О потомственных наказаниях см. [Fishbane 1985: 333–345].

[20] В работе над этим разделом мне помогли следующие книги: [Weiss 2017] и вторая и четвертая главы [Laytner 1990].

[21] См. Иерусалимский Талмуд Таанит 3:3 и Бытие Рабба 27:6, цитата — там же, с. 265.

сматривать это как моральный недостаток Бога, но, скорее, как недостаток, заключающийся в неспособности осознать последствия этих катастрофических действий.

Раввинистическая литература подчеркивает несправедливость наказания детей за грехи родителей, вкладывая в уста Моисея следующие слова:

> Фарра поклонялся идолам, а его сын Авраам был праведником. А еще Иезекия праведник, и отец его Ахаз — нечестивый человек. И Иосия праведник, и отец его Амон — человек нечестивый. Уместно ли наказывать праведников за грехи своих родителей?[22]

Следовательно, этот суровый закон отменяется. Другой протест против несправедливости со стороны Моисея мы видим, когда он выступает против уничтожения израильского народа после эпизода с золотым тельцом:

> Они нарушили начало заповеди: «Да не будет у тебя других богов»... а ты хочешь нарушить конец заповеди, «творящий милость до тысячи родов»... [Со времени Авраама прошло семь поколений.] Если ты не можешь быть милостив к семи поколениям, как ты собираешься творить милость к тысяче?

Здесь Моисей обвиняет Бога в несправедливом нарушении Своего слова[23].

Что касается текущих событий, связанных с раввинами, рабби Леви провозгласил день поста, когда долго не было дождя. Когда дождь все-таки не пошел, рабби Леви горько пожаловался: «Владыка мира, ты взошел и сел на высоте, и ты не проявляешь милосердия к своим детям». Это не просто молитва о дожде, а обвинение Бога в несправедливом игнорировании Его детей, которые срочно нуждаются в дожде (Таанит 25a).

---

[22] Числа Рабба II 19:33, перевод (здесь с небольшими изменениями) там же, с. 173

[23] Исход Рабба 44:9, перевод с небольшими изменениями по: Laytner, *Arguing with God*, p. 55.

Хорошим примером того, как Бог не может издать справедливого закона до тех пор, пока его не призвали к этому другие, является, как замечает Дов Уайсс, создание городов-убежищ для защиты непреднамеренных убийц от кровных мстителей из семьи убитого. Во Второзаконии Рабба израильтяне протестуют против кровной мести, говоря: «Разве это пример продления дней? Один человек убивает другого невольно, и мститель за кровь преследует его, чтобы убить, и оба умирают раньше времени!» При этом Бог говорит Моисею, что израильтяне правы, и поэтому приказывает Моисею выделить города-убежища. Бог действует справедливо не по своей воле, а только в ответ на осуждение со стороны людей [Weiss 2017: 179–180].

В аморейской литературе мы находим идею о том, что Бог согрешил, и этот грех требует периодического искупления. По словам раввина Шимона бен Азая, так было, когда луна протестовала против того, что не может быть «двух царей», луны и солнца, равных по свету. Итак, Бог уменьшил луну, чтобы она стала меньше солнца. Луна протестует, что результат несправедлив, пока Бог не признает, что должно быть искупление за то, что он уменьшил луну (Хулин, 60b). Затем рабби Шимон бен Лакиш заявляет, что, соответственно, жертва за грех каждого дня новолуния является искуплением за то, что Бог сделал луну меньше, чем она была в начале. Жертва за грех — это искупление для Бога.

Хотя иногда Бог отвергает идеологическую критику со стороны ангелов, бывают и моменты, когда Богу приходится отступать перед лицом ангельского протеста. Это происходит в учении раввина Ханины бар Папы о том, что Бог намеревался ограничить границы Иерусалима небольшой территорией. Бог отказывается от этого плана, когда ангелы возражают, что этого не было сделано для языческих городов (Бава Батра 75б). Несправедливости удалось избежать.

В своих сносках я отсылаю читателя к Дову Уайссу и Ансону Лайтнеру, в чьих работах можно найти еще много примеров раввинистической внутренней идеологической критики Бога. Вывод, к которому все это нас приводит, заключается в том, что раввины *временами* считали Бога демонстрирующим моральные недостатки и моральную ненадежность. Подводя итог поздней раввинской литературе, Дов Уайсс заключает, что она «должна побудить ученых изменить свое предположение о том, что мудрецы всегда представляли Бога морально совершенным» [Weiss 2017: 182].

Таким образом, идеологическая критика, и внешняя, и внутренняя, со стороны еврейской Библии и раввинистической литературы, бросает вызов идее совершенной благости Бога евреев.

Глава 5
Аргумент от зла

Аргумент от зла — это второй вызов совершенной благости Бога евреев. Напомним, что совершенно благое существо обладает максимально возможным благом, включающим в себя совершенную силу и совершенное знание, существует всегда, является творцом и владыкой мира и находится в активной связи с тварным миром. Аргумент от зла заключается в следующем: огромные масштабы и ужасающая природа мирового зла доказывают, что ни одно совершенно благое существо не может существовать. Если не существует совершенно благого существа, то и Бог евреев не является совершенно благим. Для традиционного еврея идеологическая критика Бога, рассмотренная в предыдущей главе, является лишь частным примером аргумента от зла.

Есть две категории мирового зла. К первой относятся *стихийные бедствия* — землетрясения, цунами, лесные пожары, экстремальные погодные условия, голод, болезни и наводнения, которые приносят смерть, страдания, траур и тяжелые денежные убытки неизмеримому числу людей. Бог творит такое зло либо прямо, либо косвенно, создавая для него подходящие условия — например, законы природы, которые рано или поздно ведут к естественному злу (а Бог это знает, ибо его знание совершенно). В таком случае Бог вызывает или, по крайней мере, допускает это естественное зло.

Вот что писал Вольтер о природном зле, лиссабонском землетрясении 1755 года и возникшем в результате цунами, унесшем жизни примерно 100 000 человек:

Детей, грудных детей в чем грех и в чем вина,
Коль на груди родной им гибель суждена?
Злосчастный Лиссабон преступней был ужели,
Чем Лондон и Париж, что в негах закоснели?
Но Лиссабона нет, — и веселимся мы[1].

Это хорошо выражает ощущение несправедливости в отношении огромного количества природного зла, которое поражает человечество в нашем мире. Это зло сеет смерть и страдания в огромных масштабах, не различая невинных и виновных, молодых и старых.

Вторая категория — это *моральное зло*, намеренные безнравственные действия, которые люди совершают по отношению к другим и к самим себе, вызывая несправедливость, ущерб, страдания и смерть. Сюда входят такие вещи, как война, геноцид, тирания, убийства, грабежи, изнасилования, жестокость и пытки. Если бы существовало совершенно благое существо, оно знало бы об обоих типах зла, могло бы предотвратить их и захотело бы устранить, по крайней мере, большую часть, если не все, их проявления. Таков аргумент. Выходит, массового и ужасающего морального зла не должно существовать. Но оно есть. Следовательно, заключает аргумент от зла, совершенно благого существа нет.

Чтобы в полной мере отдать должное аргументу от зла, нам необходимо осознать, сколько зла в мире, помимо сенсационных случаев, вызывающих широкое сострадание или возмущение (таких как наводнения, войны, эпидемии, убийства, изнасилования и пытки). Мы должны признать изобилие зла в повседневной жизни людей, вне поля зрения общественности, а иногда и вне поля зрения всех, кроме тех, кто страдает. Подумайте о ежедневных страданиях, боли и иногда парализующем разочаровании обычных людей, пытающихся жить нормальной жизнью. Подумайте о психологических страданиях человека, втянутого в деструктивные отношения, или о ребенке сумасшедшего родителя;

---

[1] Пер. А. Кочеткова, цит. по: [Вольтер 1947].

подумайте о жизнях, разбитых и раздавленных обстоятельствами, а не по вине человека, полных пустоты и безнадежности, о тех, кто всякий день не живет, а умирает. Мы не должны упускать из виду глубокое разочарование в жизни, которая пошла под откос, ощущается бесполезной, жизни, которую продолжают только из страха смерти. Не забудем о мрачном, беспросветном одиночестве женщины, единственным близким спутником которой является ее бесшумная трость или металлические ходунки; о человеке, психологически не способном жить в обществе, существующем на грани, видящем только бакалейщика и врача; о ребенке, который настолько эмоционально оторван от жизни, что все, с кем он общается — это его воображаемые друзья, которым он рассказывает про свои приключения в воображаемой стране, про дружбу с ее королем и королевой.

Да, есть много людей, которые извлекают пользу из ежедневных разочарований и неудач, становятся сильнее и учатся уверенно идти в будущее. Но скольким людям это не под силу? Подумайте о множестве людей, которые страдают и никогда не оправятся от нанесенного им ущерба, о людях, смирившихся с жизнью, полной мучений или беспомощности. Сломленные, растерявшиеся, обезумевшие. Жертвы всеобъемлющих социальных и правительственных структур, от которых они страдают и от которых нет спасения. Люди, потерявшие всякую веру из-за той жизни, которую им пришлось вести. Множество, великое множество людей, по словам Генри Дэвида Торо, «проводят жизнь в тихом отчаянии».

Речь идет не о том, что «плохие вещи случаются с хорошими людьми». Боль и страдания не *вторгаются* в нашу радостную жизнь извне. Боль и страдания *запрограммированы* в нашей жизни. Мы запрограммированы терять близких. Мы запрограммированы на угасание в старости. Наше тело запрограммировано на то, чтобы медленно или быстро выходить из строя. Мы запрограммированы во многом отличаться от других и стремиться к собственному благополучию, что неизбежно приводит к конфликтам и страданиям. Наша ДНК запрограммировала нас болезненно воспринимать собственную неспособность справиться с ситуацией, быть неумелыми или превращаться в безудержных психопатов. Хрупкость и непредсказуемость земной поверхности, которую создают ураганы, землетрясения, извержения вулканов, засухи, неурожаи и все остальное — это не вторжение в естественный порядок, а сам этот порядок. Жизнь — это не испорченное веселое лето, а сокрушительный зимний снег, грипп, автомобильные аварии, муссонные дожди и хроническая засуха, и все это столь же неизбежно, как мягкое солнце на далеком острове с вечерними коктейлями на пляже. Наш мир пропитан болью, страданиями и разочарованиями. Это аргумент от зла.

Аргумент от зла сопровождается также чувством крайней несправедливости в распределении этого зла. Более состоятельные люди иногда оказываются самыми морально низкими или преступными; бедные — самыми честными и заслуживающими доверия. Самые больные иногда самые славные люди; самые здоровые могут быть жестокими и сварливыми. Те, кто пользуется любовью, иногда не так достоен, как те, кто обезумел от одиночества. Иногда больше всего восхищения вызывают скверные люди, тогда как самые достойные остаются незамеченными. Таким образом, аргумент от зла задается вопросом, как может существовать совершенно благое существо, наблюдающее за миром, в котором так много зла и зло так ужасно?

Аргумент от зла исходит из истории долгих и упорных страданий еврейского народа, сколько он себя помнит. Ограничения на профессии, которыми могли заниматься евреи, и на области, в которых евреи могли жить; гетто, погромы, крестовые походы, пытки, убийства и изгнания со стороны католической церкви, а также широко распространенные дикие расовые предрассудки. Прежде всего, это убийство нацистами шести миллионов евреев, которое травмировало еврейский народ, а миллионы выживших евреев оставило эмоционально искалеченными на всю жизнь. Традиционные евреи верят в завет между Богом и евреями, завет преданности евреев Богу и преданности Бога еврейскому народу. Если бы Бог был совершенно благим, разве мы не могли бы ожидать другой истории?

Действительно, в Книге Левит 26 и во Второзаконии 28 израильтянам грозят ужасными проклятиями, если они «нарушат» завет и откажутся от законов Божьих. А раввинистическая традиция предсказывает различные дополнительные бедствия за греховность и неверность завету. Может возникнуть искушение сказать, что еврейская история — просто исполнение проклятий за неспособность евреев соблюдать свою часть завета. Таким образом, еврейская история выглядит длительным наказанием за отсутствие надлежащей религиозной практики и преданности Богу. Однако можно задаться вопросом, являются ли суровые проклятия в Торе сами по себе справедливым наказанием за отказ от завета, поскольку они влекут за собой гораздо больше несчастий и страданий, чем могло бы быть морально оправдано.

Даже если кто-то думает, что некоторые еврейские страдания в прошлом были наказанием за наши коллективные грехи, нацистское «окончательное решение» с его варварством и невообразимо ужасными последствиями невозможно представить себе в качестве расплаты за прегрешения. Миллион убитых детей ничем не согрешил, а другие убитые не могли совершить грехи столь ужасные, чтобы заслужить такую ужасную расплату. Были ли младенцы (и матери, которые задушили их на руках, чтобы они не плакали и не выдали укрытие нацистам) какими-то особыми грешниками? В любом случае, ссылка на грехи никак не объясняет следующего: почему, например, грехи сотен тысяч евреев, убитых на пути крестоносцев, были намного более тяжкими, чем грехи евреев, живших в других местах и уцелевших? А почему грехи европейских евреев в большей мере заслуживали нацистских казней, чем, например, евреев Соединенных Штатов, которые в тот же исторический период массово отказывались от еврейских обрядов в «Золотой стране» ради жизни, свободной от таких ограничений?

Аргумент от зла бросает вызов молитвам в нашем традиционном еврейском молитвеннике. «Бог благ ко всем, и милость Его ко всем творениям Его» — говорим мы в молитве. Действительно ли? Бог «спасает бедного человека от того, кто сильнее его», что, как мы знаем, обычно не соответствует действительности. Бог «поддерживает всех падших» и «восстанавливает всех согбенных». Что могут означать эти слова в реальном мире?

Если бы существовало совершенно благое существо, то мирового зла в таком количестве и качестве не существовало бы, говорит аргумент от зла. Но оно есть. Итак, совершенно благих существ нет. Бог евреев не может быть совершенно благим. Это утверждение включает идеологическую критику такого рода: если бы Бог евреев был совершенно благ, Его моральные несовершенства не проявлялись бы в традиционных еврейских текстах. Но они проявляются.

Глава 6
Ответ смирения

Учитывая совершенную благость Бога, лучшим философским ответом на аргумент от зла, включая идеологическую критику, является то, что я назвал бы «ответом смирения» (которому и посвящена эта глава). И все же я полагаю, что, хотя у «ответа смирения» есть свои достоинства, он порождает некоторые проблемы и, следовательно, не всегда приемлем. Он должен быть дополнен дальнейшими соображениями.

Зло настолько *присуще* всему порядку вещей (часто кажется, что одно проклятие следует за другим), что для религиозного человека зло попросту *должно* иметь подобающее обоснование в Божием промысле. Противное было бы слишком большим недостатком Бога, чтобы признать это. Парадоксально, но структурное присутствие зла в нашем мире должно дать традиционно религиозному человеку повод (не решающую причину, конечно) верить в то, что по той или иной причине это дело рук Бога.

Стоит упомянуть как минимум два типа людей, которых едва ли убедит то, что я напишу. Первая — это люди, которые пережили, как они считают, непосредственный опыт совершенно *непоправимого* зла. Вторые — это люди, которые предпочитают ограничить сферу своих размышлений о зле тем, что находится в сфере непосредственного наблюдения, и, соответственно, воздерживаются от размышлений о более широкой картине, без чего невозможно положительное рассмотрение аргумента от зла. Коснемся каждого случая в отдельности.

Я не надеюсь легко впечатлить своими мыслями человека, который пережил столь жгучий опыт зла, что, как он считает, увидел его моральную *непоправимость*. Такой человек просто *считает*, что зло настолько укорено, что его невозможно искупить. Здесь задействован не *вывод* из опыта, а содержание опыта, встроенное в пережитое чувственное содержание, а *не являющееся результатом его осмысления*.

Возьмем, к примеру, моего покойного двоюродного брата Биньямина, который был узником Освенцима. Он рассказал следующую историю, одну из многих, о том времени, когда он осознал полную непоправимость зла, с которым столкнулся. Это было накануне 25 декабря 1943 года. Нацисты собрали всех заключенных во дворе лагеря. Во дворе стояла огромная елка и праздничная сцена, на которой чопорно стояли нацистские офицеры в парадных мундирах. Музыкальный оркестр играл очаровательные рождественские гимны. Заключенных заставляли какое-то время стоять и слушать музыку. Затем нацисты повесили на рождественской елке десять евреев. Заключенных заставляли стоять по стойке смирно до тех пор, пока последний повешенный еврей не перестал двигаться. Все это время оркестр играл миленькие рождественские гимны.

Человек (как, например, мой двоюродный брат Биньямин) может утверждать, что просто *увидел*, что зло непоправимо, так же, как можно просто *увидеть*, что некто сердит, немедленно и без каких-либо выводов. Я смотрю на человека и *вижу*, что он полон ярости, хотя вижу только его замашки и поведение. Я не делаю *вывод*, что он злится. Я вижу его гнев.

Другой пример: то, что картина прекрасна, не обязательно следует из ее воспринимаемых качеств. Его красота может напрямую проявляться в визуальном восприятии. Я помню, как посетил Новую галерею Рональда Лаудера на Манхэттене и вошел в небольшую комнату, в которой центральным экспонатом была большая картина Густава Климта «Портрет Адели Блох-Бауэр I», также известная как «Женщина в золоте». Я осмотрел картину и сразу увидел ее красоту — не рассудочно, а как бы целостно. Я не *пришел к выводу*, что это прекрасно. Красота этой картины была для меня заложена в ее перцептивном содержании. Увидев картину, я непосредственно эту красоту осознал.

Так же и человек может пережить зло и непосредственно *увидеть* его непоправимость. Та непоправимость, неискупимость *заложена* в самом опыте зла. Человеку не нужно *приходить к выводу* о том, что это непоправимо; он *видит*, что это так, и его вера перцептивна. Видя неисправимое зло, он видит, что в мире нет совершенно благого Бога[1].

Я не решаюсь убедить людей, которые испытали подобный опыт зла, что Бог может быть оправдан, если Он допустил зло, которое они пережили. Я уважаю их позицию. Кроме того, я признаю, что их бесспорный опыт соприкосновения с неискупимым злом противоречит моей вере в совершенство Божьей благости. Конечно, это не означает, что их опыт *решительно* противоречит совершенной благости Бога как таковой. Это означает только то, что их опыт в самом деле имеет некоторую важность, и с ним следует считаться при рассмотрении общей эмпирической ситуации, касающейся природы Бога[2].

Второй тип людей, к которому я не решаюсь обратиться, в принципе ограничивает свое поле зрения эмпирическим миром, в котором он живет. Эти люди делают выводы, глядя только на то, что происходит рядом с ними, и не признают возможности более широкой, более глубокой или иной перспективы. Возможно, на такого человека сильно повлиял распространенный взгляд на научный метод: «Я верю только в то, что основано на вещах, доступных нашему эмпирическому опыту. Согласно же нашему опыту, существует великое зло». Конец дискуссии. Такой человек не открыт существованию Бога. Эта неоткрытость приводит к непобедимому аргументу от зла, который затем опять-таки приводит человека к выводу, что Бога не существует.

Религиозный человек открыт для существования иных точек зрения — более широких и глубоких, или просто других. Это потому, что он верит в Бога, а это делает возможными другие

---

[1] Об этом опыте непоправимости полнее см. [Gellman 2017: 82–92].

[2] В другом месте я приводил доводы в пользу того, что существуют также экспериментальные доказательства существования Бога. См. [Gellman 1997] и [Gellman 2001].

перспективы, отличные от тех, которые доступны людям. Итак, если человек с ограниченным видением считает верующего в Бога иррационально мыслящим из-за аргумента от зла, мы должны понимать, что он не играет в ту же «игру», что и религиозный человек. Здесь задействованы два разных игровых поля и, следовательно, разные игры. Одно игровое поле больше другого. Религиозный человек играет по-своему, и ему не страшны обвинения в иррациональности со стороны кого-то, играющего в другую игру.

Я не знаю, как убедить этих моих читателей расширить свои взгляды, особенно тех, кто исповедует сциентизм (которому никакому религиозному человеку следовать не должно). Поэтому оставлю этот второй тип людей в стороне, поскольку они не являются частью аудитории, с которой я здесь говорю.

Как будет ясно из дальнейшего, утверждение о том, что злу должно быть объяснение, не означает, что каждый случай зла играет определенную локальную роль в подробном великом Божественном плане. Напротив, в одной из следующих глав я представлю возможную теодицею, единственная цель которой — показать одну из глобальных причин, по которой Бог мог бы создать такой мир, в котором мы живем, не подразумевая, что каждый случай страдания в этом мире должен служить определенной, частной цели, и не пытаясь оправдать все зло.

Так мы приходит к Ответу смирения на аргумент от зла.

Ответ смирения

То, что я называю «Ответом смирения», начинается с принципа, который сформулировал Дэниел Говард-Снайдер: «То, что мы не можем видеть x, оправдывает веру в то, что x не существует, только если у нас нет веских оснований сомневаться в том, что мы видели бы x, если бы он существовал»[3].

---

[3] См.: Daniel Howard-Snyder, "The Argument from Inscrutable Evil" в [Howard-Snyder 1996: 299–300].

Давайте назовем это «принципом справедливости», или просто «ПС». Вот пример его отрицательного применения: я прилежно осматриваю шариковую ручку при хорошем освещении, чтобы увидеть, нет ли на ручке каких-либо микробов, скажем, *фекальных энтероккоков*. На ручке я таких микробов не обнаружил. ПС лишил бы меня возможности прийти к выводу, что на ручке нет *энтероккоков*. Потому что у меня есть все основания, мягко говоря, сомневаться в том, что если на ручке есть такие микробы, то я увижу их при хорошем освещении. Моим доводом будет то, что микробы не видны обычным зрением даже при лучшем освещении. Так что, даже если бы они покрывали ручку сверху донизу, я бы их не увидел. Следовательно, отсутствие микробов при визуальном сканировании не дает оснований для вывода об их отсутствии.

Еще пример, немного другого свойства. Осужденный совершил побег из государственной тюрьмы. Я — один из полицейских, которым поручено его разыскать. Я вхожу в дом, в котором он мог укрыться, и наскоро осматриваю его в поисках беглеца, поскольку я озабочен тем, чтобы вернуться домой вовремя к началу важного матча. ПС не позволит мне прийти к выводу о том, что сбежавшего здесь нет. В отличие от примера с микробами, я *мог бы* обнаружить его при быстром осмотре. Я *мог бы* застать его врасплох в спальне перед работающим телевизором. Однако у меня есть все основания *сомневаться* в том, что, если бы он был там, я бы обнаружил его при торопливом обыске. Это объясняется тем, что у меня есть все основания подозревать, что он был бы начеку после прибытия полиции и проявил бы достаточную осторожность, чтобы спрятаться должным образом. Вероятнее всего, он бы прятался от полиции в таком месте, где его было бы трудно обнаружить при поверхностном осмотре. Я не смогу обоснованно доложить начальнику, что дом пуст, поскольку мои доказательства минимальны и неадекватны.

Теперь подумайте о том, что, если бы совершенно добрый Бог существовал и имел веские причины допускать мировое зло, то в большинстве случаев у нас были бы серьезные основания сомневаться в том, что мы знаем, каковы эти причины. Таким образом, мы не можем, основываясь на нашем опыте, прийти к выводу, что для зла нет веских причин. Это следует из применения Принципа справедливости. Законное сомнение не позволяет мне думать, что, если бы у Бога были причины для зла, мы бы знали, каковы они. Мы больше похожи на человека, который не видит микробов на ручке, чем на человека, который не видит ручку в мусорной корзине.

Есть веские причины сомневаться в том, что в большинстве случаев мы можем знать причины, по которым Бог допускает зло. Однажды я слышал, как философ Ричард Гейл категорически утверждал, что, если бы у Бога *действительно* были веские причины допускать зло, «мы первыми должны были бы узнать», в чем они заключаются. Я полагаю, что Гейл хотел, чтобы мы пришли к выводу, что либо у Бога нет таких причин, либо что Бог несет вину за том, что не раскрыл нам Свои причины, чтобы мы могли быть уверены, что страдаем не напрасно. Тем не менее, как мы вскоре увидим, есть веские основания полагать, что, если бы Бог открыл нам причину зла, мы не смогли бы понять ее и уловить ее полный смысл. Во многих случаях это действие Бога было бы бесполезным. Более того, люди могли бы сгоряча подумать, что поняли объяснение, и счесть его неадекватным.

Самый прямой ответ Гейлу заключается в том, что наша неспособность знать причины, по которым совершенно благой Бог допускает зло, включает в себя и то, что мы не можем знать, почему Бог, поступает с нами, как нам кажется, несправедливо, не сообщая нам причин существования зла. Гейл просто указал на еще один кажущийся пример неоправданного зла, про которое можно сказать, что мы не можем знать, почему оно происходит. Похоже, мы вернулись к исходному положению: мы хотим найти причины, по которым Бог допускает зло.

Кроме того, мы должны сказать Гейлу, что в отношении любого зла мы не можем с уверенностью сказать, что наше знание о его цели не противоречит этой цели, или какой-либо другой цели, которую Бог поставил себе. И, учитывая всемогущество Бога, мы должны признать, что это вполне возможно. Есть цели, разглашение которых нецелесообразно. Например, для солдата полезно научиться выполнять законные приказы своих командиров, не зная причин, по которым эти приказы отданы. Эта привычка помогает быстро повиноваться в боевых условиях. В большинстве случаев поставленная цель была бы провалена, если бы от командира ожидали объяснения причин приказов. Точно так же, в случае любого зла, у нас нет возможности узнать, не подорвет ли раскрытие Богом своей цели эту цель или иную, возможно, более важную. Это рассуждение может применяться и постфактум. Потому что знание того, почему Бог допустил какое-то зло в прошлом, может повлиять на мой выбор в будущем. Например, меня можно склонить к совершению зла, потому что я знаю, что в прошлом у Бога была веская причина допустить такое же зло. Я делаю вывод: мы не можем знать, что Бог поступает несправедливо, не сообщая нам причины зла. Таким образом, мы не можем быть вполне уверены в том, что Бог, не раскрывающий нам своих Божьих причин, не имеет оправдания[4].

И все же, возвращаясь к главному, мы, предоставленные самим себе, ищем причину, по которой нам стоит усомниться в том, что мы могли бы знать, почему Бог позволяет злу существовать. Уильям Олстон изложил поучительный список причин, по которым нам следует сомневаться в том, что мы могли бы знать, почему Бог допускает мировое зло [Alston 1991: 29–67]. Здесь я кратко представлю пять наиболее важных из них.

Первое ограничение для нас — это прискорбное отсутствие соответствующих данных. Бог обладает совершенным знанием, которое включает в себя знание всего, что Богу необходимо знать, чтобы предельно усилить Божью благость. Мы слишком ограничены в наших возможностях узнавать факты, чтобы выявить причины происходящего зла. В большинстве случаев это, скорее всего, выходит за рамки наших возможностей. Я подозреваю, что в наше время для многих людей одним из толчков в пользу аргу-

---

[4] Конечно, когда мы смотрим на наше собственное поведение и мотивы, мы должны действовать и думать в соответствии с тем, что мы знаем и считаем правильным. Мы не должны использовать ответ смирения для квиетистских целей.

мента от зла является преувеличенное ощущение нашей способности познавать вещи, связанное с колоссальными успехами науки. Однако прыжок от наших успехов в науке к выводу, что все, что мы в принципе не можем объяснить, вообще *не существует*, является глубочайшим актом высокомерия. Человеку с религиозными наклонностями нет нужды следовать такому образу мышления.

Вторая причина сомневаться в том, что мы можем знать Божьи причины для зла, не исчезла бы, даже если бы мы знали все соответствующие факты. Это связано с тем, что объем знаний будет настолько обширным по масштабу и настолько сложным по структуре, что надежные оценочные суждения, вероятно, будут за пределами наших возможностей. Мы ограничены в количестве фактов, которые мы можем оценить одновременно. Нам нужно будет сравнить чрезвычайно сложный мир, в котором мы живем, с другими чрезвычайно сложными мирами, которые, по нашему мнению, были бы лучше. Мы могли бы сказать, что *при прочих равных условиях* мир, в котором у меня нет сильной боли в спине, лучше, чем тот, в котором она есть. Но мы не можем *категорически* сказать, что любой мир, в котором у меня не болит спина, будет лучше, чем тот, в котором спина болит. Чтобы решиться на сравнительное суждение, нам пришлось бы сделать шаг назад и провести комплексное сравнение двух миров и всего, что связано с моей болью в спине в одном мире, и то же самое с отсутствием боли в другом мире. Есть веские основания сомневаться в том, что мы, малознающие люди, способны судить Бога в таких огромных масштабах.

В-третьих, мы должны признать, что наша способность продумывать возможности, которые Бог мог бы воплотить в жизнь, безусловно, ограничена. Мы строго ограничены нашим человеческим опытом и нашими концептуальными способностями. Должно быть множество возможностей, которые находятся за пределами нашего понимания. Наша ограниченная способность продумывать возможности действий Бога сильно ограничивает нашу способность судить о том, подлежит ли в итоге оправданию то, что Он допустил или совершил.

В-четвертых, у нас есть основания сомневаться в том, что мы можем быть достаточно уверены в своих суждениях о реальном положении дел, которые кажутся нам возможными или необходимыми, чтобы судить Бога. Подумайте о суждениях такого рода, которые мы выносим. Некоторые из них интуитивно очевидны для нас, но иногда у нас возникают разные интуиции относительно того, возможно ли что-то или нет, и у нас нет способа решить этот вопрос. Это должно дать нам веские основания сомневаться в том, что наши суждения будут достаточно сильными для ниспровержения Бога. У Бога есть ясное знание возможностей и потребностей, когда Он представляет себе мир, который нужно создать.

Наконец, у нас есть основания сомневаться в том, что наше моральное чувство, хотя мы и должны на него полагаться, достаточно надежно, чтобы вынести окончательное суждение о Боге с моральной точки зрения. Просто подумайте о том, как наше человеческое моральное чувство развивалось с течением времени и продолжает меняться по мере нашего продвижения в будущее. Значение, которое мы придаем тем или иным моральным факторам, постоянно меняется. Это дает нам вескую причину быть весьма осторожными в осуждении Бога, обладающего непогрешимыми моральными знаниями. Хотя это соображение, возможно, не так уж применимо к ужасающим видам зла, оно, наряду с неполнотой наших фактических знаний, должно побудить нас к осторожности и смирению при уверенном осуждении Бога во многих других случаях.

В целом Ответ смирения говорит нам, что мы просто не можем понять, почему Бог допускает зло, которое мы встречаем в мире. Поскольку мы не можем понять, мы не в состоянии судить Бога. Наша, человеческая, интуиция и наши когнитивные способности ограничены. Слишком ограничено количество чувств, с помощью которых мы получаем информацию, слишком ограничены наши интеллектуальные способности, которые мы можем использовать для обработки информации, чтобы познать и проанализировать это.

Несмотря на эти недостатки, человечество феноменально продвинулось в понимании нашей Земли и некоторых аспектов космоса. И мы научились использовать это понимание как с пользой, так и во вред. Представьте себе существ, находящихся на расстоянии нескольких световых лет от нас, с гораздо более сложными и эффективными входными мощностями, чем наши. И представьте себе: они настолько умны, что Эйнштейн по сравнению с ними — посредственность. Представьте, что они знают, как создавать артефакты, которые находятся далеко за пределами нашего понимания. Их когнитивные способности дают им знания, намного превосходящие наши, как по широте, так и по ясности. Несомненно, у таких существ было бы гораздо больше возможностей познавать мир, чем у нас. Они легко решат проблемы, на решение которых мы тратим тысячелетия. Даже если таких существ на самом деле не существует, воображаемая картина наглядно демонстрирует суть наших человеческих ограничений, при всех наших выдающихся успехах. Насколько же смиреннее нам следует быть, когда мы сравниваем себя не с гипотетическими когнитивно превосходящими нас существами, а с Богом, чьи познавательные силы и способность влиять на мир принадлежат совершенно иному измерению, чем наше.

Ответ смирения встречается несколько раз в традиционных еврейских текстах[5]. В еврейской Библии это слова Исайи (55:8–9):

Мои мысли — не ваши мысли, ни ваши пути — пути Мои, говорит Господь. Но как небо выше земли, так пути Мои выше путей ваших, и мысли Мои выше мыслей ваших.

В Мишне рабби Янаи говорит, что мы не способны понять «миролюбие нечестивых или страдания праведных» (Мишна, Авот 4:15). И Талмуд занимает аналогичную позицию, представляя Моисея, лицезрящего будущее после того, как он услышал проповедь рабби Акивы. Моисей говорит о величии рабби Акивы как учителя: «Хозяин мира, ты показал мне Его учение. Покажи мне Его награду». Бог сказал ему: «Обернись». Когда

---

[5] Далее я опираюсь на источники и переводы Тирона Гольдшмидта [Goldschmidt 2014: 894–905].

Моисей обернулся, он увидел, что на рынке взвешивают тело рабби Акивы после того, как римляне заживо с него содрали кожу. Моисей сказал Богу: «Хозяин мира, это его учение Торы, и это его награда?!» Бог сказал ему в ответ: «Молчи! Так я решил» (Менахот 29б)[6]. Этот ответ перекликается с ответом Бога на страдания Иова в обширной Божественной речи, которая начинается такими словами: «Где ты был, когда Я полагал основание земли? Скажи, если знаешь» (Иов 38:4). Ни Моисей, ни Иов не способны понять пути Бога. *Религиозная* вера в Бога, в отличие от чисто фактической веры в то, что Бог существует, включает в себя смирение по отношению к Богу. Иметь смирение перед Богом — это часть того, что *значит* верить *в* Бога, а не просто верить, «что Бог существует».

Когда Ответ смирения сталкивается с идеологической критикой, он призывает нас отмахнуться от нее, потому что мы не способны признать, что Бог не вполне благ. Мы не можем знать, почему совершенно добрый Бог повелел израильтянам уничтожить весь народ Амалика, мирных жителей, воинов, мужчин, женщин и младенцев. Следовательно, Бог, насколько нам известно, совершенно прав, отдавая такое повеление. То же самое и с другими претензиями идеологической критики.

Проблемы в связи с Ответом смирения

Есть те, для кого Ответа смирения достаточно, чтобы успокоить любые сомнения. Я пишу для тех из нас, для кого Ответа смирения недостаточно. Очевидно, что в Ответе смирения заключена важная истина. Мы действительно очень ограничены в своих возможностях судить, почему Бог допускает зло. Есть доля истины в утверждении, что мы не можем осуждать Бога за

---

[6] В варианте этого рассказа ангелы жалуются Богу: «Таково его учение о Торе, и такова его награда?!» Но Бог дает ангелам другой ответ, нежели Моисею. Бог говорит ангелам, что рабби Акива страдает, чтобы получить дополнительную часть в загробной жизни, взятую от нечестивцев, которые его пытали (Талмуд, Брахот 61б). Это теодицея для рассматриваемого зла, а не завершение разговора.

то, что Он допускает зло в этом мире, или применять к Богу идеологическую критику. Тем не менее Ответ смирения на аргумент от зла недостаточен. Тут есть несколько проблем.

Первая проблема заключается в запрете судить о Божьей благости. Предположим, что вся человеческая история представляла бы собой непрекращающуюся боль и страдания всех живых существ без каких-либо искупительных черт. Никакой искупительной любви, красоты, творчества, религиозного вдохновения или чувства Бога — только постоянное раздражение, боль и страдания от начала до конца. И предположим, что еврейская Библия представляла бы собой просто длинный список деяний Бога, которые кажутся нам чрезвычайно аморальными и не имеют никаких искупительных черт. Никаких хороших отношений с людьми, никакого вдохновения на добрые дела, никакого искупления, только человеческие страдания от рук Бога от начала до конца. Ответ смирения так же обоснован в такой ситуации, как в любой другой. В конце концов, в мире, полном только боли, лишенном счастья, как это было в действительности в мире холокоста для его жертв, как выживших, так и нет, Ответ смирения с полной уверенностью говорит нам: мы не способны осуждать Бога! Ведь, в конце концов, насколько нам известно, у Бога могут быть вполне приемлемые причины для создания мира, который по сей день полон страданий и лишен искупительных качеств. И если бы еврейская Библия была исключительно записью явно отвратительных деяний Бога в отношении людей и живых тварей, Ответ смирения все равно не позволил бы нам сделать какой-либо осуждающий вывод о Боге. Насколько нам известно, у Бога могут быть вполне приемлемые причины вдохновить людей на создание священной книги такого содержания. А поскольку мы не можем с уверенностью сказать, что написанное в этой книге — неправда, мы не можем осуждать Бога. Ответ смирения говорит нам, что Божьи пути — это не наши пути, что нам не хватает знаний о соответствующих фактах, мы ограничены в оценке чрезвычайно сложных ситуаций и так далее. Даже в случае с такой мрачной воображаемой Библией нам пришлось бы отказаться от идеологической критики.

Но это еще не все. Ответ смирения, даже мы его примем, предположительно мог бы помешать нам прийти к выводу, что совершенно благого существа *не* существует, но он не содержит того, что нужно, чтобы обрести веру, чтобы предотвратить наше оправданное нежелание верить в то, что такое существо существует. Хотя, несомненно, стоит отказаться от наших моральных суждений в присутствии совершенной благости Бога, но и наша вера в Бога точно так же изначально не сможет сдвинуться с мертвой точки и быть устойчивой в будущем, если мы не вправе будем положить в основу нашей веры наши глубинные моральные чувства. Сюда входят наши моральные суждения о деятельности Бога в традиционных еврейских канонических текстах. У нас нет другого выбора, кроме как начать с наших основных моральных убеждений. Требование не судить Бога на основе наших моральных убеждений может быть оправдано только тогда, когда у нас уже есть достаточно моральных оснований, чтобы начать доверять Богу и, таким образом, верить, что в остальном моральная жизнь Бога во многом находится за пределами нашего суждения.

У нас не было бы моральных оснований верить в существование Бога, которому мы можем доверять, считая, что Он поступает правильно, даже если все выглядит противоположным образом. Напоминаю: в нашем воображаемом мире нет любви, красоты, творчества, религиозного вдохновения, чувства Бога, только постоянные раздражения, боль и страдания от начала до конца. В этом мире еврейская Библия была бы просто каталогом весьма безнравственных, как кажется, поступков Бога, без искупительных черт. При оценке рациональности веры в Бога в такой мрачной ситуации у нас не было бы иного выбора, кроме как обратиться к нашему моральному чувству. И наше моральное чувство дало бы нам основание воздержаться от такой веры.

Вот еще один способ поставить эту проблему с помощью Ответа смирения. Я допускаю, что мы можем ошибаться в нашей моральной оценке положения еврейской традиции о Боге в том смысле, что, безусловно, необходимо великое смирение. Однако есть основания прийти к выводу о том, что мы можем заблуждаться относительно *всех* наших моральных суждений о Боге.

Нам нужно осознать, что, как правило, ни одно существо не может быть для нас совершенно благим без нашего собственного ощущения его впечатляющей благости. Это ощущение затем порождает доверие, которое нам нужно, чтобы подавить наши собственные моральные чувства в знак уважения к возвышенности этого существа. Мы не можем отвергнуть наше моральное чувство с самого начала, рискуя в итоге прийти к полному скептицизму относительно того, кто может быть Богом, а кто не может. Чтобы мы поверили, что Бог еврейской Библии совершенно благ, у нас должно быть достаточно того, что заставляет нас признать этот факт, и недостаточно того, что заставило бы нас сомневаться. Идеологическая критика означает, что мы ставим эти условия под вопрос, указывая на морально неоднозначную природу Бога, в том числе на то, что кажется нам морально ужасающим поведением. Массовое убийство невинных людей морально недопустимо, и оно кажется таковым даже тогда, когда это делает Бог. Мы не можем просто игнорировать наши изначальные моральные убеждения.

Это может помочь нам объяснить то, что Авраам вступает в спор Богом, критикуя с моральной точки зрения Божий план уничтожить Содом и Гоморру. Известно, что Авраам однажды спрашивает Бога, как он может быть уверен, что он может Богу доверять. Авраам говорит (про Ханаанскую землю): «Владыка Господи! по чему мне узнать, что я буду владеть ею?» (Бытие 15:8). Авраам все еще находится в процессе построения отношений с Богом, в которых Божья благость как основа для доверия должна быть установлена. Он должен убедиться, что Божья благость имеет смысл на базовом моральном уровне[7].

Я полагаю, нам надо принять Ответ смирения с ограничениями, которые мы увидели. После завершения Талмуда сама идея о возможности критиковать Бога была почти полностью отбро-

---

[7] Увы, эти рассуждения не очень подходят к моральной критике Бога, которую я цитировал в предыдущей главе, исходящей от Моисея и других персонажей, включая талмудистов. К тому времени, когда они жили, эти деятели должны были уже пройти стадию, когда им приходится самостоятельно проверять элементарную порядочность Бога.

шена. Библейские тексты, противоречащие этому, все чаще объяснялись как не имеющие буквального смысла. Это стало еврейским Богом, Богом более поздней еврейской *традиции*, а не изначальным «Богом евреев».

Не стоит забывать, что, в понимании непосредственной аудитории этой книги, я не исхожу из того, что мы находимся в изначальной, *нейтральной* ситуации, в которой мы пытаемся решить, является ли Бог совершенно благим. Если бы это было так, мы бы сейчас стремились сравнить удельный вес, качества и распределение добра и зла, чтобы прийти к обоснованному выводу по этому вопросу. Скорее, исходная точка, с которой я подхожу к этому вопросу — это *структурно-эпистемологический консерватизм*, в котором человек обнаруживает себя, обоснованно (см. главу 1) верящим или склонным верить в Бога как совершенно благое существо. Тогда идеологическая критика и аргумент от зла — это вызовы, ставящие себе целью сместить человека с этой изначальной, не нейтральной позиции. Итак, моя нынешняя проблема с Ответом смирения заключается в том, что, хотя он может блокировать вывод о том, что Бога *не* существует, он вполне может оставить человека с недостаточной уверенностью в том, во что он уже верил. Для многих Ответ смирения потребует дополнения, чтобы преодолеть тягу отказаться от того, что он принимал как истину до сих пор — существование совершенно благого Бога.

Вторая проблема с ответом смирения касается нашей неспособности судить с помощью наших ограниченных знаний о Боге, который обладает совершенным знанием. И снова Ответ смирения дает удачную формулировку. Бог обладает совершенным знанием, а мы ограничены в том, что мы можем знать. Тем не менее в нескольких случаях он пасует перед идеологической критикой. Речь о случаях, когда Бог *явно и ясно* фактически обосновывает свое поведение и свои решения. Поскольку Бог сообщает нам эти факты, чтобы мы знали, что Он прав в том, что Он делает, эти факты должны составлять достаточное условие для оправдания. Пробел в знаниях закрыт. Нам не нужно больше информации, чем уже предоставил нам Бог, чтобы иметь возможность судить, адекватно ли факты обосновывают моральное решение Бога. Однако в нескольких случаях после изучения базы знаний, предоставленной Богом, идеологическая критика преодолевает Ответ смирения.

Давайте рассмотрим несколько примеров. Когда Бог насылает на землю потоп, Он говорит Ною: «Конец всякой плоти пришел пред лице Мое, ибо земля наполнилась от них злодеяниями; и вот, Я истреблю их с земли» (Бытие 6:13). Бог объясняет Ною причину потопа, то есть то, что Бог считает достаточным основанием для наказания потопом. Мы можем сравнить указанную причину потопа с последствиями самого потопа. И тут вступает в дело идеологическая критика, задающаяся вопросом, оправдывает ли широко распространенное насилие уничтожение человечества — мужчин, женщин и детей, а также всей животной жизни.

Еще один пример. Когда речь идет о десяти казнях, насылаемых на народ египетский, Бог сообщает Моисею, что Он ожесточит сердце фараона, и говорит: «фараон не послушает вас, и Я наложу руку Мою на Египет» (Исход 7:4). Здесь Бог дает *достаточное* обоснование насылаемых на народ Египта казней, поскольку их царь не исполняет Божью волю. У нас нет необходимости знать больше фактов, чтобы судить Бога на их основании. Вопрос в том, должен ли весь народ так страшно страдать из-за своего лидера.

Другой пример касается заповеди Бога о том, что, если мужчина заявляет, что он нашел свою невесту не девственницей, то (Второзаконие 22):

> Если же сказанное будет истинно, и не найдется девства у отроковицы, то отроковицу пусть приведут к дверям дома отца ее, и жители города ее побьют ее камнями до смерти, ибо она сделала срамное дело среди Израиля, блудодействовав в доме отца своего; и *так* истреби зло из среды себя.

И снова нам дается достаточная причина для казни этой женщины: она опозорила своего отца, блудя под его надзором. Нам дается достаточно информации, чтобы судить об уместности наказания. Идеологическая критика ставит под сомнение, является ли позор отца достаточным основанием для того, чтобы побить женщину камнями до смерти. И так далее для многих других случаев идеологической критики.

Нельзя исключить, что у Бога были дополнительные, невысказанные причины для этих наказаний. Однако Бог открыл Ною насилие на земле как *достаточную причину* для потопа. Этого нельзя отрицать. Поэтому, были или нет дополнительные причины, сообщенная причина должна выдержать суждение идеологической критики относительно того, действительно ли она достаточна. Если мы будем настаивать на том, что Бог должен был иметь дополнительные причины для потопа, это будет противоречить заявленной достаточности причины, открытой Ною. В самом деле, эта попытка защитить Бога принимает именно идеологическую критику, поскольку она неявно признает, что для того, чтобы быть совершенно благим, Бог должен претерпеть экстраполяционные изменения за пределами того, *каким мы находим Бога в Библии*. Следовательно, идеологическая критика остается в силе.

Третья проблема с Ответом смирения заключается в том, что он отвергает большинство целей традиционной еврейской теологии. Традиционные еврейские теологи пытаются сделать все возможное, чтобы правильно понять Бога, отношение Бога к миру и еврейскому народу. Еврейские теологи предлагают свои пути понимания Бога в истории, пути понимания того, что Бог может иметь в запасе для будущего, предъявляют конструктивные теологические теории, не консультируясь с Богом. От Саадии Гаона до раввина Йозефа Соловейчика традиционные еврейские теологи формировали представления о Боге и отношении Бога к миру и еврейскому народу, не зная замысла Бога. Ответ смирения противоречит нашим попыткам понять Бога за пределами того, что было дано в откровении. Если мотивы и действия Бога слишком далеки от нашего кругозора, чтобы аргумент от зла мог быть успешным, они в равной степени находятся за пределами нашей способности сказать что-либо информативное о планах Бога относительно добра.

Еврейская теология играет важную роль в религиозной жизни. Она представляет верующему живые возможности для решения интеллектуальных и эмоциональных религиозных проблем. Она помогает вдохновлять верующих в новых ситуациях, чтобы религиозная практика сохраняла свою важнейшую роль в их существовании. Она может обеспечить религиозную стабильность, предоставляя широкую структуру, в которой находят себе место отдельные элементы религиозной жизни.

Хороший способ подвести итог обсуждению этой проблемы с Ответом смирения — это процитировать слова Р. Исраэля Салантера (1809–1883), который призывал своих читателей «заранее подготовить идеи и тактику того, как следует вести себя и куда направлять других, чтобы облегчить задачу... до тех пор, пока благоговение перед Богом не победит»[8]. Цель — «смягчение» религиозных проблем, чтобы вера могла восторжествовать как религиозная заповедь. Целью традиционного еврейского богословия, таким образом, должно быть смягчение жизненных проблем и облегчение испытания веры. Следовательно, мы должны ограничить Ответ смирения и сделать все возможное, с человеческой точки зрения, чтобы сохранить основание нашей религиозной веры в Бога и в Тору, пусть даже мы не знаем Божьего умысла. Мы должны исследовать возможности «усовершенствования» идеологической критики и аргументации от зла. Последовательность мировоззрения и его способность организовывать мир за собственными пределами укрепляют его авторитет и усиливают веру.

Однако, занимаясь теологией, мы должны иметь в виду Ответ смирения. Мы должны смиренно признать, что наше теологическое осмысление должно быть с одной стороны осторожным, с другой — направленным на прагматическую цель поддержания и обогащения нашей близости к Богу. Наши теологии, что самое важное, должны вдохновлять на достижение поставленной цели с полным осознанием наших ограничений перед Богом. Я прихожу к выводу, что Ответ смирения заключает в себе важный элемент религиозного мировоззрения, но он не может существовать сам по себе. Однако в дальнейшем мы должны всегда помнить о требуемом смирении.

---

8   [Salanter 1989–1990: 203]. Перевод с иврита на английский автора книги.

Идеологическая критика и аргумент от зла требуют одновременно философского и экзистенциального ответа. Философский ответ пытается абстрактным путем опровергнуть идею, согласно которой зло мира дает нам основания сделать вывод о том, что Бог несовершенен. Даже если философский ответ убедителен, остается реальный вызов — как жить жизнью, полной религиозной преданности, осознавая страдания и боль, наполняющие мир, видя безнравственное поведение (наше собственное и других людей), и при этом все больше укрепляясь в преданности и доверии Богу.

Истинно религиозный традиционный еврей живет в присутствии Бога, он осознает свою жизнь и мироздание с Богом. Аргумент от зла — это не только вопрос «оправдания» зла в абстракции, но и вопрос о том, как не оказаться настолько подавленным этим злом или припертым им к стене, что это приведет к отказу от Бога. Чисто философские решения не затрагивают глубоко личное, экзистенциальное ядро проблемы, а именно, как религиозный еврей, верящий в совершенную благость Бога, сохраняет свою *эмуну* — веру — и продолжает идти вперед перед лицом темного зла этого мира. Это требует экзистенциального ответа. Дальше в этой и в следующих главах я предлагаю ряд добавлений, как философских, так и экзистенциальных, к Ответу смирения на идеологическую критику Бога евреев и аргумент от зла. Вместе взятые, они должны укрепить убеждение, что традиционный иудаизм достаточно истинен, чтобы хотеть оставаться преданным ему.

Традиционный иудаизм и благодарность

Чтобы жить перед лицом мирового зла, важно помнить о заповеди жить по девизу: «Ничего не принимай как должное!» Часто мы, те, кто ставит проблему зла, в основном живем в непрерывном потоке Божьей благости, и все же порой уделяем мало внимания этому благу, пока оно не становится слишком большим, чтобы не замечать его. Традиционный иудаизм учит нас, напротив, осознавать благо, которое мы получаем от Бога.

И это осознание предписывает нам выражать благодарность Богу в каждом случае блага. Мы должны выражать благодарность Богу за благо, даже при наличии зла. По общему признанию, жизнь человека может быть настолько суровой, что эти бедствия могут удержать его от благодарности Богу за любое благо, которое также может иметь место в его жизни. Но традиционный иудаизм требует благодарности за благо даже в этих случаях.

Жизнь в благодарности облегчает гнетущее бремя зла в нашем мире. Однако такая благодарность *не облегчает серьезность зла*. Это было бы грехом против сильнейшего этического принципа еврейского народа. Напротив, чем больше я признаю многообразие и силу Божьей благости ко мне и моим близким, тем больше я начинаю осознавать и беспокоиться о тех, кому повезло меньше, чем мне. Эта благодарность должна мотивировать меня действовать и молиться о благе для всех, кто в этом нуждается.

Благодарность может помочь облегчить *проблему* зла. Я могу поставить проблему в правильном религиозном ракурсе, не позволяя ей управлять моей жизнью или отвлекать меня от Бога. Благодарность — это прямые отношения между человеком и Богом, которые одновременно включают признание присутствия Бога и стремление к Богу, за пределами капризов повседневной жизни и ее утех.

Те, кто живет или жил в совершенно несчастных обстоятельствах, сочтут сложным должным образом оценить обычное, ежедневное благо, которое является частью жизни. Для них благодарность будет плохим способом облегчить проблему зла. Я умолкаю перед их лицом. Здесь я вспоминаю управляемую медитацию мастера дзен Тит Нат Хана, в которой человек улыбается разным вещам, одной за другой. Медитация заканчивается фразой «Улыбнись своей улыбке». Величайшие святые хасидские мастера были вне себя от радости, воздавая благодарность Богу за возможность воздать благодарность Богу. Таковы святые.

Мой иудаизм говорит мне, что когда я просыпаюсь утром, моей первой реакцией на пробуждение должна быть благодарность Богу за то, что он сострадательно «вернул мне мою душу».

Ничего не принимайте как должное! То, что вы заснули прошлой ночью, не является гарантией того, что вы проснетесь сегодня утром. Конечно, маловероятно, что ваша душа не вернется к вам завтра, но потратьте несколько секунд, чтобы заметить, что вы все еще живы и что все могло быть иначе. Сколько людей испытывают это чувство благодарности Богу в самом начале дня?

Мы славим Бога за то, что Он дал нам сердце, чтобы различать разницу между днем и ночью, особенно между днем и ночью добра и зла, в мире и внутри нас[9]. Человек благодарит Бога за то, что он создал его или ее евреем, свободным человеком и мужчиной или женщиной (согласно одной из версий). Все это знаменует фактичность нашей жизни, целью которой должна быть любовь к Богу и любовь к другим.

Когда я открываю глаза, я благодарю Бога за то, что он вернул мне мое зрение утром. Когда я тянусь за своей одеждой, и она рядом со мной, я выражаю благодарность Богу за то, что он одел раздетых. Когда я сажусь в постели, я восхваляю Бога за то, что он освободил тех, кто скорчился от сна. Возможность выпрямиться и иметь твердую почву под ногами, требуют дальнейшей хвалы. То же самое касается и наличия обуви, и возможности ходить с места на место. Подумайте о том, чтобы проснуться утром и поблагодарить Бога за то, что у вас есть обувь!

Когда я выхожу из ванной, я должен поблагодарить Бога за то, что мой внутренний водопровод в порядке. Если бы был засор или какой-то другой беспорядок, я бы не смог предстать перед Богом даже на мгновение. Обычно такая признательность отступает на второй план, если мы озабочены тем, чтобы вовремя добраться до работы или успеть в спортзал до начала занятий. Хорошее остается в стороне.

---

[9] Благословения, которые следуют далее, в основном являются частью ежедневных утренних молитв. Некоторые из них следует произносить в соответствующих случаях по мере их возникновения. Моя интерпретация этого благословения как относящегося к сердцу, а не к петуху, как иногда читают, следует взгляду Рабейну Ашера. Расширенное понимание благословения как относящегося не только к буквальным дню и ночи обусловлено хасидскими толкованиями.

Прежде чем я произнесу утренние молитвы, благодаря Бога за благо и умоляя Его избавить меня зла, мне велено принять заповедь: любить другого, как самого себя (Левит 19). Вы не смеете молиться только за себя и своих близких. Будьте осторожны, чтобы не позволить благодарности, которую *вы* чувствуете, затмить страдания других, которым не так повезло, как вам. Только тогда я смогу прочитать утреннюю молитву глубокой благодарности Богу за то, что многие из нас сочтут незначительным и не стоящим того, чтобы на этом задерживаться.

Когда я выпиваю стакан воды (просто воды!), я признаю Бога источником всего. Как чудесно! Я открываю кран на кухне, и из него течет вода, много воды, прямо здесь, у меня дома! И я могу ее пить! И многие другие разделяют это благословение. (Но я не должен забывать тех, у кого нет воды или кому приходится проделывать далекий путь, чтобы принести ограниченное количество воды домой.) Когда я ем что-либо, даже такое обыденное, как простой арахис, я должен выразить благодарность Богу.

Когда я чувствую хороший запах — я должен благодарить Бога. Когда я вижу расцветающие фруктовые деревья — я должен благодарить Бога. Увидев одного из величайших ученых мира — я должен благословить Бога за них. Увидев великого знатока Торы — я должен благодарить Бога. Когда я лицезрею чудеса природы — я должен благословить Бога. Если со мной случилось нечто радостное, я должен поблагодарить Бога за то, что он привел меня к этому дню. Есть особое благословение за то, что услышал хорошие новости (для себя и для других). Есть формула, которой благодарят Бога за дождь. Человек благословляет Бога, когда видит друга, с которым не было связи в течение тридцати дней; есть другое благословение, если связи не было год. В наши дни есть новые благословения, выражающие благодарность за некоторые разновидности женского опыта, за которые раньше не было благословений.

И так далее. Моя благодарность не должна ограничиваться благом, которое даровано мне. Она должна охватывать весь еврейский народ и все человечество. Когда благословляют другого, я должен чувствовать себя благословенным. Когда Бог проявляет милость к другому, я должен чувствовать эту милость в сердце своем.

Мишна (Брахот 9:5), кодифицированная в закон, говорит нам, что «Человек обязан благословлять Бога, когда случается нечто дурное, так же как человек благословляет Бога, когда случается нечто благое». Талмуд формулирует благословение словами: «Благословен тот, кто судит истинно», — имея в виду, что это благословение должно быть произнесено с радостью, «так же», как и при радости от блага (Брахот 60б). Некоторые ранние комментаторы считают, что Бог — «судья», чтобы указать, что в этом благословении человек принимает плохое, что случается с ним, как искупление греха[10]. Верховный «судья» постановил, что дурное событие является надлежащим наказанием за ваши грехи. Следовательно, зло — это оправданное зло.

Если мы серьезно относимся к Ответу смирения, то нам следует быть осторожными, давая истинное объяснение тому, почему Бог послал нам дурное событие. Нам следует быть осторожными, приписывая зло нашим грехам — за исключением случаев, когда это полезный моральный мотиватор. Правда, наши священные тексты говорят нам, что скверные события могут постичь нас из-за греховности. И в любое время, в конце концов, то злое, что случается, *может* быть наказанием за грех. Мудрость (и Талмуд Брахот 5а) призывает нас поэтому, когда мы терпим страдания, обдумать наше поведение, чтобы осознать наши продолжающиеся проступки и раскаяться в них. Но неправдоподобно думать, что *все* или даже *бóльшая часть* зла, случающегося с людьми, является наказанием за грехи.

В любом случае нет прямой линии от доказательного текста Мишны к благословению «над злом» как благочестивому согласию на наказание за грех. Обоснование этого благословения — Второзаконие 6:5: «Люби Господа, Бога твоего, всем сердцем твоим, и всею душою твоею и всеми силами твоими». Этот стих не упоминает наказание и не дает никаких других объяснений

---

[10] Рабби Иона бен Авраам Геронди (1180–1263) в Талмуд Брахот 44b.

зла. Действительно, сама формулировка благословения для случая, когда происходит зло, говорит о Боге как об истинном «судии», что может предполагать вынесение приговора и наложение наказания на преступника. Однако текст первоисточника делает возможным иное понимание слова «судия», а именно, что Бог судил/решил/постановил, что человек должен претерпеть это зло — по какой бы то ни было причине, которая могла быть у Бога. Это позволяет нам понимать благословение Талмуда как согласующееся с любым объяснением имеющих место страданий. Учитывая неправдоподобие того, что большинство зол являются наказаниями за наши грехи, мы должны проявлять осторожность в принятии этого объяснения Мишны.

Более привлекателен способ, которым Маймонид кодифицирует этот закон в своей Мишне Тора:

> Тот, кто слышит дурные новости, говорит: «Блажен, кто судит истинно». И человек должен благословлять [Бога] за дурное с тем же положительным чувством, с каким благословляет [Бога] за благое — в радости. Как сказано: «Люби Господа, Бога твоего, всем сердцем твоим, и всею душою твоею, и всеми силами твоими». Безмерная любовь [к Богу], заповеданная нам, включает благодарность и хвалу [Богу], даже когда Бог причиняет тебе боль[11].

Маймонид никак не объясняет зло. Вместо этого, произнося благословение над злом, человек провозглашает любовь к Богу независимо от зла, которое посещает нас, выражая таким образом безусловную любовь к Богу. Когда мы понимаем это таким образом, благословение призывает нас любить Бога, даже когда дела, как говорит Маймонид, идут не очень хорошо. Произнося благословение, вы не должны думать о том, какова может быть причина, по которой вы терпите боль или разочарование. Нет. Вас просят сохранять позицию не по отношению к случающемуся злу, а по отношению к Богу. Когда случается дурное, продолжайте провозглашать свою любовь к Богу.

---

[11] Маймонид. Мишне Тора, глава 10, закон 3. Выделено мной.

Конечно, такая позитивная реакция на неприятности выходит за рамки возможностей большинства из нас. Такое отношение может возникнуть только из интернализации категории «Бог» и из знания того, как реагировать на эту категорию. Категория «совершенно благого существа» хорошо служит такому отношению. Когда человек пропитан этой идеей Бога, он может любить Бога, когда случается дурное, с той же радостью в Боге, как и тогда, когда случается хорошее. Благодарность за добро имеет силу, позволяющую нам любить Бога, даже когда Бог причиняет нам боль.

Глава 7

Ответ на современную идеологическую критику — Бог евреев и еврейский Бог

Идеологическая критика, как мы видели, утверждает, что в Боге евреев, как его рисуют еврейская Библия и раввинистическая литература, есть моральные изъяны. Бог может в каком-то отношении заслуживать высокой степени восхищения, но это восхищение убывает, если мы поразмыслим о тех аспектах природы Бога, которые являются морально проблематичными. Такой ход мыслей представляет собой серьезную проблему для современного традиционного еврея, который принимает даже умеренную версию современной западной морали.

Идеологическая критика затрагивает два вопроса. Один из них — *практический*: как современный еврей в настоящее время может жить традиционной еврейской жизнью, не идя по-настоящему вразрез со своими новыми моральными чувствами. Назовем это «современной», или «текущей», идеологической критикой. Текущую критику можно смягчить, например, путем переосмысления текстов в соответствии с развивающимися моральными установками. Тогда современный человек мог бы жить согласно новой интерпретации, а не старой. То, что я называю «критикой истории» или «исторической критикой», задается вопросом, как современный традиционный еврей может смириться с тем фактом, что так долго в еврейской Библии и раввинистической литературе якобы совершенно благой Бог обладал очевидными моральными изъянами. Некоторые из этих изъянов стали предметом размышлений только со временем, а другие и вовсе никогда не рассматривались как проблема до сих пор. Как быть с прошлыми временами, когда Бог позволял этому случаться?

Даже если мы решим вопрос применительно к настоящему, это не поможет в отношении исторической критики. Современный человек может принять новые интерпретации, но это не облегчит проблему того, что былая традиция, какова она была тогда, могла получить одобрение совершенно благого Бога.

В этой главе я предлагаю дополнение к Ответу Смирения, обращаясь к критике первого типа, обращенной к настоящему, и попытаюсь объяснить, как современный еврей с «умеренными» современными моральными убеждениями может жить жизнью традиционного иудаизма. В следующей главе я обращусь к исторической критике.

«Решение» проблем, заданных идеологической критикой — это долгосрочный проект. Моя цель здесь более скромна — помочь уменьшить масштаб проблемы, чтобы традиционно религиозный человек мог честно продолжать свою религиозную жизнь. Я надеюсь здесь только сместить баланс между человеческой верой и проблемами, описанными выше, чтобы вера осталась в состоянии вынести их бремя. В итоге моего труда проблемы останутся, но, надеюсь, в меньшем объеме. Нет причин, по которым традиционный еврей должен ожидать жизни без каких-либо религиозных трудностей. Ни одна сфера жизни не обходится без осложнений, и религия не является исключением. В сущности, поскольку религия требует роста и изменений в человеке, неизбежно возникают конфликты веры и доверия, некоторые из которых даже вызывают уныние или разочарование. Бог тоже знает об этом. Таким образом, проблематичность является фундаментальной чертой религиозной жизни и частью того, что значит жить с эмуной — преданностью, верой, доверием — Богу.

Мой подход к современной идеологической критике основан на идее, что евреям пришлось изменить и продолжать изменять

Бога евреев, чтобы сделать Бога соответствующим их представлениям о совершенном благе. В течение долгого времени, поэтапно различные движения в иудаизме трудились над изменением Бога, чтобы он соответствовал *их* представлениям о том, каким должен быть Бог, в ответ на требование поклоняться Богу с полнейшей любовью, благодарностью и благоговением. Мы продолжаем этот труд с Божьей помощью и руководством[1]. Таким образом, в рамках традиции и с течением времени Бог становится *еврейским Богом* — тем, кого евреи реструктурируют, в кого верят и кому поклоняются. *Бог евреев* становится *еврейским Богом*.

Былые успехи в пересмотре Бога евреев не соответствовали тому, что требуется сейчас. Прошлые работы касались множества вопросов, которые были актуальны тогда. Сегодня у нас есть целый ряд новых вопросов, которые нужно решить, и которые исторические деятели не рассматривали или не могли рассмотреть. Некоторые предыдущие попытки изменить представления о Боге зашли слишком далеко; другие зашли недостаточно далеко. Некоторые почти полностью удалили Бога из поля зрения верующего, в то время как другие не могли предвидеть современную усиленную идеологическую критику. Теперь мы продолжим труд превращения Бога евреев в еврейского Бога. Моя задача здесь — сохранить еврейского Бога, который является совершенно благим.

Долгое время евреи не принимали Бога Писания за чистую монету — Библия говорит, что Бог обладает телом и имеет пространственное местоположение. Бог *говорит* в Библии; Бог *ходит* в саду (Бытие 3:8); и Бог *спускается* на землю с небес (Бытие 11:7, Исход 19:18, Второзаконие 5:4). У Бога есть *глаза* (Второзаконие 11:12) и *ноги* (Исход 24:10) и, в некоторых стихах, он становится *видимым* для зрения (Исход 24:10–11); Бог обоняет благоухание жертв (Левит, 1:9 и т. д.); и так далее. Уже давно почти никто не рассматривает эти места буквально. Эти тексты систе-

---

[1] В главе 8 я излагаю концепцию Божественного провидения, которую можно назвать «умеренным провидением», — в рамках этой концепции такое руководство может иметь место.

матически переосмысливаются, чтобы избежать приписывания
тела или телесных действий Божественному. Почему? Потому что
иметь тело не подобает Богу. Евреи лишили Бога тела, чтобы
переделать Бога евреев в еврейского Бога.

Мое желание продолжить переосмысление Бога исходит из
убеждения, что Божественное Провидение направляет нас к про-
должению органического теологического развития в рамках
нашей традиции, все время рассматривая Бога как подходящий
объект для требуемой от нас полной преданности. Одним из
главных признаков новой фазы отношений Бога с евреями является провиденциальный подрыв исторической точности повествований Торы. Божественное Провидение неуклонно двигало нас
в направлении понимания Божественного Слова, свободного от
приверженности исторической точности повествований Торы.

Это было приспособление Бога к людям — то, что в самом
начале Бог воплотил откровение в исторических повествованиях.
Это был высший пример того, что Тора была написана так, как
говорят люди («на языке масс») — то есть в режиме исторического повествования. И это был акт Божественного приспособления,
когда Тора использовала повествования, которые, как люди верили или как их можно было убедить, были истинными истори-
ческими свидетельствами. Все это происходило под руководством
Божественного Провидения.

В древние времена абстрактное мышление человечества не
было достаточно развито для того, чтобы Слово Божье можно
было выразить в чем-либо, кроме исторических терминов. Тора
сделала Слово конкретным и образным. Постепенно от нас
требуется все в большей мере выйти за рамки буквального исторического понимания, чтобы достичь понимания иного рода —
религиозного[2]. Сейчас мы находимся в точке, когда необходимо
подчеркнуть внеисторический подход к повествованиям Торы,
разработать новые религиозно серьезные понимания, которые
не зависят от исторических фактов. В другой работе я предложил
один из способов сделать это: принять и далее развивать хасид-

---

[2] Полное объяснение и защиту настоящего тезиса см. [Gellman 2016].

ский стиль комментариев к Торе[3]. Это происходит потому, что хасидские учителя регулярно отделяли то, что они хотели сказать о тексте, от исторического контекста текста, вместо этого перенося его смысл на внутреннюю жизнь нынешних верующих и их отношения с Богом.

Вторым, одновременным, указанием на изменение отношений Бога с нами нам, явленных через Тору, является нравственная эволюция, происходящая на Западе и все больше на Востоке. Хотя традиционные евреи не должны принимать каждую нравственную моду, которая циркулирует в университетах и популярных СМИ, как евангельскую истину, теперь многим традиционным евреям ясно, что центральные элементы морального развития воплощают справедливость и доброту, которые обычно не встречаются в повествованиях Торы. Как показано в предыдущей главе, Тора порой противоречит этим базовым новым ценностям. Как традиционному еврею с эмуной, с доверием и преданностью Богу, мне кажется невероятным, что новая фаза морального сознания оторвана от Бога. Я призываю читателя учесть, что Божественное Провидение, как и в случае с историей, стоит за новым сознанием; что оно тихо развивает мораль, которая не полностью совпадает с повествованиями Торы и некоторыми заповедями. Эти изменения так же исходят от Бога, как и критика неисторических прочтений повествований Торы[4].

Таким образом, традиционный еврей, который ценит моральную эволюцию последних нескольких сотен лет, может вести подлинную религиозную жизнь и иметь истинные отношения с Богом. Есть место для того, чтобы «заставить» себя оставаться набожным позже, когда человек достигает устоявшейся, изначально убедительной эмуны, из которой он вправе выйти за пределы того, что превышает его собственное понимание. Альтернатива — простое продолжение своей религиозной жизни и отстранение своих моральных проблем, связанных с ней. Но это именно тот тип религиозной жизни, который оспаривается в этой

[3] См. там же.

[4] О том, как это провидение может работать, см. там же, глава 5.

книге. Я хочу помочь установить настоящую веру, в настоящего Бога, с которым мы можем иметь настоящие отношения. Это может быть так, только если само «Я» Бога вовлечено в изменения, охватывающие нас. Тогда, когда мы обращаемся к Богу, мы делаем это как целостные личности, предстоящие перед целостным Богом, который направлял эти изменения, — в величественной славе Бога, а не как раздробленные личности перед Богом ложным.

Поэтому я склонен считать, что требование, чтобы еврей придерживался Бога еврейской Библии, оказывающегося несовершенным в благости, как это отстаивают некоторые современные еврейские мыслители, не соответствует главному в истории традиционного иудаизма[5]. Я полагаю, что каждый может считать Бога, каковым он появляется в Библии, высшим существом, но я не вижу в истории иудаизма оснований для того, чтобы это было авторитетным религиозным требованием или чтобы это было по умолчанию тем, как традиционные евреи должны думать о Боге. Любители несовершенного Бога должны быть очень осторожны, чтобы ненароком не подпитывать нынешнее популярное настроение людей, желающих выйти из-под власти и быть относительно свободными от заповедей, чтобы делать то, что им нравится. В конце концов, если Бог несовершенен, авторитет Бога ослаблен и не может заставить нас делать то, что Бог хочет, чтобы мы делали.

Прежде всего, не следует рассматривать свою ситуацию как ситуацию человека, изолированного от Бога и беспокоящегося, как ему остаться с Богом Торы. Мы скорее видим в ней отношения между молящимся евреем и Богом, вместе стремящимися сделать Божью Тору «сладкой [снова] в моих устах и в устах Твоего народа Израиля». Молитвенное замешательство перед Богом очень отличается от положения совершенно одинокого человека, загнанного на вершину горы и пытающегося самостоятельно решить, в какую сторону прыгнуть.

---

[5] Два примера см. в [Wettstein 2012] и [Hazony 2012]. См. также http://jerusalemletters.com/the-question-of-gods-perfection/ (дата обращения 16.04.2025).

Итак, я в свою очередь, рассматриваю современную идеологическую критику повествований и закона и предлагаю свои пути выхода вместе с напоминанием о том, что мы должны действовать со смирением и заботой.

Повествования

Сегодня мы призваны предложить новое понимание повествований Торы — таким образом, который позволит избежать сложных моральных проблем. Текущий пересмотр истории, по крайней мере в деталях повествований Торы, помогает этой задаче, потому что нам больше нет нужды принимать морально проблематичные поступки Бога в Библии как реальные исторические события. Теперь они должны быть переосмыслены в приемлемых религиозных и моральных терминах.

Для начала. В противовес распространенным в наши дни взглядам в правых, традиционалистских группах, многие из наших великих авторитетов утверждают, что религиозный еврей не обязан принимать на веру неюридические — *агадические* — компоненты раввинистической литературы. Обязательными являются только юридические решения. Исторически многие важные еврейские раввины заявляли, что агадическая литература не является обязательной, в том смысле, что еврей не обязан верить в ее истинность. Саадия Гаон (882–942), Самуил бен Хофни (ум. 1034), Шерира Гаон (906–1006), Хай Гаон (939–1038), Авраам ибн Эзра (1092–1167), Маймонид (1138–1204), Авраам сын Маймонида (1186–1237), Нахманид (1194–1270), Давид Кимхи (1160–1235) и другие придерживались этого взгляда на агаду.

Принимая эту позицию, агадическая литература служит отправной точкой, из которой должна исходить еврейская мысль. Однако в такие времена, как наши, с их развивающимся моральным сознанием, раввины могут быть отправной точкой, но не всегда конечной. Мы призваны идти по тонкой грани между преданностью общине традиционных евреев и независимостью мысли и действия, которые расходятся с тем, что эта община может считать нормативным. Конечно, великий этос раввинистической агадической литературы сформировал еврейскую религию и типичные еврейские взгляды, но это не связывает нас с агадическим содержанием, которое, с нынешней точки зрения, морально проблематично. Следовательно, мы можем отложить в сторону, с осторожностью и должной скромностью, значительное количество агадических текстов, которые противоречат умеренной современной морали. Другие мы могли бы сохранить, свободно адаптировав их с точки зрения современной теологии. Следовательно, многие из раввинистических текстов, на которые я ссылался, говоря об идеологической критике, для традиционного еврея, сталкивающегося с современной идеологической критикой, могут быть нейтрализованы.

В истории традиционного иудаизма несколько крупных движений модифицировали ЯХВЕ, Бога евреев, в образ еврейского Бога. Выделяются два таких проекта. Средневековая еврейская философия хотела, чтобы еврейский Бог был совершенным существом *как таковым*. Основные течения хасидской литературы были в основном заинтересованы, как я это понимаю, в еврейском Боге, который был бы совершенно благим в соответствии с их радикальной концепцией того, как должно обстоять дело.

Средневековая еврейская философия

В средневековой еврейской философии среди многих мыслителей произошла радикальная реконструкция Бога евреев. Это было мотивировано убеждением, что Бог будет достоин безоговорочной преданности, только если он будет *совершенным существом*. Термин «совершенный» и тогдашний типично предпочитаемый вариант совершенного существа (вечный, онтологически независимый, бестелесный, простой, неизменный, всезнающий, всемогущий, рациональный и максимально благой) могли быть подсказаны еврейским философам греческими и исламскими источниками. Однако ключевая идея заключалась в том, что Бог евреев, ЯХВЕ как он предстает в Библии, был для них подходящим объектом безоговорочной преданности, которая, как мы видели, является центральной библейской заповедью. Это потребовало изменения образа Бога, придания ему формы, которая для них в то время была бы достойна безоговорочной преданности.

Главной фигурой здесь был Маймонид. Теологию Маймонида сложнее понять, чем собрать кубик Рубика, поэтому трудно сказать что-либо категорично о Маймониде (1138–1204), не будучи побежденным цитатой «другого цвета». Как известно, Маймонид учил массы одному, а философски эрудированных людей — другому, и не всегда легко сказать, где что. Я отмечаю, что в первом из своих 13 принципов веры Маймонид пишет о наличии «совершенного во всех способах существования». А в «Путеводителе растерянных» Маймонид пишет о цели Бога в сотворении мира:

> Даже если вселенная существует ради человека, и конечная цель человека, как было сказано, состоит в поклонении Богу, остается вопрос относительно конечной цели его поклонения. Ибо Он, да будет Он возвышен, не приобрел бы большего совершенства, если бы Ему поклонялось все, что Он создал... и не был бы достигнут недостатком, если бы существовало что-либо, кроме Него [Maimonides 1965: 3:13, 451].

Явный вывод заключается в том, что ничто не может дополнить или умалить Бога, поскольку Бог совершенен.

То, что Маймонид действительно считал Бога совершенным, а не проповедовал эту идею просто как полезный прием для обучения широких слоев народа, подтверждается тем, что Маймонид в итоге говорит в «Путеводителе»: мы должны хранить молчание о Боге. Именно поэтому мне представляется следующее: когда Маймонид говорит, что мы не можем приписать Богу какой-либо атрибут, он имеет в виду только описательные предикации. «Совершенство» было для Маймонида неописательным ценностным термином, применяемым к Богу. Я полагаю, что ценностные термины для Маймонида — это атрибуты второго порядка, супервентные по отношению к атрибутам описательным. Неслучайно Маймонид обращается к Богу со словами: «Молчание — хвала тебе» (Псалом 65:1 (рус. пер. — Псалом 64)). На первый взгляд, это прагматическое противоречие, поскольку в этом стихе говорится, что мы должны молчать о Боге, но при этом подразумевается, что Бога следует хвалить, он достоин хвалы. Но сказать, что Бог достоин хвалы, — это значит прославить Бога словами, а не молчанием. Чтобы требование Маймонида молчать о Боге не противоречило утверждению, что Бог достоин хвалы, мы должны провести указанное выше различие между описательными и неописательными атрибуциями. То, что Бог достоин хвалы, означает не то, что ему приписывают некое «качество», но то, что ему дают оценку второго порядка. О чем мы должны умолчать, так это об описательных качествах. Словам «Бог совершенен» присуще свойство высказывания «о» Боге только как ценностному термину высокой абстракции, не несущему описательного содержания.

Вернемся к Маймониду. Его «Путеводитель растерянных» представляет собой грандиозный пересмотр Бога евреев. Маймонид пишет «Путеводитель», исходя из своей философской идеи Бога как данности, и видит в библейской идее Бога проблему. Бог становится в высшей степени разумным существом, и от него в некотором смысле зависит мир. Помните, что, судя по всему, в еврейской Библии Бог обладает телом, и у нас есть свидетельства, что во времена Маймонида были люди, которые считали это фактом[6]. Маймонид лишает Бога не только Его тела и телесного поведения, но также и всех эмоций, интерпретируя вездесущие библейские явления противоположным образом. Маймонид переосмысляет понятия творения, пророчества и провидения или, по крайней мере, создает вокруг них модифицирующее облако. Он также настаивает на том, что все заповеди рациональны, не позволяя ни одной из них остаться произвольной или иррациональной, как это кажется с первого взгляда[7]. Для Маймонида только полностью разумное существо может быть совершенным. Его Бог неизменен, прост (без сложности) и совершенно разумен.

Для Маймонида то, что кажется дорогими Богу заповедями, иногда превращается в божественные уступки, без которых Бог

---

6   Больше об этом см. [Gellman 1984: 145–169].

7   Только две заповеди Маймонид отказывается объяснить рационально.

хотел бы обойтись. Как известно, сюда входит весь жертвенный аппарат, а также множество других заповедей, призванных контрастировать с идолопоклонническими практиками, существовавшими в то время. Маймонид, кроме того, приписывает Богу моральные намерения там, где они не видны в Библии, например, придает высокое моральное значение заповеди о красивой пленнице, которую мужчина может захватить на войне [Maimonides 1965: 3641], или закону о необходимости сломать шею телицы, когда в сельской местности обнаруживают убитое тело (Второзаконие 21) [Ibid.].

Хотя средневековый способ представления Бога как совершенного может иметь некоторых сторонников и сейчас, концепция высшего идеала как внутренне простого, неизменного и лишенного эмоций вряд ли способна в чистом виде привлечь многих религиозных людей сегодня. В любом случае при всех своих новациях Средневековье довольно далеко от удовлетворения умеренных моральных требований зарождающейся современной морали. Итак, хотя средневековая еврейская философия дает нам яркий пример трансформации Бога евреев, мы не можем на этом останавливаться.

Хасидский иудаизм

В качестве многообещающего направления современной идеологической критики я хочу предложить тот тип мышления, которое мы находим во многих хасидских текстах. Конечно, в Библии, раввинистической литературе и литургии имеются прецеденты, подобные интересующему нас здесь хасидскому материалу. Однако хасиды выделяются своей коллективной решимостью переосмыслить идею Бога, и эта решимость — центральный элемент их учения. Они также выделяются своей готовностью смело преображать материал, противоречащий тому, что им требовалось, в соответствии со своим видением и в такой степени, в которой никто до них этого не делал. Результатом стало серьезное ослабление идеологической критики библейских повествований и раввинистической литературы. Направление, которое избрали эти хасиды, соответствует современным проблемам, а не направлению мыслей их средневековых предшественников[8], поскольку хасидами двигало главным образом их формирующееся представление о том, как совершенно благой Бог будет относиться к ним и действовать по отношению к ним. В этом смысле хасиды были предвестником современности (как сказал Гершом Шолем в несколько ином контексте).

При обращении к «Богу» в хасидской литературе возникает сложность, поскольку для них обычное имя Бога «ЯХВЕ» не всегда обозначает высшую реальность. Дело в том, что они в основном основывались на лурианской каббале, где «ЯХВЕ» обозначает сферы или уровни реальности, которые не являются высшими в природе. Скорее, высшее означают понятия «Бесконечное» или «Ничто». Тем не менее сказанное ими мы можем легко передать нашим термином «Бог» перед лицом современной идеологической критики.

Вдохновленное Израэлем Баал Шем-Товом (1700–1760) («Баал-Шем-Тов» или сокращенно «Бешт»), хасидское движение возникло главным образом на основе Книги Зоар и Каббалы рабби Исаака Лурье (XVI век). Рабби Шнеур Залман из Ляд (1745–1812), одно из первых хасидских светил, выразил общий взгляд этого движения, написав, что «Бесконечное — это совершенство без каких-либо недостатков» [Шнеур Залман 1984: 16a]. Ключевой принцип, лежащий в основе хасидского представления о Боге, можно найти в широком спектре хасидской литературы — перемещение ценностного центра иудаизма от изучения религии к молитве. Хотя учеба сохраняла важность, молитва занимала первое место для хасидских Ребе, которых я имею в виду[9]. Изуче-

---

[8] Хасидские учителя часто демонстрируют враждебное отношение к неевреям и неадекватное по сегодняшним меркам представление о женщинах. Тем не менее обновленные идеи хасидизма могут лечь в основу современной, основанной на традициях, концепции совершенно благого Бога, с его обновленными идеями. Подробнее см. ниже.

[9] По правде говоря, других в истории хасидизма больше интересовало его изучение в классическом смысле, чем то, о чем мы дальше будем говорить. См. [Biale et al. 2018: chap. 12].

ние Торы не было для этих хасидов самопреображением в том смысле, в каком им должна была быть молитва. А самопреображение перед любящим Богом было превыше всего.

Центральное место молитвы было для хасида не просто ритуальным перемещением. Молитва, будучи в центре, стала для большей части приверженцев хасидского учения областью, где хасид встречал свою идеальную реальность. Бог хасидов был Тем, к Кому хасид обращался и кого переживал в молитве, тем, к кому он должен был испытывать постоянную привязанность, *двекут*, а не косвенно данным для них Богом Библии, раввинистической литературы или книг еврейского закона. И поэтому Бог евреев должен был быть преобразован в образ хасидского Бога, того, которого признавали и подразумевали в молитве. Сейчас мы рассмотрим оценочный сдвиг от учения к молитве, лежащий в основе этого типа хасидского богословия. Затем перейдем к тому, как эти хасиды изменили свое представление о Боге евреев, превратив его в то, что для них было еврейским Богом.

Высокая оценка молитвы часто встречается в хасидской литературе[10]. Что касается Баал Шем-Това, мы находим следующее показательное сообщение:

> Душа заявила рабби [Баал Шем-Тову], что причина, по которой ему были открыты высочайшие понятия, заключалась не в том, что он изучил множество талмудических трактатов и юридических решений, а в его молитве. Ибо он всегда молился с большой сосредоточенностью. Именно в результате этого он достиг возвышенного состояния[11].

Ключом к трансцендентным достижениям была молитва, а не изучение существующих текстов.

---

[10] В том, что касается дальнейших источников и перевода, я благодарен книге [Jacobs 2006].

[11] [Jacobs 2006, 1] приводит в качестве источника [Кетер Шем Тов 1968: 22b]; перевод на английский был скорректирован в соответствии с вариантом в [Ликутим Йикарим 1981–1982: 5a].

Рабби Дов Бер из Межерича, Великий Магид (ок. 1704?–1772?), одобрял изучение священных текстов, однако ясно ставил учение ниже молитвы:

Когда человек учится, он должен время от времени немного отдыхать, чтобы прикрепить себя к Богу. Тем не менее он должен учиться. Даже если во время учебы человек не может прикрепить себя к Богу, он все равно должен учиться[12].

Можно предположить, что в момент изучения священных текстов человек не прикреплен к Богу, поскольку его внимание удерживает содержание текстов. Следовательно, вы должны время от времени прерывать свое обучение, чтобы снова прикрепить себя к Богу, чтобы поддерживать надлежащую позицию vis-a-vis Бога. «Тем не менее вы должны учиться!» Однако этот последний призыв к учебе исключительно слаб по сравнению с требованием прикрепить себя к Богу, которое является главным в молитве.

Обычно хасидские учителя пишут о *таануг* (удовольствии) и *симхе* (радости) молитвы. Рабби Моше Хаим Эфраим из Судилкова (1748–1800), внук Бешта, пишет от имени своего деда, что когда человек молится о своих нуждах, он должен с любовью принять то, что его молитва может остаться без ответа. Однако есть более высокий уровень молитвы — уровень, на котором человек активно желает, чтобы его мольбы остались без ответа! Притча иллюстрирует эту идею:

Человек одержим сильной страстью поговорить с царем, и его сердце горит от желания сделать это. Царь постановил, что любой, кто представит ему свои просьбы, получит на них ответ. Этот человек, чье желание и страсть — поговорить с царем, опасается, что, когда он придет и представит свою просьбу, царь удовлетворит ее, и тогда у него не будет причин разговаривать с царем дальше. Поэтому он предпо-

---

12 Перевод мой. Эти слова появляются в нескольких местах, в том числе в [Баал Шем Тов 1991: 8]. Поскольку эти слова иногда приписываются Бешту, а иногда его ученикам, особенно рабби Дов Беру из Межерича, а иногда записываются вообще без атрибуции, точная атрибуция иногда затруднена.

читает, чтобы царь не удовлетворял его просьбу, чтобы
у него было что-то, с чем он сможет снова предстать перед
царем и поговорить с ним[13].

Молитва о своих нуждах становится оправданием для возвращения, чтобы поговорить с Богом, насладиться пребыванием
с Богом. Человек надеется, что мольбы его никогда не будут
услышаны. Это говорит нам о высшей внутренней ценности,
которую эти учителя придавали пребыванию в присутствии
Бога. Она связана со всеобъемлющей благостью Бога.

Рабби Калонимус Кальман Эпштейн (1754–1823), великий
польский учитель, утверждает, что молитва имеет большую силу,
чем искреннее изучение Торы:

> Нет сомнений, что человек, который изучает Тору ради нее
> самой, может достичь великой святости, при условии, что
> он всегда будет изучать ее ради нее самой и приложит всю
> свою жизненную силу, дух и душу к буквам Торы. Тем не
> менее единственный способ, которым он может достичь
> настоящего страха и любви к Богу, желания поклоняться
> Богу и постижения Его божественности, даруется через
> молитву, возносимую с самопожертвованием и сердечным
> жаром [Эпштейн 1965][14].

«Страх» здесь относится к чувству благоговения и собственной
незначительности перед величием Бога. Молитва — единственный путь к «настоящему» страху и любви к Богу.

Рабби иллюстрирует этот принцип новаторским комментарием о том, что произошло с Иаковом после того, как ему приснил-
ся сон об ангелах на лестнице. «Он пробудился от сна своего»
(Бытие 28:16). Используя мидрашистскую игру слов, сопоставляя
еврейское «мишенато» («от своего сна») и «мимишнато» («от
своего учения»), рабби Калонимус Кальман пишет, что Иаков

---

13 Основано на [Jacobs 2006: 25].

14 Английский перевод по [Jacobs 2006: 20]. То, что Джейкобс переводит как
«постижение» Божественности, можно также перевести как «достижение»
Божественности.

«пробудился от своего учения» — имея в виду, что Иаков проснулся от «сна» учения, поскольку теперь он понял, что учение не было высшим служением. Им была молитва. Поэтому именно тогда, согласно традиции, Иаков ввел вечернюю молитву. Он «проснулся» и в результате помолился. Иаков пришел «в маком», место (Бытие 28:11), при этом маком — имя Бога в раввинистической литературе. В молитве Иаков встретил Бога, чего он не смог достичь учением.

Другой подход к идее превосходства молитвы над изучением религиозных текстов содержится в мысли Реба Нахмана из Брацлава (1772–1810), правнука Бешта, и главного ученика Реба Нахмана Реба Натана (1780–1844). Реба Нахмана цитируют как человека, который сказал, что «Молитва весьма и весьма высока и выше, чем изучение Торы», где «Тора» относится к любому религиозному тексту или дискурсу [Сихот харан: 174]. Реб Натан пишет, что его учитель много раз повторял, что человек должен превратить в молитву то, что он изучал, или мысль, которую он слышал. Нужно было «сделать из Торы молитву», опять же в широком смысле «Торы»[15]. Сам Реб Натан писал молитвы, основанные на дискурсах своего учителя, что иллюстрирует, что может означать превращение дискурса Торы в молитву. В частности, реб Натан молится, чтобы Бог помог нам воплотить возвышенное содержание речей его учителя в активные реалии нашей жизни. Кроме того, говорит реб Натан, главный толчок к покаянию — превращение Торы в молитву. Выясняется, что для реб Натана Тора имеет силу влиять на поведение и жизнь человека, превращаясь в молитву. До того как стать молитвой, Тора имеет только скрытую силу влиять на нашу жизнь. Молитва, таким образом, является активным проявлением силы в изучении Торы. Таким образом, молитва превосходит Тору в том смысле, что она превосходит только Тору. Когда Тора превращается в молитву, этим достигается и конечная цель Торы. Таким образом, именно молитва, а не Тора стоит на вершине религиозной жизни.

---

[15] Реб Натан (Штернхарц) пишет длинное рассуждение об этом девизе в своей книге [Штернхарц] (часть 3, Законы Нового года, закон 5. Иврит).

Слова, приписанные рабби Исраэлю из Ружина (1796–1850), звучат следующим образом:

«Я мог бы находиться на острове сто лет [в другой версии — тысячу лет] без единой страницы священной книги и не забывать Бога ни на мгновение и служить Ему без перерыва ни на мгновение» [Ирин Кадишин 2009 1: 500 (иврит)].

Изучение священных книг не требовалось хасиду, чтобы быть с Богом! Это одно из самых радикальных отклонений от раввинистической этики обучения, которое можно найти в хасидских писаниях[16].

Бог молитвы хасидских учителей был доступным Богом любви, Богом прощения, Богом, который хотел вашего сердца превыше всего остального, даже больше, чем ваших действий; Богом, который привел каждого еврея (для меня — каждого человека; см. главу 9) к окончательному спасению в близости к Нему. Богом, который ценит наиболее искренние, наиболее глубокие и простые добрые дела больше, чем множество дел, совершенных без должного намерения приблизиться к Богу. Богом, который всегда дает второй шанс. Богом, обладающим силой, знанием и добротой, чтобы мудро направлять преданного через взлеты и падения религиозной жизни. Богом, который превратил кажущуюся суровость в доброту и сладость. Богом, которому можно доверять.

---

[16] Некоторые критики хасидов обвиняли последних в еретической интерпретации Псалма 40:9: «Я хочу исполнить волю Твою, Боже мой, Тора Твоя во внутренности моей» (рус. пер. — 39:9: «я желаю исполнить волю Твою, Боже мой, и закон Твой у меня в сердце»). Они утверждали, что хасиды читали этот стих следующим образом: «Я хотел исполнить волю Твою, Боже, *но не могу, потому что Тора Твоя во внутренности моей и не дает исполнить мое желание*». Это выражало бы крайнее неприятие учебы как препятствия к исполнению воли Божьей. Однако Уриэль Геллман сообщил мне, что эта интерпретация, скорее всего, не встречается в хасидской литературе. Однако сам факт того, что это обвинение может быть выдвинуто против хасидов, отражает фактическое относительное ранжирование молитвы и учебы. В подобном не обвиняется никто, кроме хасидов.

Общепризнано, что для хасидов вся эта любовь и благость почти всегда ограничивались отношением Бога к евреям. Однако я говорю здесь о хасидах не как об авторитете, которому мы должны следовать, а как о прообразе того, как нам сейчас в нашей ситуации, продвинуться в этом направлении дальше, чем они. Сегодня нам не нужно сковывать себя ограничениями, присущими большей части хасидизма и касающимися отношении Бога к евреям[17].

Бог хасидов, который был Творцом и Бесконечно-Единым из каббалистической литературы, стал личным Богом, Богом, спустившимся в реальную жизнь индивидуумов, интериоризированным и персонализированным порой просто через преданность и благочестие. В принципе, именно познанный на опыте Бог был объектом их преданности. Они, конечно, почитали Тору и заповеди как Божью Тору и Божьи заповеди, но только после прояснения истинной природы как Бога, так и Торы.

Говорили, что, когда Баал Шем Тов занимался со своими учениками, вокруг них вспыхивал огонь, собирались ангелы-служители, и преданные слышали гром, молнии и слова «Я Бог твой Элохим» из уст благословенного Имени[18]. Это был синайский опыт, на этот раз с Баал Шем Товом, теперь основанный на его новом учении. На опыте это были настоящие, прямые отношения с Богом в обход Ветхого Синая[19].

Известно, что хасиды цитировали Баал Шем Това, вдохновителя хасидского движения, который сказал так:

> Знайте секрет единства Бога: где бы я ни взялся за край или часть этого единства, я держусь за все, что в нем содержится. Далее: поскольку Тора и заповеди исходят из сущности

---

[17] Это требует нового подхода к идее о евреях как об избранном народе. См. [Gellman 2012].

[18] [Баал Шем Тов], т. 2, Итро, раздел 56. См. примечание 61 там о различных версиях мотива.

[19] К сожалению, я не смог найти текст хасидов Хабада, который когда-то читал. В нем говорится, что раньше человек должен был начинать со страха перед Богом и проходить через это в конечном итоге к любви к Богу, но теперь это уже не так. Теперь человек должен идти прямо к любви к Богу, не проходя сначала через страх перед Богом. Читатели могут найти этот текст за меня.

Бога, которая является истинным единством, то, когда человек исполняет одну заповедь должным образом и с любовью, которая есть двекут в нем, и таким образом держится через эту мицву за часть единства, тогда все [единство] находится в его руке. Это как если бы он исполнил все заповеди [Кетер Шем Тов 1968: раздел 111, 29][20].

Эта идея имеет близкие прецеденты до Баал Шема, особенно в «Зоаре». Но этот отрывок накладывает на идею явно хасидский отпечаток. Баал Шем говорит, что, когда человек исполняет любую заповедь с двекут, чистой любовной привязанностью к Богу, этот человек вступает в контакт с объединяющей сущностью Бога, из которой эта заповедь произошла, и таким образом это равноценно исполнению всех заповедей. Это потому, что все заповеди объединены в сущности Бога, и потому, что двекут является целью всех заповедей. Таким образом, достижение двекут через одну заповедь заключается в том, чтобы выполнить все. Это радикальный отход от стандартной позиции, согласно которой близкие отношения человека с Богом должны зависеть от степени, в которой человек исполняет все заповеди, связывающие его. (Это не означает, что хасиды отрицали, что человек должен соблюдать заповеди, но путь к Богу может заключаться в правильном исполнении всего одной заповеди.)

Яков Ицхак Горовиц, «Хойзе» (провидец) из Люблина, трогательно подхватил тему соблюдения одной заповеди с чистотой сердца. Он начинает со ссылки на следующее высказывание Мишны:

Сказал рабби Ханания, сын Акаши: Святой, благословен Он, хотел облагодетельствовать народ Израиля, поэтому Он умножил для них [большое количество] Торы и заповедей (Макот 23б).

Хасиды регулярно интерпретировали слово «l'zakhot», которое я перевел как «облагодетельствовать», как «очистить»; «очищение» — вот цель заповедей, которые дают возможность привязать

---

[20] См. также раздел 250.

людей к Богу. Затем рабби продолжает: кто-то может сказать, что предоставление евреям множества заповедей вообще не было для них милостью. В конце концов, чем больше заповедей, тем больше возможностей для греха и отпадения от Бога. Далее, в ответ на эту жалобу, он высказывается в том духе, что если человек соблюдает хотя бы одну заповедь с полной чистотой сердца, то он заслуживает Мир Грядущий. А дальше он говорит вот что: поскольку разные люди имеют такие разные личности и вкусы, Бог дал большой набор заповедей, чтобы каждый человек мог найти по крайней мере одну заповедь, соответствующую его характеру и интересам, которую он мог бы соблюдать с полной чистотой сердца. Таким образом, каждый человек заслужит Мир Грядущий [Горовиц 1883: 71].

Похожее мнение выразил хасидский учитель рабби Давид Шломо Эйбшиц, когда он написал, что это акт доброты со стороны Бога — давать много повелений. Это означает, что есть много способов снискать награду и обрести человеческое совершенство [Эйбшиц 2017: 3:30]. Едва ли есть еще одно столь же убедительное различие между хасидским «Leiber Got» («возлюбленный Бог») и *повелевающим* Богом евреев в Библии[21].

Другим указанием на особую связь хасидов с Богом молитвы как их определяющую сущность было одобрение хасидами нарушения определенных законов ради переживания любви к Богу в молитве. Ранний классический пример этого — Яков Ицхак Горовиц, ранее упомянутый Хойзе. Он пишет о приоритете любви к Богу (хасидский Lieber Got) над «страхом Божиим», который требует соблюдения законов. Я цитирую полностью следующий отрывок из Хойзе, касающийся законов, определяющих последний час утра, в который человек должен читать утреннюю молитву Шма и молиться молитвой Амида:

> Есть глупцы, которые не желают отступать от страха [перед Богом], потому что любовь [к Богу] иногда не щепетильна в строгостях и тому подобном… Но это не так. Для хасидиз-

---

[21] Действительно, этот подход имеет прецедент в комментарии Маймонида к Мишне в «Трактате Макот».

ма это любовь всей душой, даже если Он, буквально говоря, забирает твою душу. Поэтому не нужно беспокоиться о том, чтобы вовремя читать молитвы Шма и Амида. Предположим, что кто-то опаздывает [со временем для Шма и Амида] из-за любви к Создателю, ибо он отвлечен привязанностью к Богу или благодарностью ему, или ему кажется, что он доставит больше удовольствия Богу, не произнося молитвы Шма и Амида. Хотя Злое Начало [!] упрекает его за это, он не должен бояться наказания из-за своей любви к Создателю, в большей мере исполняя Его волю. По правде говоря, Бог желает чьего-либо сердца, и славен грех ради Бога, и в этом смысл слов «Все твои деяния будут ради Неба» [Горовиц 1883: 123–124][22].

Рабби имеет в виду ситуацию, когда человек достигает восторга в начале молитвы, до Шма и Амида, и он призывает человека оставаться в этом состоянии, а не переходить к следующим молитвам. С точки зрения этого рабби именно Злое Начало (как ни парадоксально) упрекает нашего друга за неподчинение закону! Злое Начало желает заманить человека в режим страха перед Богом и закрыть возможность для любви к Богу. А Доброе Начало побуждает человека двигаться вперед ради к любви к Богу, побуждая его нарушить закон! Доброе Начало желает максимизировать как нашу любовь к Богу, так и удовлетворенность Бога Его созданиями.

Акцент на переходе за пределы Торы к Богу очевиден у рабби Нафтали Цви Горовица из Ропшица (ум. 1815) в рассуждении, приписанном им его учителю, рабби Менахему Менделю из Рыманова (ум. 1815)[23]. «Ропшицер» пишет, что «лицо» Бога представало в форме алефа, א, мыслимого как графически представляющее два глаза и нос, вместе с огласовкой камац, имеющей форму

---

[22] Однажды я купил новое издание этой книги, которая претендовала на звание «полной» версии. К моему великому удивлению, я обнаружил, что эта цитата, как и другие радикальные, была вычеркнута из этой «полной» версии. Единственное, что было полным в этой книге, — то, что она была полной ложью.

[23] Подробнее об этой теме см. [Gellman 2006c: 193–207] и [Gellman 2007: 50–67].

буквы «T» с более короткой основой и являющейся «бородой», которая очерчивает лицо [Горовиц 1971–1972, 1:72a и 2п:40б]. Ссылаясь на то, что израильтяне услышали во время Синайского откровения, он пишет:

> Мы могли услышать от Бога только букву алеф [первую букву *анохи* [первое слово Декалога], из которой мы усвоили все Десять Заповедей. И вот как мы объяснили: «Лицом к Лицу говорил Господь с вами (Второзаконие 5:4)». Ибо лицо имеет форму алефа с огласовкой камац [Там же, 1:72a].

Затем он идет дальше, говоря, что израильтяне таким образом усвоили все 613 заповедей, которые признает еврейская традиция: «Отсюда мы усвоили 248 предписаний и 365 запретов».

В этом учении хасидский рабби решает сделать телос законов Торы составной частью двекута, опытного, сознательного «присоединения» или «прикрепления» хасида к Богу[24]. Как мы видели, высшим интересом хасидизма было достижение единства религиозного поведения с постоянным сознанием присутствия Бога. Врагом хасидизма является религиозный бихевиоризм, отчужденный от осознания непосредственного присутствия Бога в мире[25].

На этом фоне мы можем довольно легко понять желание Ропшицера вместить все заповеди в алеф, начальную букву Декалога. Его целью было сжать все заповеди в первую букву слова «анохи», «Я», произнесенного Богом, явившимся тогда израильтянам. Сжимая законы в эту букву, хасидский учитель выражает идею неотделимости законов от опытного осознания присутствия Бога. Законы, говорит Ропшицер, не могут быть отделены от непосредственного опыта лицезрения Бога и должны найти свой телос в возвращении к двекут. Этот двекут, однако, является опытом невыразимого Бога, отсюда и уплотнение опыта в звук

---

[24] О концепции двекут см. [Scholem 1971: 203–227].

[25] Об этом см. [Heschel 1996: 33–39].

алеф/камац, который не имеет когнитивного содержания. Для Ропшицера было важно, чтобы конкретные заповеди рассматривались как сообщенные (невербально) Богом на Синае, чтобы подчеркнуть онтологическую основу этих самых заповедей, которые хасид исполняет в изначальном, синайском опыте двекут.

Непознаваемая сущность Бога представлена буквой алеф, с которой начинается, но которой не выражается Божественное «Я». И сгущение всех заповедей в алеф выражает единство всех заповедей в сущности Бога и в нашем опыте двекут. По этой причине исполнение любой заповеди переносит нас обратно к источнику, где все заповеди объединяются в одну. Подводя итог, мы находим у Ропшицера концепцию откровения, в которой конкретное содержание изливается из невыразимой точки алефа с огласовкой камац. Заповеди напрямую проистекают от Бога. Это модель привязанности к Богу, превосходящая изучение заповедей из книг или дискурсивно от Моисея.

Поучительный пример этого хасидского этоса содержится в учении, которое, как я считаю, было неправильно понято в широких кругах как более радикальное, чем это есть на самом деле. Многие ортодоксальные модернисты, включая меня в прошлом, были очень взволнованы трудами рабби Йосефа Мордехая Лейнера, хасидского учителя из города Избица в Польше (1802–1854)[26]. «Избицер» велит человеку слушать голос Бога, направленный только к этому человеку, в определенное время и в определенном месте, даже если голос Бога велит нечто, противоречащее обязательствам, которые на человека накладывает постоянная система правил, включающая Тору и раввинистическое законодательство. Таким образом, рабби Лейнер оправдывает человека, грешащего ради Бога.

Избицер неоднократно возвращается к идее готовности действовать в соответствии с особым, настоящим гласом Бога, обращенным к человеку, даже если это означает нарушение законов Торы. Рабби Лейнер пишет о человеке, который ищет Бога, чтобы тот «просветил его и открыл ему заново Божью волю», хотя

---

[26] Об этом см. [Faierstein 1989, 2005; Magid 2003; Gellman 1994].

«иногда это может потребовать действий против закона, "ибо пришло время действовать для Бога и т. д."» [Лейнер 1973, 1: 146] Как замечательно! Я могу грешить и все равно быть очень набожным евреем!

Но подумайте: что означает завороженность этого хасидского раввина серьезными проступками, которых Бог мог бы захотеть от человека? Почему набожный восточноевропейский хасидский раввин был так увлечен идеей смертного греха ради Бога? Я предполагаю, что ключ находится в комментарии Ребе из Избицы о следующем стихе в Исходе: «Богов серебряных, или богов золотых, не делайте себе» (Исход 20:23). Рабби комментирует, что это сказано, дабы научить нас не делать наше служение Богу чем-то жестким, неподвижной статуей из серебра или золота [Там же, 2: 32]. Вместо этого мы должны быть открыты в каждый момент к вероятности того, что нам, возможно, придется действовать по-другому, даже вопреки тому, что мы были обязаны делать в прошлом и будем делать в будущем. Выбор заключается в том, какое обязательство в конечном счете важнее: перед Богом или перед сложной системой, которая стоит между вами и Богом.

Далее, часто упускается из виду, что Избицер неоднократно предупреждает о крайней осторожности: надо убедиться, что то, что может показаться вам особой волей Бога, содержащей идею совершения греха для вас сейчас, действительно Божья воля, а не демонический голос или внутреннее эгоцентрическое желание. Таким образом, избицкий рабби пишет о необходимости многократно проверять себя, прежде чем действовать в соответствии с тем, что вы принимаете за волю Бога, высказанную вам здесь и сейчас, если она противоречит законам Торы. Человек должен сначала приложить все усилия, чтобы противостоять желанию преступить Тору ради того, что кажется ему текущим указанием Бога. Если все усилия подавить сойдут на нет, и «это желание все еще остается, тогда он будет знать наверняка, что [желание] от Бога» [Лейнер 1973, 1: 54].

Вот почему, как я предполагаю, избицкий ребе так одержим идеей греха ради Бога: не думаю, что он призывал к реальным проступкам. Если бы ученик ребе пришел к нему и сказал, что

Бог хочет, чтобы он сейчас съел бутерброд с ветчиной, я убежден, ребе велел бы ученику не делать этого, потому что хасид не может знать истинный источник этого чувства внутри себя. Весь смысл, как я предполагаю, акцента Избицера на сакральном проступке заключается в следующем: есть разница между человеком, который убежден, что он точно знает заранее, чего Бог захочет от него, в каждую минуту и в каждой ситуации, как предписано законом Бога и Его раввинами, и человеком, который искренне и набожно открыт самой возможности услышать голос Бога заново и, таким образом, должен следовать этому голосу, а не закону. Человек, который думает, что он знает наверняка и заранее, чего хочет Бог, привержен, в первую очередь, системе, изложенной в Торе и разработанной раввинами. Человек, который может хотя бы представить себе такую вещь, как грех против системы по воле Бога и ради Бога, привержен в первую очередь Богу, а не системе. Даже если он на деле никогда не согрешит по воле Бога, у него есть непосредственные отношения с Богом, а не исключительно через закон, и поэтому он готов отойти от своих установленных представлений о том, чего требует система.

Скорее всего, Избицер, когда он писал о грехе по воле Бога, никогда не представлял себе никого («Боже упаси!»), совершающего благочестивое преступление. Скорее, для Избицера было важно, чтобы человек мог *представить* себя грешащим ради Бога. По мнению рабби Мордехая Иосифа, человек, который не может представить себе чистую возможность того, что Бог хочет, чтобы он согрешил против «системы», оказывается в первую очередь преданным системе, а не Богу. Напротив, тот, кто признаёт чистую возможность своего греха по указанию Бога, всегда будет помнить, что Бог является источником и телосом «системы». Таким образом, он будет развивать конечные отношения с Богом, а не с самой системой.

Хотя некоторые из тем, которых я здесь касаюсь, были предметом размышления и до хасидской революции, хасидская модификация Бога на этом не остановилась. Она только началась, поскольку то, что предприняли хасиды, было огромным, подробным переосмыслением библейских и раввинистических текстов, чтобы сделать Бога традиции соответствующим их представлению о благом Боге. В первой когда-либо опубликованной хасидской книге рабби Яаков Йосеф из Полонного изложил принцип, приписываемый Баал Шем Тову, который я называю «Принципом вечной изменчивости» [Рабинович 1972–1973: 8]. Этот принцип гласит, что Тора вечна и, следовательно, должна применяться в любую эпоху и к каждому человеку. Идея заключается не только в том, что люди должны брать буквальное/историческое содержание и смотреть, каким образом это может быть актуально для их жизни. Для рабби Яакова Йосефа это также может означать, что поверхностное лингвистическое значение Торы само по себе может меняться от одного периода к другому, или из простого значения стиха может быть вычитан новый смысл. Он пишет, что цель его книги — объяснить, как каждая заповедь «относится к каждому человеку и ко всякому времени» [Там же, введение: 8].

Вечность Торы означает, что, в дополнение к ее старому значению, Тора должна читаться заново для каждого поколения. Тора вечно изменчива. Ее лингвистическое значение может меняться. Таким образом, хасиды дали себе довольно широкую семантическую и синтаксическую свободу: они разрешили ассоциацию идей и позволили буквам меняться местами для переосмысления смысла, что, по их мнению, было уместно для новой эпохи. Это было то, что, как они считали, может возникнуть при встрече благочестивого читателя с текстом.

Проект, как предполагалось, будет продолжен учителями, которым в первую очередь присущи надлежащие святые намерения и понимание миссии. Для хасидов сменяющееся лингвистическое содержание не аннулировало и не заменяло предыдущие значения, но добавлялось к предыдущим как дополнительный слой, интерпретация, более соответствующая поколению, о котором идет речь, чем предыдущая. Хасиды не осмеливались радикально изменять применяющиеся на практике еврейские законы. Они брали законы, более не применяющиеся, одухотворяя их или предлагая альтернативные способы реализации. Кроме того, они, безусловно, переосмысляли многие применяющиеся законы, добавляя практики и значения.

Хасиды регулярно отрывали повествования от их традиционного значения, чтобы перевести их в современный контекст и круг проблем. Каббалистическая литература служила прецедентом для отхода от исторического понимания, но хасиды придавали таким учениям большую осознанность и более широкое значение, как в своих спорах и проповедях на идише, так и в публикациях на иврите. Я не утверждаю, что хасиды готовы были отрицать историческую достоверность Торы. Скорее, их занимало новое для них значение текста. Их меньше интересовало то, что произошло в прошлом. Учитывая наше современное ниспровержение исторического смысла, по крайней мере во многих его деталях, мы сегодня можем принять хасидский неисторический путь в качестве основного пути прочтения Торы, отодвинув историческое чтение на задний план. Ниже я привожу несколько примеров смягчения хасидами текстов Торы в соответствии с их хасидским пониманием Бога.

Парадигматический пример хасидского пересмотра Бога евреев относится к двум расширенным отрывкам Торы, называемым *тохаха*, или «упрек». Основываясь на «Книге Зоар», хасидские учителя были склонны читать эти отрывки не как проклятия, а как благословения! Есть несколько талмудических источников, которые находят благословения внутри проклятий (ст. Танит 20), но самым ярким случаем фактического превращения проклятий в благословения является следующая история в «Моэд Катан» 9б. Рабби Элиезер попросил группу ученых о благословении. Они сказали ему следующее:

Пусть будет угодно [Небесам], чтобы ты сеял и не жал; чтобы то, что ты приносишь, не выходило назад; чтобы то, что ты выносишь, не входило назад; чтобы твой дом был пуст, а твой постоялый двор был обитаем; чтобы твой стол был потревожен, и ты не видел нового года.
Когда он пришел домой к своему отцу, он сказал ему: «Они были так далеки от того, чтобы благословить меня, что они [даже] сильно огорчили меня». Его отец спросил его: «Что они сказали тебе?» — Они сказали так и так. Отец сказал

ему: «Это все благословения. То, что "ты сеешь и не жнешь" [означает], что ты рождаешь детей, и они не умирают. То, что "то, что ты приносишь, не выходит назад" [означает], что ты приводишь домой невесток, и твои сыновья не умирают, так что их женам не нужно снова уходить. "То, что выходит, не входит назад" [означает], что ты отдаешь своих дочерей [замуж], и их мужья не умирают, и твоим дочерям не нужно возвращаться. "Чтобы дом твой был пуст, а постоялый двор обитаем" [означает], что этот мир — твой постоялый двор, а другой мир — дом, как сказано: "их могила — их дом навеки", если читать не "их внутренние мысли" [Кирбам], а "их могила (Кибрам) — их дом навеки, и их жилища будут в поколениях". "Чтобы твой стол был потревожен" [то есть] сыновьями и дочерьми, и "чтобы ты не увидел нового года" [означает], что твоя жена не умрет, и тебе не придется брать себе новую жену».

Аналогичным образом хасидский учитель, рабби Шнеур Залман из Ляд (1745–1813), превратил проклятия, сказанные Богом, в благословения, размашисто сказав: «Известно, что хотя, как кажется, эти слова упрека являются проклятиями, тем не менее, согласно истине, они являются только благословениями» [Шнеур Залман 1981: 48a]. Действительно, благословения, которые кажутся проклятиями, являются, по мнению этого рабби, величайшими благословениями. Из-за великой силы благословения благословение должно быть сокрыто, чтобы полностью действовать в этом поврежденном мире.

Затем рабби Шнеур Залман переосмысляет, для иллюстрации, слова одного из проклятий так, что, соответственно, весь текст проклятий превращается в благословения, цель которых — помочь устранить препятствия на пути приближения к Богу. В Левите 26:26 говорится, что в качестве наказания «десять женщин будут печь хлеб твой в одной печи», что означает, что еды будет так мало, что только одна печь вместит весь хлеб, который смогут испечь десять женщин. Очевидно, это проклятие.

Рабби Шнеур Залман основываясь на каббале, делает десять женщин десятью аспектами души человека. Хлеб символизирует Тору, столь необходимую для жизни. А одна печь относится к Тому, Кто свыше, кто дает нам горячее желание (огонь печи) держаться Торы. Благословение заключается в том, что обеспечение этим огнем будет настолько обильным, что многие смогут получить его из Единой Печи. Таким образом, еврейский народ будет возвращен к Богу и избавлен от своей греховности. Так Бог проклинающий превращается в любящего Бога хасидов [Там же: 48а-б]. (Это небольшое преувеличение, поскольку Бог хасидов не лишен гнева, просто у него его гораздо меньше, чем у большинства тех, кто был до него.)

Многие другие тексты, имеющие отношение к нашей теме, тоже были перечитаны, чтобы переосмыслить Бога хасидов. Еще один пример — то, как некоторые хасидские учителя вытащили жало из почти свершившегося жертвоприношения Исаака. Рабби Элимелех из Лиженска (1717–1787) пишет, что и Авраам, и Исаак заранее знали, что Бог не хочет жертвоприношения [Элимелех из Лиженска 1992–1993: 45]. Весь эпизод был игрой, в которой и Авраам, и Исаак воображали и притворялись, что идут на настоящее жертвоприношение. Целью пьесы было создать «огонь» преданности Богу, который должен был остаться с Авраамом и Исааком после того, как игра закончилась. Когда Авраам поднял нож, он знал, что это был конец пьесы и что занавес должен был сейчас опуститься. Все это было совместным усилием Бога и Авраама, чтобы научить нас, что

> Творец, благословен Он и Его Имя, не нуждается в фактическом исполнении Его заповеди (мицвы)... Для Него важно намерение сердца. Главная воля Бога заключается в том, чтобы человек имел полное и совершенное желание исполнить Его (да будет Он благословен) волю. Тогда Бог считает это так, как будто дело уже было совершено [Там же: 46].

Для рабби Элимелеха выполнение предписанного деяния требуется только для того, чтобы исполнитель мог сам убедиться, что у него есть требуемая степень внутреннего «огня» для Бога. Бог, однако, видит огонь в наших сердцах в реальном времени без какой-либо необходимости в нашем исполнении в качестве подтверждения. В случаях, когда нам мешают совершить хороший поступок, Бог будет считать наш внутренний огонь *k'ilu*, как если бы мы совершили поступок. Потому что, в конце концов, внутреннее состояние — это только то, чего Бог хочет в любой ситуации. В случае с Авраамом Бог никогда не хотел, чтобы поступок был совершен. Бог хотел, чтобы Авраам преподал урок, что только сильное намерение — это то, чего Бог хочет от нас. Поэтому после того, как Авраам достиг требуемой интенсивности стремления к цели, Бог сообщил Аврааму, что он достиг желаемого уровня преданности и экстаза и таким образом прошел испытание. Это было *k'ilu*, эквивалентное тому, как если бы Авраам в самом деле принес в жертву «своего сына, своего единственного сына, которого он любил больше всего». И все это, заметьте, когда Авраам заранее знал, что Бог не хочет жертвы, и когда, следовательно, «внутренний огонь» был, по сути, методом актерской игры! Богу и Аврааму удалось преподать урок относительной ценности сердца и действия.

Далее рабби посоветовал бы, что, лежа в постели и ожидая засыпания, человек все еще мог бы исполнить Божественную заповедь. Он может представить себе, что

> большой, ужасный огонь горит перед ним до самого неба. И он сокрушает свою природу и бросается в огонь, чтобы [умереть за] освящение Имени [Божьего]. И Бог засчитает эту добрую мысль, как будто это было совершено. Таким образом, человек исполнит библейскую заповедь [умереть за] освящение Имени Божьего[27].

Человек должен представить, как идолопоклонники заставляют его обратиться из иудаизма в свою веру, угрожая сжечь его заживо. Короче говоря, человек должен продемонстрировать свою любовь к Богу, представив, что бросается в ожидающий его огонь. Таким образом, он исполняет библейскую заповедь умереть за Святость Имени. (Все это время, конечно, он лежит неподвиж-

---

[27] Там же, в «Маленькой тетради», помещенной перед основным текстом книги.

но в постели.) И вновь внутреннее намерение засчитывается таким образом, как если бы оно было исполнено.

Хасидское переосмысление Бога касалось и раввинистической литературы. Вот хороший пример. Вавилонский и Палестинский Талмуды, соответственно, рассказывают историю Элиши бен Абуи, учителя рабби Меира, который стал вероотступником, и которого раввины затем называли не по имени, а «Ахер», «другой», «посторонний». Рабби Меир продолжал изучать Тору с Ахером после его вероотступничества. Однажды

> Ахер ехал на лошади в субботу[28], а рабби Меир шел за ним, чтобы Ахер учил его Торе. Ахер сказал ему: «Меир, возвращайся, так как я определил по шагам коня, что мы достигли расстояния, на которое разрешено уходить из города в субботу»[29]. Рабби Меир ответил: «И ты возвращайся» (Вавилонский Талмуд, Хагига 15a).

Это была пронзительная мольба Меира к своему учителю вернуться не только в город, но и к вере. Ахер ответил: «Я уже говорил тебе, что слышал из-за завесы: "Вернитесь, дети мои, вернитесь, кроме Ахера"». Ахер поехал дальше, а рабби Меир повернул обратно. В более полной версии истории, в Палестинском Талмуде (Хагига 2), она заканчивается следующими словами Ахера:

> Однажды я проезжал перед Святая Святых верхом на коне в Йом-Кипур, который также был субботой, и я услышал небесный голос, исходящий из Святая Святых, говорящий: Верните моих детей, кроме Элиши бен Абуи, который знал мою силу и восстал против меня.

Слова «из-за завесы» первой версии, по-видимому, относятся к завесе Святая Святых во второй версии. Ахер говорит рабби

---

[28] Нарушением раввинского закона является езда на лошади в субботу.

[29] По мнению большинства авторитетов, это было бы нарушением закона. По мнению других, это относится к раввинистическим постановлениям. См. Талмуд Шаббат, 153б.

Акиве, что он понял из сказанного небесным голосом: ему запрещено раскаиваться из-за его нечестия. Он вне надежды. Рабби Авраам Йеошуа Хешель (1748–1825), прославленный хасидский ребе из Апты (Опатова), предок раввина XX века Абрама Иешуа Хешеля, понимает это иначе, чем это общепринято у комментаторов. Этот хасидский раввин, используя в качестве доказательства слова из Палестинского Талмуда, что ничто не стоит на пути тшувы, покаяния, переосмыслил этот текст следующим образом:

> Я верю, что это не значит, что, если бы он покаялся, святой благословенный не принял бы его. Совсем не присуще Богу совершать такое. Из великой милости Бога к Своим созданиям, включая тех, кто грешит против него, и потому, что Бог думает о путях, которыми никто не будет отвергнут, Бог посылает в их сердца ежедневные мысли о покаянии, призывая вернуться: «Вернитесь, дети!»... Ибо сам Бог открывает им врата покаяния и умоляет каждого покаяться [Хешель 1962–1963: 245].

Существует постоянный призыв Бога к грешникам покаяться в своих грехах. Этот «призыв» имеет форму покаянных мыслей, которые Бог вкладывает прямо в их сердца. Рабби продолжает, что есть люди, которые согрешили так сильно, что они должны прийти к Богу без всякого призыва, только по собственной инициативе. Они должны чувствовать степень своей испорченности так сильно, чтобы обратиться к Богу за покаянием по собственному выбору — без Его призыва.

Пока не было призыва от Бога к Ахеру, Бог надеялся, ждал, что Ахер обратится к Богу и начнет процесс возвращения по собственной воле. И тогда Бог, несомненно, поможет ему и примет его покаяние. Что на самом деле имел в виду небесный голос, так это то, что призыв был адресован всем, кроме Ахера. Но этот голос не имел в виду, что Ахер лишен возможности покаяния, а лишь то, что он должен был начать свой путь самостоятельно; и, если бы он сделал это, Бог бы полностью его принял. Ахер (умышленно?) неправильно истолковал голос и счел себя лишенным возможности покаяния[30]. Это была трагедия Ахера и печаль Бога.

Другой пример хасидского смягчения раввинистического текста — трактовка Мидраша, в котором говорится об отсутствии у израильтян выбора в том, чтобы быть народом Божьим и принять Тору. У рабби Ханины Бог заявляет израильтянам: «Против своей воли вы будете Моим народом» (Числа Рабба 2:16). Эта тема получает суровую формулировку в следующем отрывке Талмуда, касающемся дарования Десяти Заповедей: «Сказал рабби Дими: [На горе Синай] Бог перевернул гору над ними, как чашу, и сказал им: "Если вы примете Тору, хорошо. Но если нет, то вы будете погребены"» (Авода Зара 2:2)[31]. Это выглядит как грубое принуждение. Хасидская интерпретация этого высказывания меняет его резкость и сдвигает его в направлении современного понимания. Такая интерпретация превращает парящую «гору» из принудительной угрозы во всепоглощающий акт любви. Я снова цитирую рабби Шнеура Залмана из Ляд:

Любовь Бога к нам больше, чем наша любовь [к Богу]. Рабби сказали: «Бог перевернул гору над ними, как чашу». Это означает, что из-за интенсивности любви Бога к нам [еврейскому народу] Он действует, чтобы пробудить в нас любовь к Нему, чтобы мы не хотели отделяться от Него. Это как человек, который обнимает человека [сзади] и поворачивает его лицом к лицу и не отпускает его, потому что любовь обнимающего больше любви обнимаемого, и так, чтобы обнимаемый не забыл любви обнимающего [Шнеур Залман 2012: разделы 195–196][32].

---

[30] Обратите внимание, что в версии Палестинского Талмуда голос обращается к Ахеру по его настоящему имени, «Элиша бен Абуя», как бы признавая человека внутри Ахера, который был праведным ученым и достойным покаяния.

[31] Дэн Барас указал мне, что этот мотив входит в Коран, где рассматривается как реальное историческое событие (Коран 2:63)

[32] Мой перевод. Я обязан Йехуде Зиркинду за то, что он привел меня к этому тексту

Согласно этой интерпретации, Бог не угрожает израильтянам. Скорее, Он обеспокоен тем, что израильтяне не унесут с собой, спустившись с Синая, достаточно прочную любовь к Богу. Если бы это произошло, они бы оказались духовно «мертвыми» («там» — позже, «в другом месте» — будет ваше «место погребения»). Поэтому Бог бурно проявляет Божью любовь к ним и призывает их ответить тем же. Бог крепко обнимает их (как «чаша»), чтобы чувство Божьей любви оставалось с ними навсегда. Действительно, израильтяне позже неоднократно восставали. Но Бог не облегчал им сопротивление. Бог воспринимал сопротивление как извращенный ответ на Его явную любовь. Как основополагающий опыт объятия Бога на Синае должны были наполнить все более позднее еврейское понимание Бога и евреев сильным чувством всепоглощающей Божьей любви.

«Новый атеист» Кристофер Хитченс критикует религии, среди прочего, за создание у их последователей чувства постоянной вины. Он риторически спрашивает: «Сколько самоуважения должно быть принесено в жертву, чтобы человек мог постоянно корчиться в осознании своих грехов?» [Hitchens 2007: 7]. Хотя чувство вины за грех играет важную роль в истории иудаизма, хасиды, о которых я пишу, признавали грех и его последствия, но не так уж одобряли стремление «корчиться» от вины. Их девизом могло быть: «Ты согрешил? Не принимай это слишком близко к сердцу!»

Конечно, мы должны сожалеть о своих грехах и, конечно, мы должны загладить вину перед теми, кого мы обидели, но мы не должны барахтаться в своей вине, а, наоборот, выйти за ее пределы. В значительной мере хасидское движение стремилось к тому, чтобы облегчить вину за грех. Эта теология девальвировала серьезность греха, но без квиетизма[33]. Эта хасидская теология расходилась с большей частью традиционного раввинистического иудаизма и с другими тогдашними мистическими аске-

---

[33] Ривка Шац Уффенхаймер усматривала квиетистские элементы в хасидизме XVIII века. См. [Uffenheimer 1993]. Я утверждал, что в основном движение вовсе не было квиетистским. См. [Gellman 2006b: 343–349].

тическими группами, которые часто очень мрачно смотрели на грех. Этот хасидский подход к греху резко контрастировал с христианским акцентом на грехе и искуплении. Самое важное событие всей христианской истории невозможно понять, если грех не имеет максимально возможной тяжести, требуя жертвы Сына Божьего для искупления.

Одним из центральных принципов Бешта было то, что мы должны служить Богу с радостью и счастьем. Этот принцип имел для него конкретные практические последствия. Во времена Баал Шем Това были небольшие группы сверхнабожных людей, которые практиковали строгие режимы поста и телесных мучений, таких как катание голыми по снегу, чтобы искупить свои грехи. Баал Шем Тов был категорически против таких практик, потому что они были причиной угрюмости, вины и волнения[34]. Эти практики подрывают религиозную жизнь, оставляя человеку мало или совсем никакой надежды на изменение. Единственный способ прогрессировать в служении Богу — не концентрироваться на своих грехах, а, напротив, радоваться возможности служить Богу в настоящем. В результате частые посты и суровое самобичевание были исключены.

Ежегодные Десять Дней Покаяния — самые торжественные дни в еврейском календаре. Начинаются они с еврейского Нового года и заканчиваются самым тяжким днем года — Йом-Кипуром, Днем Искупления. Каббалист Ицхак Лурия (1534–1572) сказал, что если человек не плачет в этот период, то он не заслужит искупления. На это Баал Шем Тов, как сообщается, заметил, что это относится не к плачу от печали, а к плачу от счастья. Мы должны быть полны счастья от того, что в этот день у нас есть возможность предстать в присутствии Божьем перед небесным престолом[35].

Гораздо позже великий хасидский учитель, рабби Ицхак Меир Альтер (1798–1866) так развил это отношение к покаянию:

---

[34] Более подробную информацию о центральном месте этого учения у Баал Шем Това см. [Rosman 1996].

[35] См. [Кетер Шем Тов 2011: 206].

Если некто сосредоточится на преодолении своих грехов, он будет думать о дурных вещах, которые он сделал. О чем человек думает, там он и находится. Так что всей своей душой он будет поглощен дурными вещами. Так что наверняка он не раскается, потому что его ум огрубеет, и от этого он загрустит, не дай Бог. Не стоит сосредоточиваться на своих грехах. Копайтесь в мусоре, мусором он и останется [если вы сосредоточены на том, что вы сделали]. «Да, грех, не грех», что Бог получает от этого? В то же время вы могли бы изрекать жемчужины, от которых Бог что-то приобрел бы. Да, оставьте грехи [*sur mera*]. Уйдите подальше от мыслей о них. Не думайте об этом. Лучше творите добро! Если вы совершили кучу грехов, теперь совершите кучу добрых дел. Поэтому накануне Йом-Кипура (Дня Суда) вы должны спокойно и из глубины сердца ощутить преодоление грехов и быть в радости. Исповедуйтесь поскорее. Не будьте поглощены исповедью. Думайте только о том, что Бог един есть царь.

В этом поразительном отрывке учитель подрывает основу самого святого (как это повелось) дня в году. В этот день, также называемый «Днем Суда», религиозные евреи проводят почти весь день в молитве в синагоге. Исповедь грехов прерывает службу более дюжины раз, и прошения о прощении звучат многократно. Исповеди озвучивают литанию грехов, которые люди совершили в течение прошлого года. Среди наиболее набожных плач и открытое раскаяние демонстрируются с интенсивностью, не встречающейся ни в один другой день еврейского календаря. Исповедь грехов читается демонстративно медленно. Во время моего обучения в йешиве в этот день я должен был представить себя с петлей на шее, а мою судьбу — висящей на волоске! Затем приходит этот хасидский учитель, который учит, что уж коли исповедь произносится, ее следует произносить как можно быстрее. Мы вообще не должны зацикливаться на своих грехах. *Sur mera*, «отойди от греха»: «Не зацикливайся на своих грехах, оставь их позади. Лучше посвяти себя иному: провозгласи Бога царем и вырази волю служить Богу в наступающем году». Это хасидская переоценка ценностей, если использовать термин

Ницше, от угрюмости к оптимизму, от грусти к счастью — переоценка ценностей в соответствии с хасидской концепцией Бога.

В дополнение к своим учениям о вине, хасиды также учили тому, насколько ценна преданность Богу, даже если она мимолетна и даже если она сопровождается стремлением к бунту против Бога. Ценность того, что наши добрые мысли не отменяются греховными, была важным посланием хасидов. Правнук Баал Шем Това, рабби Нахман из Брацлава (1772–1810), учил так:

> Что касается людей, которые близки к служению Богу, а затем уходят, то и само приближение дорого Богу, даже если оно было только на короткое время. И даже если то, что произошло потом, произошло... Мидраш говорит, что, когда израильтяне получили Десять Заповедей, они [по сути] смотрели на Бога только одним глазом. Другим глазом они уже с нетерпением ждали Золотого Тельца. Так что, оказывается, они уже планировали отделиться от Бога. Тем не менее приближение к Богу в то время было очень дорого Богу. Ибо это само по себе весьма любезно Богу [Нахман: 301–302].

Явный смысл упомянутого отрывка Мидраша — осуждение израильтян за то, что они не были вполне преданы Богу, даже когда они переживали теофанию дарования Десяти Заповедей. Задолго до греха Золотого Тельца израильтяне планировали этот предосудительный грех. Их благочестивые заявления были запятнаны их нечистыми греховными мыслями.

Рабби Нахман из Брацлава полностью переворачивает этот отрывок. Для него эти слова означают не осуждение, а утешение. Перефразируя,

> не думайте, что, когда у вас смешанные чувства по поводу ваших отношений с Богом, греховные мысли перечеркивают мысли святые. Будьте уверены, что Бог ценит любые ваши святые мысли, даже если они сочетаются с нечестивыми. Дурное не пятнает доброе. И будьте уверены, что любое движение к Богу никогда не перечеркивается тем, что

вы можете сделать потом. Утешайтесь теми моментами, когда вы чувствовали себя близко к Богу. Несмотря на дурное, доброе «весьма любезно Богу».

В русле хасидских учителей рабби Цадок а-Коэн Рабинович из Люблина (1823–1900) довел эту идею до логического завершения. Талмуд пишет о мужчине, который в момент женитьбы на женщине ставит условие, что брак будет действительным при условии, что он будет абсолютно набожным человеком. Талмуд говорит: мы предполагаем, что брак будет действителен, даже если мужчина известен открытым нечестием. Дело в том, что он (по нашему предположению), раскаялся в своем сердце в тот самый момент, когда он произнес это условие. Если так, то в этот момент он действительно полностью благочестив[36].

Рабби Цадок ха-Коэн идет дальше того, что написано в Талмуде, чтобы заявить, что даже если сразу после брачного акта мы увидим этого мужчину открыто грешащим, мы все равно должны предполагать, что брак действителен: ведь он мог полностью раскаяться в сердце хотя бы только в момент брачной церемонии. Грех, который мы наблюдаем сразу после этого, не отменяет подлинности и ценности этого мимолетного момента раскаяния. Момент близости к Богу важен сам по себе, его ценность не зависима ни от чего [Рабинович 1972–1973: 3:123?].

Даже если покаяние не вполне действительно, если Бог не может засвидетельствовать, что человек никогда не вернется к прежним грехам (Маймонид. Мишне Тора. Законы покаяния 2:2), оно, говорит Рабби Цадок, все-таки может, как это ни парадоксально, оказаться действительным — пусть даже человек немедленно грешит снова. Это так, поскольку все, что требуется, говорит этот рабби, чтобы в момент покаяния человек искренне намеревался никогда не возвращаться к греху. Это может быть

---

[36] Но см. Маймонида, который утверждает, что мы только подозреваем, что мужчина был в тот момент набожен. Поэтому мы не можем определенно сказать о том, действителен ли брак. Брак считается действительным в том смысле, что мужчина теперь должен дать женщине развод (Маймонид. Мишне Тора, Законы брака, 1:5).

по-прежнему так, даже когда это искреннее состояние ума уступает место другим мыслям и действиям. Все равно ведь правда в том, что в тот момент, в этом состоянии раскаяния человек никогда бы не вернулся к греху. До такой степени Рабби Цадок защищал доброе в людях, чтобы оно не было стерто тем дурным, которое они делают.

Хасидские учителя попытались переосмыслить центральное для еврейского сознания событие — разрушение Храма. Еврейская традиция приписывает разрушение Первого и Второго Храмов в Иерусалиме греховности народа. Это отражено в праздничной литургии молитвой, которая начинается словами: «За наши грехи мы были изгнаны из нашей страны и удалены от нашей земли, и мы не можем прийти, чтобы явиться перед вами в Храме». Тяжкое чувство греховности и вины, заложенное в этой литургической теологии, не могло устоять против хасидского стремления уменьшить чувство вины за совершенные грехи. Хасидские учителя, наоборот, развернули историю, найдя позитивный элемент в исчезновении Храма.

Так, великий ученик Баал Шем Това, рабби Дов Бер из Межерича (ок. 1700–1772), мог написать:

> Сегодня во времена изгнания легче получить Святой Дух, чем во времена Храма. Это похоже на притчу о царе. Когда он находится в своем дворце, невозможно приблизиться к нему так близко, как когда он путешествует по дороге. Потому что тогда любой желающий может приблизиться к нему. Даже земледелец, который не достоин предстать перед царем, когда царь находится во дворце, может предстать перед царем и поговорить с ним, когда царь находится на постоялом дворе. Точно так же, сегодня в изгнании, когда человек думает о том, чтобы прилепиться к Богу, тогда Бог немедленно приходит к нему и обитает с ним [Дов Бер 1990: 70].

Этот отрывок основан на талмудическом изречении о том, что, когда еврейский народ отправляется в изгнание, Божественное присутствие, Шхина, отправляется вместе с ними. Когда Храм стоял, царь был укрыт внутри Святая Святых. Теперь «царь» находится вне дворца, больше не заключен в Храме, и поэтому теперь более доступен каждому. Таким образом, разрушение Храма означает новую эру религиозного развития, когда происходит поворот к частному, прямому взаимодействию с Богом. Присутствие Бога больше не опосредовано определенным географическим местом и не фильтруется через священническую бюрократию. Царь находится в «поле», где каждый может обратиться к нему напрямую. Опять же, в хасидской концепции Бога мы видим контраст между прямым взаимодействием с Богом и взаимодействием, осуществляемым посредством сложной, промежуточной системы.

Несколько поколений спустя рабби Ханох Хейнех Левин (1798–1870) из Александрова, Польша, имевший множество хасидов-последователей, идет дальше — и видит в разрушении Храма обеспечение спасения:

> После разрушения [Храма] пришло великое спасение. Пока существовал Храм, люди полагались на святость Храма. Как сказано (Иеремия 7:4): «Не надейтесь на обманчивые слова: "здесь храм Господень, храм Господень, храм Господень"». Не было должного подчинения Богу... Однако после разрушения, когда все степени святости были отняты у них, они открыли глаза, чтобы понять, что у них нет ничего своего... и им не на кого было положиться, кроме своего Отца Небесного. Ибо ни одно действие или мысль не были от них самих. Все было даром небес. Тогда, несомненно, было главное спасение и радость [Левин 2010: 58].

Степень отхода этого отрывка от традиционного еврейского мышления о разрушении Храма поразительна. Это могло быть написано в 1 Послании Коринфянам 3:16, согласно которому «вы — храм Божий». В этом отрывке рабби ссылается на Иеремию, увещевающего людей, которые думали, что могут воровать и лгать, а затем положиться на доступность Храма для отпущения грехов. Они принимали присутствие Бога как должное, считая, что все, что им нужно было сделать, это принести жертвы и избежать наказания. Когда Храм был разрушен, они внезапно оказались без прибежища. Их учили, что для всего доброго, что они могли бы сделать, нужна Божья помощь. Но больше не было автоматических ритуалов для отпущения грехов. И преподанный урок заключался в том, чтобы создать новое духовное понимание. Это был путь к спасению. Чувство вины за утрату Храма сменяется чувством освобождения от стесняющих уз. (Эти хасидские раввины молились о восстановлении Храма, но, несомненно, они молились о том, чтобы храм имел другой характер, чем в прошлом. См. ниже о рабби Ицхаке из Радвил.)

Радикальное стирание вины происходит в комментарии к Бытию 2:16–17 рабби Мордехая Йосефа Лейнера из Избицы, с которым мы познакомились выше. Новое стандартное пересмотренное английское издание Библии переводит соответствующую часть этих стихов следующим образом: «Ты можешь свободно есть от всякого дерева в саду; *но от дерева познания добра и зла не будешь есть*» (выделено мной). (Русский перевод: «от всякого дерева в саду ты будешь есть, а от дерева познания добра и зла, не ешь от него»). Слово, переведенное как «но», можно с таким же успехом перевести как «и». Тогда мы получим: «Ты можешь свободно есть от всякого дерева в саду; *и от дерева познания добра и зла не будешь есть*». Добрый рабби пишет, что прочтение, в котором Ева и Адам согрешили, съев от дерева познания добра и зла, применимо только к нашему нынешнему пониманию.

Однако в Будущих временах мы прочтем этот фрагмент совсем иначе, следующим образом: «Ты можешь свободно есть от всякого дерева в саду и [также] от дерева познания добра. И зла ты не будешь есть». Интерпретация этого прочтения такова: «Бог ясно даст понять, что Адам ел только от дерева добра, и грех был только в субъективном понимании Адама, которое было тонким, как кожура чеснока» [Лейнер 1973, часть 1: 4a]. Адам думал, что он согрешил, и Бог отнесся к нему соответствующим образом. Но грех существовал только в уме Адама. На самом деле греха не было. Адам никогда не ел от дерева зла, только от дерева добра. Восприятие греха, ныне включающее всех, а не только Адама, рассеется, когда Бог откроет истинную природу человека. Тем временем, по мнению рабби, мы, несомненно, должны жить так, как будто мы грешим, в соответствии с нашим нынешним субъективным неправильным восприятием нашего поведения.

Насколько серьезно мы можем относиться к греху, зная то, что знает о будущем этот рабби?

Хасидские учителя, которых я цитировал, конечно, серьезно относились к греху до того, как он совершен, но они утешали своих последователей после того, как те, возможно, согрешили, на основе концепции своего совершенно благого Бога, который не совсем таков же, как Бог евреев, Бог еврейской Библии.

Завершая этот раздел, я предлагаю поискать в хасидской литературе то настроение и тот метод, которые мы можем развить и расширить, чтобы получить то, что нужно для смягчения большей части современной идеологической критики. Радикальное переосмысление, подходящее для нашего времени, продолжающее то, чего удалось достичь хасидам, облегчит бремя моральных и теологических негативных последствий с точки зрения умеренной идентификации с формирующейся моралью Запада. Конечно, этот призыв к переосмыслению не нов. Но часто такой призыв подразумевает отход от традиции, который гораздо более радикален, чем тот, который исходит из хасидских источников (вспомним призыв Мордехая Каплана к «реконструкции» еврейской традиции. Каплан отказывается от многих традиционных еврейских доктрин и законов)[37]. Что может быть несколько новым, так это моя рекомендация следовать методу хасидских учителей и двигаться вперед с учетом их опыта.

Традиционному еврею нет нужды принимать каждый элемент недавно возникшей западной морали, в большой степени увязанной с крайне либеральной повесткой дня. Но если вы, как и я, убеждены в некоторых центральных направлениях современной западной морали и привязаны душой к традиционному иудаизму и к моральному Богу, вам было бы неплохо продолжить путь хасидов прошлого.

---

[37] Из самых недавних работ см. [Kaplan 1995].

Законы

Далее речь пойдет о некоторых возможностях сближения еврейского закона с новыми моральными представлениями. Говоря об этих возможностях, я всегда имею в виду необходимость смирения и осторожности.

Определяющей чертой традиционного иудаизма всегда было понимание библейских и раввинистических законов как достаточно прямых предписаний. Да, мы должны обрезать наши сердца, но мы также должны обрезать наших восьмидневных сыновей. Мы верим, что Бог повелевает нам выполнять в нашей жизни определенные телесные правила. Соответственно, в этом разделе я хотел бы поделиться тремя соображениями относительно современной идеологической критики библейского и раввинистического законодательства. Сегодня вопрос заключается в том, сможет ли современный традиционный еврей, впечатленный аспектами новой морали, продолжать соблюдение законов, не соответствующих новым стандартам. Поскольку я не разбираюсь ни в еврейском законодательстве, ни в деталях того, как принимаются решения в этой области, я должен воздержаться от внесения конкретных предложений. Мои мысли больше относятся к метаправововым категориям, чем к самим законам. Я обсуждаю возможности для рассмотрения, а не вношу конкретные предложения. В любом случае другие люди усердно прилагают усилия к приведению закона в соответствие с новыми ситуациями и новыми моральными интуитивными представлениями[38].

Первое соображение заключается в том, что с разрушением Храма большинство морально проблематичных законов, если смотреть с точки зрения сегодняшнего морального сознания (в его умеренных формах), больше не предназначены для соблюдения. Современный иудаизм обходится без соблюдения большинства из 613 заповедей. Мы больше не казним людей за тяжкие проступки. Мы не казним дочь священника за то, что она опозо-

---

[38] Особенно смелая попытка в этом отношении — [Cardozo 2018].

рила своего отца сексуальной распущенностью. Суда над подозреваемой женой у нас тоже больше нет. Мы больше не должны казнить ведьм. Как я предположил ранее в этой главе, мы вполне можем поверить, что с разрушением Храма Бог создал новую реальность в отношении Торы и морали. Соответственно, эти законы никогда больше не будут иметь легитимности. Это может противоречить стремлению к восстановлению Храма; но ничто не мешает нам, в духе некоторых хасидских учителей, молиться за духовный Храм, а не за физический, и отрицать необходимость восстановления давно бездействующих законов. Когда духовный Храм будет построен, такие законы могут снова начать действовать; но они сбросят свои внешние одеяния и будут восстановлены в своей духовной форме.

В соответствии с этим образом мышления, рабби Яаков Йосеф из Полонного, ярый последователь Баал Шем Това, учил, что Тора, которая будет соблюдаться в Конце Дней, будет чисто духовной Торой:

> Если бы Адам не согрешил, он бы соблюдал предписывающие и запрещающие заповеди в Эдемском саду... духовным образом. Тогда как после грехопадения [это] стало материальным, и мы соблюдаем заповеди физически, действиями, и духовно [только] в мыслях, которые скрыты... Чего не будет в Будущем... когда заповеди будут соблюдаться духовно, как это делал Адам в Эдемском саду до своего греха [Яаков Йосеф 1973, введение: 7][39].

Магид из Межерича придерживается того же мнения:

> Вечная Тора была чисто духовной и недифференцированной в *сефире* Мудрости (*Хохма*), и ее можно восстановить, поднявшись обратно в сефиру Мудрости... Вот что имеется в виду, [когда говорится, что] в грядущее время Святой, будь Он Благословен, снимет с солнца его покров, что означает, что [Тора] будет понята [или: будет достигнута] как есть, без покрова [Дов Бер 1990: 234].

---

[39] Мой перевод.

Эта идея иногда формулируется так: в Грядущих временах будет «новая Тора», сильно отличающаяся от настоящей. Хасидский рабби Ицхак из Радвил (1744–1832) связывает это с жертвоприношениями животных:

Из этой Торы суждено быть новой Торе. Вот что это значит, когда мы говорим [в молитвах], ссылаясь на восстановление жертвоприношений в будущие времена, что «дополнительное приношение *этого* дня праздника мы принесем перед вами...». Имея в виду, что *сам* [этот день] будет жертвой... Точно так же для всех других жертвоприношений слова будут жертвой [Ицхак из Радвил 2009: 254].

Заповеди о жертвоприношениях — постоянный аспект Торы, но жертвоприношения животных будут заменены «жертвенной» речью и соответствующими внутренними мыслями. Таким образом, весь корпус законов Храмового времени будет преобразован в новую, внутреннюю Тору.

Моя вторая идея заключается в том, что существующий еврейский закон в значительной степени не является тем, чем он изначально должен был быть. Это результат ухудшавшихся обстоятельств и последующего «замораживания» значительной части законодательства, которое должно было обладать большей динамичностью. Вот что я имею в виду. Мишна, Эдуйот 1:5, устанавливает, что суд не может аннулировать решение предыдущего суда, если первый не больше второго «по мудрости и числу». В своем комментарии Маймонид определяет «больше по мудрости» как то, что глава более позднего суда должен быть выше по статусу как судья, чем глава более раннего суда. Позже, в своей Мишне Тора, Маймонид пишет, что более поздний суд больше более раннего «по числу», когда число мудрецов в то время, которые согласны с решением более позднего суда, превышает соответствующее число для более раннего суда.

В своей Мишне Тора Маймонид, говоря о «принципах экзегезы», излагает закон Мишны совершенно иначе (Сифра Левит, предисловие, глава 1):

> При использовании одного из принципов экзегезы, если верховный суд применил закон, как он его понимает, и применил закон соответствующим образом, а затем возник другой суд, и они поняли вопрос иначе, и это понимание аннулирует предыдущее решение, им разрешено отменить предыдущее постановление и вершить суд в соответствии со своим пониманием (Маймонид. Мишне Тора. Законы о мятежниках 2:1).

Маймонид отказался от требования, чтобы более поздний суд был выше предыдущего по «мудрости и числу». Его текст-доказательство — Второзаконие 17:9, где предписывается искать правовые решения у «судьи, который будет в те дни». Это значит, что человек обязан следовать суду своего поколения, независимо от его сравнительного статуса.

Что касается необходимости в большем суде для отмены предыдущих актов, Маймонид строго ограничивает постановление Мишны в Эдуйот ситуацией, когда

> суд издает указ (гзерах) или постановление (таканах) или инициирует обычай, и акт суда распространяется на весь Израиль [еврейский народ], тогда более поздний суд может аннулировать более ранний акт, только если он больше его по мудрости и количеству[40].

В другом месте Маймонид определяет разницу между решением и постановлением [Маймонид 1976: 1:12]. Раввины провозглашают решение (гзерах) как «ограду» Торы, которая помогает предотвратить нарушение человеком границ закона. Маймонид ссылается на указ, запрещающий есть птицу с молоком, как на ограду библейского закона, запрещающего есть мясо млекопитающих с молоком. Если разрешено есть птицу с молоком, можно также начать есть мясо млекопитающих с молоком. С другой стороны, постановление (таканах) — это когда раввины устанавливают процедуру, помогающую хорошо регулируемому обществу развиваться в правильном направлении. (Маймонид

---

[40] Там же, 2:2

включает сюда то, что он называет «обычаями».) Одним из примеров является решение Гилеля о практике *прозбул*, которая нейтрализует неспособность кредиторов взыскать долг правилом, согласно которому все долги аннулируются в год шмиты, наступающий каждые семь лет. В «Мишне Тора» Маймонид пишет, что если это решение уже распространилось на все общины, никакой суд не может отменить его, даже если он больше по мудрости и численности.

Распространение закона на «весь Израиль» играет решающую роль для Маймонида в авторитете Вавилонского Талмуда. В своем введении к своей «Мишне Тора» он пишет:

> Весь Израиль обязан следовать всему, что написано в Вавилонском Талмуде, и каждый город и каждую страну следует принуждать вести себя в соответствии со всеми путями мудрецов Талмуда... поскольку весь Израиль принял содержание Талмуда.

После времени создания Талмуда, говорит нам Маймонид, еврейские общины стали слишком разбросанными и не могут вступить в общение, чтобы установить общеобщинное право. Постановления могли иметь только местный статус. Вавилонский Талмуд оставался единственным общеобщинным авторитетом.

Рабби Йосеф Каро (1488–1575) в своем комментарии к юридической работе Маймонида «Кесеф Мишне» принимает идею Маймонида о том, что более поздний суд может оспаривать решения более раннего, даже если он не больше по мудрости и численности, как общий принцип еврейского права — и не только в отношении судов (Кесеф Мишне. О Законах о мятежниках, 2:1). Таким образом, рабби Йосеф Каро утверждает, что более поздние персонажи Мишны должны иметь полное право спорить с персонажами предыдущих поколений. Это не требует обладания большей мудростью и численностью, и применяется далеко за пределами судов и использования тринадцати принципов получения вывода. Вот почему, по словам рабби Каро, Маймонид ограничил требование «мудрости и численности» только законодательными указами и постановлениями.

Затем рабби Каро спрашивает: почему, если это так, раввины Талмуда не могут судить иначе, чем раввины раннего периода Мишны? Рабби Каро отвечает на этот вопрос, говоря, что с того дня, как была завершена Мишна, было решено, что последующие поколения будут соглашаться с Мишной. Аналогично, с завершением Талмуда было решено, что с этого дня любому человеку будет запрещено судить и действовать вопреки Талмуду. Этот ответ перекликается с различением у Маймонида между универсальным и частным законодательством. Талмудические и более поздние времена пережили все большее географическое распространение еврейского народа и исчезновение центра. В результате авторитет Талмуда стал гипостазироваться как последнее возможное универсальное законодательство.

Для Маймонида, таким образом, еврейский закон имеет рубежи, которые изначально не должны были быть зафиксированы. Последующие поколения *должны* иметь возможность не соглашаться с Мишной и Талмудом, даже если они менее мудры и многочисленны, что бы это ни значило. Таким образом, наша *Галаха* в различных деталях является набором законов ex post facto во многих отношениях. Конечно, Галаха продолжает развиваться после талмудических времен, но она должна начинаться с Вавилонского Талмуда, и нужно прилагать усилия, чтобы привести свои более поздние постановления в соответствие именно с Вавилонским Талмудом.

Ситуация, в которой последующие поколения больше не могут отменить Талмуд или законы более ранних постталмудических периодов, приводит к ограничению творчества и новизны в Галахе относительно узкой областью. Эта ситуация усугубляется широким распространением книг, имеющих ауру авторитета, а также соответствующими вездесущими материалами в Интернете. В результате бóльшая часть Галахи состоит из постановлений, нагроможденных на постановления, добавляющих детали и применяющих старые правила к новым ситуациям. Галаха увязает в деталях, потому что больше не с чем к ней творчески подходить. Необходимо так или иначе доказать, что «инновационное» постановление следует из Талмуда или, по крайней мере, соответствует ему, насколько это возможно[41]. Или должна быть указана причина для отхода от Талмуда.

Рабби Меир Симха из Двинска (1843–1926), великий талмудист, видел в существующей Галахе серьезный недостаток для творческих, изобретательных умов:

> Если бы [еврейский народ] находился в Земле Израиля, как прежде, он мог бы издавать законы на благо нации для своего поколения — верховный суд мог бы отменить решения предыдущего суда. Даже в отношении законов, выведенных из тринадцати принципов принятия решений, судьи менее великие могли бы научить тому, что казалось правильным им [Меир Симха 2002–2003: 2:519].

Здесь рабби принимает позицию Маймонида о том, что суд не должен быть выше предыдущего суда, чтобы отменить решения последнего. Затем рабби Меир Симха продолжает:

> Не так в изгнании, где все не столь преданы изучению Торы, так что никакой суд не может изобретать свои решения, как пишет Маймонид... Никакое поколение не имеет власти что-либо добавить, чтобы принимать законы, противоречащие законам своих предков, и что же делать человеку со своим желанием узаконивать и творить? [Там же, 2:520]

Существует естественное желание творить самостоятельно, легитимизировать свои мнения по сравнению с теми, кто был до нас. Увы, во многих отношениях фиксированная Галаха блокирует это желание инноваций. Это ведет, говорит рабби Меир Симха, к тому, что люди, которые более креативны, будут стремиться оставить еврейскую религию ради менее ограничивающих областей изучения и практики; областей, в которых они могут

---

[41] Это включает принятие юридических решений с опорой на мнение меньшинства в Талмуде, не ставшее законом, если человек, принимающий решение, считает это необходимым из-за особых обстоятельств. Обычно в Талмуде должно быть мнение меньшинства, на которое должно опираться это решение.

вносить новшества и развивать собственное понимание, а не просто благоговеть перед предыдущими поколениями. Просто подумайте о революциях в физике, биологии и астрономии за последние 100 лет и сравните с ограничительным галахическим путем. Творческий человек, по словам рабби Меира Симхи, «подумает, что Берлин — это Иерусалим» [Там же: 520].

Глядя вперед, а не назад, можно сказать, что сейчас наблюдается радикальное изменение в положении еврейского народа. В глобальной деревне наблюдается большая концентрация евреев, а Израиль выступает в качестве главного центра. Более того, путешествия, широкое распространение публикаций и мгновенная связь теперь соединяют все еврейские общины. Мы больше не являемся цепочкой частично изолированных общин. Если в Иерусалиме выносится юридическое решение, в течение нескольких минут оно может появиться не только в Москве, Париже, Нью-Йорке и Мехико, но и в Анкоридже (Аляска), на Шетландских островах и во Владивостоке. Мы вернулись к былым временам посредством этой «виртуальной» еврейской концентрации. Кроме того, создание государства Израиль и радикально новая реальность, которую оно представляет для своих еврейских граждан в отношении требований еврейского права, создают беспрецедентные проблемы в еврейском праве с момента закрытия Талмуда.

В Грядущие времена Талмуд больше не будет обязательным, и границы еврейского закона вновь разомкнутся, чтобы закон этот мог соответствовать взглядам юридических экспертов того времени[42]. Сегодня радикальный разрыв между нашими современными условиями и условиями времен Талмуда предполагает возможность нашего движения к новой эре, в режиме квазиГрядущих времен, прежде чем фактические Грядущие времена наступят для нас. Это влечет за собой галахические нововведения и переосмысления, не требующие от нас превосходить талмудистов или любые предыдущие поколения ни по количеству, ни по мудрости. Двигаясь осторожно, с предельной серьезностью

---

[42] Об этом см. [Кук 2014: глава 13].

в направлении, заданном великими раввинами, мы будем свободны устремиться в будущее; мы несем ответственность за то, чтобы каждый из нас обрел целостность в религии и моральных чувствах.

Мое третье и последнее замечание о еврейском законе касается категорий *гзерот* и *таканот*, указов и постановлений, и того, действительны ли они сегодня. Маймонид, как мы видели, утверждал, что как только раввины провозгласили правила, они стали неотменяемыми. Однако среди авторитетов существуют и другие взгляды на этот счет[43]. Рабби Авраам бен Давид[44], «Рабад», указывает, что существуют прецеденты, когда более поздний законодатель отменяет по крайней мере некоторые таканот (постановления), так как причина решения утратила силу, даже если он не выше того, кто издал таканах.

Многие авторитеты согласны с позицией Маймонида. Однако для меня выделяется точка зрения рабби Давида ибн Зимры (1479?–1589?). «Радбаз», как его называли, считал, что Маймонид различал «постановление, ограниченное по времени» (который Радбаз называет «митутелетом») и «постоянное постановление» (см.: Радбаз о Законах про мятежников, 2:2). Постановление, ограниченное по времени, действительно только до тех пор, пока в силе причина этого решения. Не нужен суд, высший или нет, чтобы отменить такое постановление. Только постановления, не ограниченные по времени, остаются после того, как причины их принятия отпадают. Ранее рабби Ашер бен Иехель (ум. 1327), «Рош», проводил похожее различие: «Если установлен срок действия постановления и этот срок прошел, то постановление становится недействительным [само по себе] и не требует отмены», и он различает постановление, причина которого хорошо известна, и то, причина которого неизвестна (Рабби Ашер, комментарий к трактату Бейзах 1:3). Он говорит, что, когда причина

---

[43] Следующей информацией я обязан рабби Эхуду Фиклеру: «Если причина исчезла, значит ли это, что закон больше не действует?» www.etzion.org.il/he/התקנה-בטלה.הטעם-בטל Hebrew (дата обращения: 08.05.2017).

[44] Авраам бен Давид о законах про мятежников, 2:2.

постановления первого типа исчезает, постановление тоже более не существует.

Проблемы здесь гораздо сложнее, чем я их описал, но есть один момент, который я хочу подчеркнуть, а именно определение временных постановлений и таканот. Во многих случаях я предлагаю считать раввинские решения и постановления имплицитно временными. Причина, по которой я это говорю, заключается в том, что раввины, жившие давным-давно, не могли представить себе мир, подобный тому, в котором мы живем сегодня. Приведу лишь несколько примеров: они представляли себе город как состоящий из главной дороги с дорожками, ведущими во двор, общий для нескольких домов, максимум двухэтажных. Эта модель города определяла законы проведения Шаббата. Они не могли представить себе современный город с супермагистралями, многоэтажными жилыми домами и современными городскими улицами. Они понятия не имели об изменениях, которые произойдут в восприятии общественной площади. Они никак не могли представить себе технологическую трансформацию мира, а также тонкие и не очень тонкие изменения в психологии современных людей. Они никак не могли представить себе современную женщину или современную экономику. Они не имели представления о научном знании, которое бы выявило несостоятельность значительного числа их фактических убеждений о мире. Галаха отмечена во многих местах ошибочными предположениями о мире. Законодатели не могли знать, как сопоставить нынешние негативные последствия постановления с его нынешними позитивными последствиями. Они не могли представить себе современное государство Израиль с его радикальным отличием от тех условий еврейской жизни, когда процветал еврейский закон.

Наш мир находится далеко за пределами их воображения. Таким образом, я предлагаю подумать о том, что многие раввинские постановления можно считать неявно ограниченными по времени, и что они теперь могут быть преданы забвению. Это же можно применить к некоторым талмудическим правовым прецедентам и законам, которые были некритически приняты.

Такое отношение ко многим старым решениям должно подвигнуть нас к принятию новых постановлений, соответствующих нашему времени. Инструмент таканот использовался в Средние века и был опробован в Израиле в определенных областях еврейского права вскоре после создания государства. С тех пор он в значительной степени игнорировался, кроме случаев принятия суровых указов против человека или группы. Как только мы признаем неуместность многих старых постановлений, это должно мотивировать принятие наших собственных постановлений, изначально признаваемых ограниченными по времени. Инструмент новых таканот помог бы смягчить некоторые из морально проблематичных черт, которые я и другие видим в Галахе[45].

Эти три соображения о современном еврейском праве предлагают общие способы преодоления многих моральных проблем в нашей современной религиозной жизни. Законы, которые больше не действуют, исчезают из сознания, за исключением случаев, когда их намеренно ищут. То, что бо́льшая часть нашего сегодняшнего закона принадлежит прошлому, не причина для отказа от него в целом: он просто долен быть гибче, когда это необходимо. Действительно, новые постановления могли бы помочь улучшить моральные затруднения. Я ни на секунду не думаю, что решил эти проблемы; но надеюсь, что я предложил способы установить более здоровые обязательства перед Богом и Торой.

Итак, у нас есть некоторые инструменты, которые позволят нам приблизиться к преодолению современной идеологической критики Бога евреев. Это преодоление включает в себя преобразование Бога евреев в еврейского Бога совершенной благости.

В этой главе я рассмотрел современную идеологическую критику. Историческая критика будет рассмотрена дальше, а пока, в следующей главе, мы постараемся расширить хасидскую идею совершенно благого Бога.

---

[45] Я обязан этой мыслью рабби Михаэлю Гретцу, который впервые указал мне на корректирующие возможности таканот.

Глава 8
Хасидский панпсихизм: «Дарованная свыше часть Бога»

Представленная мной хасидская концепция Бога тесно связана с хасидской онтологией человека как «дарованной свыше части Бога». В этой главе мы рассмотрим эту онтологию человека, отчасти ассимилируя ее с концепцией «панпсихизма». Затем коснемся того, как эта онтология помогает объяснить хасидское понимание совершенно благого Бога. Наконец, вернемся к тому, как эта онтология, вдохновленная хасидами, поможет нам ответить на современную идеологическую критику Бога евреев.

Зоар, центральный каббалистический труд, призывает нас смотреть глубже, сквозь историческую «одежду» Торы, чтобы увидеть то, что находится под ней, а именно тело и душу Торы (Зоар 3:152. Перевод мой):

> Повествования Торы — это одежда Торы. Человек, который думает, что одежда — это сама Тора и нет ничего больше, будет уничтожен и не заслужит Мира Грядущего.
> Глупцы смотрят только на одежду, которой являются истории в Торе... Те, кто знает больше, смотрят не на одежду, а на тело под одеждой.
> Горе нечестивцам, которые говорят, что Тора — это не более чем повествования. Они смотрят только на одежду и не более того. Счастливы святые, которые смотрят на Тору и размышляют о ней, как подобает. Вину нужна фляга,

чтобы ее удерживать. Точно так же Тора заключена в этой одежде [историй]. Поэтому нет нужды смотреть на что-либо, кроме того, что находится под одеждой.

Много столетий спустя Альфред Норт Уайтхед (1861–1947), логик, математик, ученый и философ, написал следующее о научных исследованиях:

> Наука не может найти цели в природе: Наука не может найти творчества в природе; она находит только правила последовательности. Эти отрицания верны для естествознания. Они присущи его методологии. Причина этой слепоты физической науки заключается в том, что такая Наука имеет дело только с половиной доказательств, предоставленных человеческим опытом. Она исследует оболочку, которая поверхностна, и пренебрегает телом, которое носит фундаментальный характер [Whitehead 1938: 211].

Утверждение Зоара мотивировано основополагающим принципом, согласно которому все в Торе на самом деле является историей о Бесконечности в ее последовательных сокращениях до достижения нашего физического мира, а также о процессе его обратного и окончательного поглощения неограниченной Бесконечностью. Таким образом, рассказы Торы о людях и мирских исторических событиях — лишь оболочка того, что скрыто под ней.

Альфред Норт Уайтхед мотивирован своей версией мировоззрения, которое поддерживалось в различных формах на протяжении тысяч лет, в том числе выдающимися философами и учеными-физиками — панпсихизмом. Панпсихизм существует во многих формах и является скорее перекрывающейся цепочкой идей, чем единой идеей. Вот что писал Уайтхед: «Существуют два пути творческого перехода от физического события... Физический путь связывает вместе физические события как последовательные инциденты в жизни тела. Другой путь связывает эту телесную жизнь с коррелятивной ментальной жизнью» [Whitehead 1926: 89]. Уайтхед имеет в виду наличие ментальной жизни, хотя бы зачаточной, практически у каждого материала. Я предлагаю следующую характеристику распространенной версии панпсихизма:

Панпсихизм: (1) ментальное является изначальным элементом вселенной; (2) ментальное проникает во все физическое; и (3) ментальное имеет разные степени и формы[1].

Сказать, что «ментальное является изначальным элементом вселенной», как в пункте (1), значит сказать, что разум является таким же изначальным компонентом вселенной, как и материя. Если мыслить в терминах Большого взрыва, панпсихисты сказали бы, что так же, как до Большого взрыва существовала непостижимая концентрация физического, существовала и невообразимая концентрация ментального. Когда произошел Большой взрыв, тогда и физическое, и ментальное взорвались и образовали вселенную.

Что касается пункта (2), панпсихисты часто считают, что все физические вещи, включая атомные и субатомные частицы, имеют сопутствующие ментальные черты. Ментальное фрагментировано так же, как и физическое. Везде, где есть физическая реальность, есть и сопутствующая ментальная. (Однако это не означает, что ментальное не может существовать независимо от связанной с ним физической реальности.)

Когда в пункте (3) утверждается, что «ментальное имеет разные степени и формы», это означает, что ментальная феноменология вселенной находится в континууме от высокоразвитого, сложного сознания до очень слабого, смутного осознания, или чувства, или чувства опыта. Давайте тогда поговорим о различных степенях «уменьшенного сознания» по отношению к сознанию человеческому (которое необязательно должно быть самым продвинутым из существующих), и о наименьшей степени ментальности как о «минимальном сознании». Панпсихисты обычно не предполагают, что стул, на котором вы сидите, сейчас говорит себе: «Этот человек такой тяжелый. Когда он уже встанет?» Некоторые панпсихисты могли бы сказать, что у камня есть собственная ментальная жизнь на своем уровне, что-то вроде очень тусклого

---

[1] Есть несколько сборников, касающихся панпсихизма. См. следующие: [Freeman 2006; Basile, Kiverstein 2010; Bruntrup 2017].

каменного ума. Однако, как правило, панпсихисты скажут, что у камня нет собственной ментальной реальности, но что он содержит различные уровни уменьшенной ментальности — в своих молекулах, атомах и так далее.

Повышение уровня ментальности для панпсихиста в той или иной степени зависит от материальной организационной структуры. Более высокие уровни сознания соответствуют этому. Так, камень, лишенный указанного организационного характера, не будет обладать более высоким ментальным уровнем, чем тот, который обнаруживается в его молекулах и ниже, где образуется организованная структура. Растение, в силу наличия некоторой степени организационной структуры, будет иметь как ментальность на уровне компонентов, так и более высокую ментальность на уровне растения. Поэтому для панпсихистов, таких как Уайтхед, смотреть только на физическую природу физического мира означает смотреть только на «оболочку» реальности. Он не видит того, что находится «под» оболочкой.

Панпсихизм в той или иной форме поддерживался выдающимися западными философами. Спинозу часто считают панпсихистом, поскольку для него разум и материя пронизывают реальность как соответствующие атрибуты Бога. Лейбниц считал, что у всего материального есть разумоподобный двойник, «монада», который осознает свое окружение. Шопенгауэр и Анри Бергсон считали, что во всем материальном есть «воля»; и, конечно, Ницше писал, что «воля к власти» является фундаментальной силой в мире. Уильям Джеймс, по крайней мере в какой-то момент своей жизни, как мы увидим ниже, придерживался панпсихистского взгляда на эволюцию. Бертран Рассел одно время поддерживал идею о том, что во вселенной существуют разные степени ментального, включая неодушевленное в элементарной форме [Russell 1921]. Философы Чарльз Хартшорн [Hartshorne 1978: 242–255], Дэвид Гриффин [Griffin 1998][2] и Уильям Сигер [Seager 1995] являются сторонниками вариантов филосо-

---

[2] [Griffin 1998]. Гриффин пользуется термином «панэмпиризм», а не «панпсихизм».

фии процесса Уайтхеда, которая предлагает все-опытную философию природы[3]. Пьер Тейяр де Шарден был панпсихистом, который считал, что возрастающая материальная сложность, «внешность», ведет к росту ментальной «внутренности»[4]. Мнение Томаса Нагеля о том, что разум никогда не может возникнуть из материи, побудило других навесить на него ярлык панпсихиста[5]. Философ Гален Стросон также поддерживает панпсихистскую концепцию физических объектов [Strawson 2008]. Стросон является «материалистом» в том смысле, что он верит, что все существующее является физической субстанцией. Тем не менее он также считает, что каждая физическая субстанция также обладает в той или иной степени ментальными свойствами.

Среди ученых-панпсихистов выделяется известный физик Артур Эддингтон (1882–1944), который написал об атоме следующее:

> Почему бы тогда не прикрепить его к чему-то духовному (т. е. ментальному) по своей природе, важнейшей характеристикой которого является *мысль* (опыт, сознание). Кажется довольно глупым вместо этого прикреплять его к чему-то так называемому «конкретному» по природе, несовместимому с мыслью, а затем удивляться, откуда эта мысль берется. Мы отбросили все предубеждения относительно подтекста того, что указывают наши данные, и по большей части не можем обнаружить ничего, что прояснило бы его природу. Но в одном случае — а именно, в том, что касается выводов собственного мозга, — у меня есть понимание, которое не ограничивается доказательствами истинности этих выводов. Это понимание показывает, что выводы, сделанные мозгом, привязаны к фону сознания... Я могу ожидать, что подтекст или фон других фактических данных в физике имеет природу, *тождественную тому, что таким образом открылось мне* [Eddington 1928: 258–260][6].

---

[3] Моему пониманию истории панпсихизма много помогла книга [Skrbina 2005]. См. также [Skrbina 2009].

[4] См. [De Chardin 2002].

[5] См. [Nagel 2012].

[6] Цит. по: [Strawson 2008: 59].

Физик Эндрю Кокран считает, что

> известные факты квантовой физики и биологии убедительно свидетельствуют в пользу следующих гипотез: атомы и фундаментальные частицы обладают рудиментарной степенью сознания, воли или самодеятельности; основные черты квантовой механики являются результатом этого факта; квантово-механические волновые свойства материи на самом деле являются сознательными свойствами материи; и живые организмы являются прямым результатом этих свойств материи [Cochran 1971: 235–250].

Физик Дэвид Бом представляет сложную концепцию панпсихизма, основанную на квантовой физике. Он отмечает, что квантовая теория бросает вызов механистическому порядку в разных отношениях: в частности, на квантовом уровне движение прерывисто, сущности могут проявлять противоположные свойства, например, быть волноподобными или частицеподобными. Дальше он говорит о запутанной природе частиц, когда, например, разделенные электроны могут влиять друг на друга из огромных объектов быстрее скорости света. В ходе долгого обсуждения Бом постулирует более высокий уровень реальности, чем материя или сознание, который порождает разум и материю на всех уровнях нашего мира:

> То, что мы воспринимаем как разум, естественным образом в итоге достигнет уровня волновой функции и «танца» частиц. Нет непреодолимого разрыва или барьера между любым из этих уровней. Подразумевается, что, в некотором смысле, рудиментарное сознание присутствует даже на уровне физики элементарных частиц [Bohm 1980: 174].

Эти физики утверждают, что правильное понимание физики требует принятия «разума» в той или иной форме вплоть до самых элементарных частиц. Уайтхед утверждал переход от квантовой физики к панпсихизму на том основании, что на квантовом уровне существуют только вероятности местоположения, пока не произойдет квантовый коллапс (по крайней мере, в одной из интерпретаций). Это опрокидывает догму естественного детерминизма, поскольку детерминизм теперь заменен вероятностью. То, что частично определяет местоположение частицы при коллапсе, для Уайтхеда является свободой рудиментарного ментального на квантовом уровне. Наконец, есть и тот аргумент, что, когда мы спускаемся по цепочке бытия, от человеческого сознания вниз к растениям и далее, мы видим континуум все более слабых проявлений того, что, по-видимому, включает в себя ментальность. По аналогии, мы должны предположить некоторую форму ментальности вплоть до минимальной

Я цитирую этих сторонников панпсихизма не для того, чтобы попытаться показать, насколько широко панпсихизм распространен. Это не так. Аргументы этих ученых спорны, и я не могу судить об их достоинствах, могу только сказать, что идея об изначальном присутствии разума в материальном мире убедительна для стойкого нематериалиста. Скорее, я клоню к тому, что эта точка зрения решительно поддерживается некоторыми серьезными физиками, как и некоторыми выдающимися философами. Фактически, сейчас наблюдается серьезное возрождение интереса к панпсихизму. На конференции Центра исследований сознания Университета Аризоны в апреле 2016 года «Наука сознания» было проведено три сессии по панпсихизму. Центр, по его самоописанию, проводит «крупнейшие и самые продолжительные междисциплинарные конференции, подчеркивающие широкие и строгие подходы к изучению осознанного понимания, исследуя фундаментальные вопросы, связанные с сознательным опытом»[7].

На Востоке существуют близкие вариации панпсихизма. В учениях индийской философии Адвайта Веданты есть два «я». Одно — эмпирическое «я», *джива*, которое является нашим обычным «я», думающим и действующим в мире, с феноменальным опытом. *Атман* — это высшее «я», и оно тождественно Брахману, в одной из версий — трансцендентному сознанию, общему для всего в мире. Разница между этим и стандартным западным панпсихизмом заключается в том, что здесь Брахман — единственная

---

7   https://www.quantumconsciousness.org/content/center-consciousness-studies
(дата обращения: 07.05.2019).

истинная реальность, все остальное — квазииллюзорное существование, которое скрывает единственную истинную реальность. Это панпсихизм, основанный на трансцендентном сознании, которое является единственной истинной реальностью[8].

Догэн, великий буддийский учитель, провозгласил для буддизма Махаяны, что все существа, как чувствующие, так и не чувствующие, обладают природой Будды как своей глубинной сущностью. Природа Будды — это не потенциал стать Буддой, а фактическая, настоящая, основополагающая природа Будды во всем, что существует. Она не похожа на семена, которые нужно поливать, чтобы стать травой. Природу Будды не нужно развивать, культивировать или достигать. Ей нужно только позволить открыто выражать себя такой, какой она уже есть[9]. Отсюда тип медитации, в котором нет никакой цели, кроме как сидеть и ничего не делать, поскольку ничего и не нужно делать, чтобы реализовать природу Будды.

Одной из главных мотиваций панпсихистской позиции является отказ от материалистической концепции эволюции. Центральная проблема эволюционной науки заключается в объяснении того, как сознание могло возникнуть в какой-то момент из «мертвого» материального мира. Разница между разумом и материей настолько глубока и категорически различима, что кажется невозможным, чтобы мертвая материя могла породить живую ментальность[10]. Материалисты, которые настаивают на том, что существует только

---

[8] Моими познаниями в Адваита Веданта я обязан чтению много лет назад «Брахмасутры» с комментарием Шанкары и в более близкое время — книги [Deutsch 1969].

[9] О доктрине природы Будды у Догэна см. [Abe 1992: chap. 2].

[10] Возражение: сравните возникновение жидкой воды из двух газов, кислорода и водорода. Разве здесь не происходит аналогичный категориальный скачок? Тем не менее он происходит. Ответ: разница между этим и панпсихистским аргументом заключается в следующем — жидкая форма воды объясняется базовыми свойствами смеси кислорода и водорода. А именно, полученные молекулы не плотно упакованы вместе, а достаточно свободны, чтобы перекатываться друг через друга, что приводит к текучести. С другой стороны, нет никаких правдоподобных базовых свойств материи, которые могли бы объяснить, как и почему материя создает нематериальную ментальность.

материя, были вынуждены ответить на этот вызов, определив разум как нечто физическое[11]. Для тех, кто яростно (и справедливо) отвергает идею разума как физического процесса, проблемой теории эволюции остается то, как развивалось ментальное.

Вот как современный философ Гален Стросон излагает господствующую точку зрения о предполагаемом «возникновении» опытного из материального:

> Эмпирические феномены являются *получившими самостоятельное бытие* феноменами. Свойства сознания, свойства опыта являются приобретенными свойствами полностью и совершенно бессознательных, неспособных к переживанию опыта феноменов. Физическая материя *сама по себе*, по своей базовой природе, действительно является полностью бессознательным, неспособным переживать опыт феноменом. Тем не менее, когда ее части объединяются определенным образом, «возникают» переживающие опыт феномены. Элементарные частицы сами по себе являются полностью бессознательными, неспособными к опыту феноменами. Тем не менее, когда они объединяются определенным образом, переживающие опыт феномены «возникают» [Strawson 2008: 60].

Стросон с философским презрением относится к этой точке зрения:

> Я думаю, что очень, очень трудно понять, что этот процесс должен включать себя. Я думаю, что это на самом деле непоследовательно, и что этот общий способ говорить о приобретении свойств приобрел вид правдоподобия (или, по крайней мере, возможности) для некоторых просто потому, что к нему много раз обращались перед лицом кажущейся тайны [Ibid.].

Итак, появились панпсихисты, такие как Уильям Джеймс, который спас эволюционную науку от материалистической догмы. Джеймс писал:

---

[11] Классические положения физической теории разума см. [Armstrong 1968] и [Smart 1959: 141–156].

Если эволюция должна работать гладко, сознание в какой-то форме должно было присутствовать в самом начале вещей. Каждый атом туманности должен был иметь изначальный атом сознания, связанный с ним... Некоторые такие доктрины... являются неотъемлемой частью всеобъемлющей философии эволюции [James 1950: 149][12].

Другими словами: панпсихизм. Панпсихисту не нужно объяснять внезапное появление ментального в физической вселенной. Ментальное, в той или иной форме, было там с самого начала и до самого низа. Ментальное является такой же данностью, как и материальное. Животное и человеческое сознание представляет собой плавное развитие из увеличивающихся, всегда присутствующих, изначальных ментальных компонентов в более высокие формы. Это включает в себя жизнь от растений и ниже[13]. Проблема решена, так говорит панпсихист.

У традиционно религиозного человека может возникнуть соблазн решить проблему присутствия ментального в людях, сославшись на особое деяние Бога, приведшее к внезапному, изначальному появления ментального в мире. В конце концов, разве в Бытии 1:7 не говорится, что Бог создал человека из праха земного и вдунул в его ноздри дыхание жизни? И разве это не включает в себя введение в человека сознания? Однако многим из нас уже не так легко воспринимать этот стих буквально. Мы должны воспринимать этот стих, скорее, как указание на то,

---

[12] Цит. по: [Skrbina 2005: 145].

[13] Моника Гальяно, Владислав В. Вязовский, Александр А. Борбелы, Мавра Гримонпрец и Мартиал Депчинский в работе [Gagliano et al. 2016] утверждают, что успешно продемонстрировали классические животные рефлексы в растениях, влияя на направления, в которых они растут. Чонси Махер собрал большой объем данных, указывающих на способность растений чувствовать окружающую среду, общаться друг с другом и реагировать на события так, что это напоминает память. Махер предлагает сложное философское обоснование тезиса о том, что все живое имеет разум, пусть даже минимальный по своей природе. В частности, у растений есть чувства. См. [Maher 2017]. Идеи Махера много служат для обоснования панпсихистского взгляда на жизнь растений. Чарльз Дарвин предполагал, что у растений есть органы чувств [Ibid.: 12].

что Бог создал человеческую душу с ее углубленным сознанием, а способ, которым сотворено это, как и многое другое —- естественный процесс, направляемый Божественным целостным провидением свыше. Панпсихизм стремится предоставить именно такое натуралистическое (но не материалистическое) объяснение существования ментального и не противоречит руководящему провидению Бога больше, чем описание любого другого естественного процесса.

Аргументы против панпсихизма столь же спорны. Главные возражения таковы: (1) панпсихизм «абсурден» или «безумен»[14], (2) панпсихизм не может быть научно подтвержден, (3) панпсихизм не служит никакой научной цели и (4) проблема «композиции». Что касается первого возражения, то это просто грубо выраженная материалистическая догма. Панпсихист понимает, что он отвергает панматериализм, и ему не нужно стыдиться этого. Здесь мы имеем два конкурирующих мира дискурса, в которых для убежденного материалиста панпсихизм является безумием. Пусть так. Кроме того, тот факт, что ряд уважаемых философов и ученых поддерживают панпсихизм, показывает, что суждение об абсурде немного преувеличено. Я также должен отметить, что панпсихизм не менее абсурден, чем часть идей, выдвинутых традиционными учеными (феномен запутанных частиц и квантовое туннелирование являются хорошими примерами). Что касается (2), то это верное наблюдение, если мы хотим прямого подтверждения. Как мы можем напрямую подтвердить, что молекулы обладают рудиментарным самосознанием? Панпсихизм не может быть подтвержден научным методом, который требует наблюдений. Однако панматериализм также не может быть подтвержден наукой. Как мы можем подтвердить, что молекула не обладает рудиментарным самосознанием? Ни одна из позиций не может быть проверена. В этом отношении панпсихизм не хуже панматериализма.

Наше принятие пункта (3) определяется отрицанием любой роли ментального в физике частиц; и оно также определяется

---

[14] Это сказано, среди прочих, Джоном Сирлом в книге [Searle 2004: 149–150].

материалистическим взглядом на сознание. В противном случае панпсихизм мог бы способствовать научному применению или, по крайней мере, объяснению квантовой физики и эволюционной теории. Еще больше может быть обнаружено в исследовательской программе панпсихизма. Лучше всего было бы сказать, что панпсихизм имеет пока ограниченное научное применение.

Однако (3) содержит неявное предупреждение, имеющее большое значение. Панпсихист может иногда испытывать искушение заменить материалистическое объяснение психическим: «Почему произошел оползень? Потому что молекулы в скалах собрались вместе и решили спровоцировать оползень». Поскольку научное объяснение опирается на подтвержденное наблюдение, допущение панпсихизма в науку может вернуть нас в сторону обращения к ангелам и демонам как к объяснениям природных событий вместо наблюдаемых переменных. Следовательно, помимо его возможного применения к эволюции и физике элементарных частиц, панпсихизм должен тщательно контролироваться в научном исследовании. Тем не менее нет никаких оснований полагать, что этого нельзя достичь.

Самая большая проблема панпсихизма — это проблема «композиции» или «консолидации» [Searle 2004: 150]. Допустим, мы предполагаем минимальный психический характер на низшем уровне. И предположим, что по мере того, как мы поднимаемся по эволюционной шкале, происходит постепенное увеличение ментальных способностей. Как дискретные ментальные частности на любом уровне могут сложиться в более высокую форму ментального? Как молекулы собираются вместе, чтобы произвести человеческое сознание? Возьмем совокупность из миллиарда молекул. У вас не более чем миллиард отдельных случаев микроскопической ментальности. Как они могут собраться вместе, чтобы сформировать более высокую ментальную форму? Панпсихисты скажут вам, что это зависит от того, организованы ли молекулы определенным материальным образом, связаны определенными сложными материальными отношениями, но это все еще не объясняет, как происходит ментальное развитие в таких ситуациях. В конце концов, структуры — это не более чем молекулы. Как низшие ментальности могут усиливать ментальный уровень на более высоком уровне организма? Как мы переходим от микроразумов, так сказать, к макроразумам?

Панпсихист должен объяснить, как высшие ментальные формы «возникают» из совокупности низших ментальных форм. Это аналогично тому, что материалист должен объяснить, как ментальное «возникает» из физического. Панпсихисты усердно трудились, чтобы ответить на вызов, поставленный проблемой композиции. Они включают в себя различные возможности, начиная от игнорирования проблемы как не имеющей смысла (микроразумы объединяются в макроразумы так же, как атомы, каким-то образом, объединяются в молекулы) до отстаивания «новых законов», которые управляют переходом от меньших форм опыта к бо́льшим, и до так называемой доктрины «феноменального холизма». Мне трудно сказать, насколько успешными были эти попытки. Но, должен сказать, легче представить себе, как высшие ментальные состояния могут возникнуть из низших, чем то, как что-либо ментальное могло возникнуть из одного только физического.

Я оставляю в стороне научные возможности панпсихизма, поскольку меня он интересует в первую очередь как теологическая/метафизическая позиция, а не как научная теория. Мне интересна возможность принятия панпсихизма как окончательного теологического утверждения о присутствии ментального в мире, а также как теологического обоснования для соответствующих отношений к Богу и отношения Бога к миру.

В итоге я предлагаю теологическую интерпретацию панпсихизма природы мировой реальности и ее отношения к Богу, которую я формулирую по образцу хасидской онтологии. В этой версии панпсихизма разум Бога наполняет вселенную и входит во все материально сущее. С сотворением мира произошло сокращение разума Бога, постепенная фрагментация и уменьшение Божественного Разума, в дополнение к изначальному первозданному разуму Бога, который остается трансцендентным. Разум Бога уменьшается в разной степени, от совершенного сознания до людей, животных и растений, до рудиментарного ментального присутствия. Разница между нашим сознанием и сознанием частицы значительно меньше, чем огромная разница между нашим скромным менталитетом и изначальным менталитетом Бога. Как говорит Бог, «Мои мысли — не ваши мысли» (Исайя 55:8).

Когда материя была создана из ничего, каждой материальной сущности был придан фрагмент нетварного Божественного Разума, который уменьшился и прикрепился к сущности. Говорить о «фрагментах» Божественного разума — значит говорить о локализованных ментальных центрах по некоторой аналогии с явлением множественного сознания. Представьте себе, что множественные центры сознания могли бы объединиться в единое осознание со множеством каналов. Тогда мы могли бы думать о каждом канале как о фрагменте всеобъемлющего разума, «частью» которого они, так сказать, являются.

С учетом этого проблема композиции или консолидации низших дискретных центров сознания получает готовое метафизическое разрешение. Вся ментальная реальность принадлежит единому Божественному Разуму. Следовательно, не будет проблем с «учетом» того, как различные области опыта «сливаются» вместе в высшее сознание, потому что нет никакого слияния. Соответствующий уровень материальной организации просто устраняет навязанные разделения Божественного Разума, позволяя фрагментам опыта обрести их изначальное единство на более высоком уровне сознания. Уменьшенный разум Бога растет по мере того, как органическое единство продвигается вверх по цепи бытия. Органическое единство указывает на единство Бога и конечное единство Божественного разума. Для объяснения этого единства не требуется никакой дополнительной причины. Необходимо лишь устранить препятствия к единству. Если когда-либо придет научное решение проблемы этой консолидации, оно не будет противоречить описанному метафизическому факту. Оно только покажет, как можно описать это единство в эмпирических терминах. То, что я предлагаю, является теологическим объяснением, которое должно соответствовать любому конкретному научному взгляду на то, как возникает ментальная композиция.

Может быть (и теперь я слышу некоторые вопли возмущения), все фундаментальные законы природы являются ментальными законами, связывающими ментальные состояния с другими ментальными состояниями. Поскольку нет никаких железных законов природы — просто более высокие вероятности того, что произойдет, — эти высокие вероятности могут быть просто основаны на ментальных спутниках материи. Тогда физическое ведет себя так, как оно ведет себя, в соответствии с ментальными предрасположенностями, с которыми оно связано. В этом случае закономерности в природе действительно существуют в разуме Бога, в то время как материальный мир становится внешним выражением Божественного Разума. Фрагмент разума Бога, если можно так выразиться, так разграничен, что «хочет», чтобы его атом кислорода соединялся с двумя атомами водорода определенным образом, с определенными результатами. То же самое и с каждым атомом водорода. Следовательно, физически мы можем зависеть от кислорода и водорода, от их, в правильных условиях, соединения и от того, чтобы молекулы скользили друг по другу, становясь жидкими по форме. Мы можем определить высокие уровни вероятности физической природы, не исследуя ментальные ассоциации, потому что физическое соответствует ментальному, и, таким образом, природа ментального имеет регулярность, обнаруживаемую материально. Это метафизическое предположение не должно мешать научным исследованиям, поскольку, исходя из этого предположения, наука добросовестно регистрирует материальные результаты панпсихизма.

Теологический вариант панпсихизма представлен в трудах некоторых величайших хасидских учителей, это они использовали термин חלק אלו-ה ממעל — «часть Бога свыше». (Как мы вскоре увидим, многие хасидские учителя применяли эту фразу только к евреям, в то время как другие не делали таких ограничений. Именно последнюю позицию я хотел бы принять.) Эта концепция онтологически закрепляет соответствующую концепцию Бога. Корень идеи «части Бога свыше» для хасидов исходит из каббалистических источников. Каббалист рабби Шабтай Галеви Горовиц (ум. 1619) посвятил целую книгу «Сефер Нишмат

Шабтай Галеви» защите учения о том, что еврейская душа является дарованной свыше частью Бога. В этой книге Горовиц основывает свой тезис на стихе «Ибо часть Господа народ Его» (Второзаконие 32:9), который интерпретируется как то, что каждый еврей — это дарованная свыше часть Бога[15].

Каббалистическая доктрина тщательно отделяет себя от утверждения, что еврейская душа буквально является Бесконечным, что следует отрицать, и от утверждения, что душа отделена от Бесконечного, что также следует отрицать. Доктрина сводится, например, к сравнению души с пламенем угля, которое не идентично углю и не отделено от него. Рабби Горовиц пишет: «Души — это нити огня, которые простираются сверху вниз» [Горовиц 2015: 67]. Говоря языком Каббалы, еврейская душа — результат уменьшения Божественного света, который проходит через все меньшие и меньшие сотворенные миры, пока не достигает самого нижнего из миров, в котором обитают евреи.

«Дарованная свыше часть Бога» относится к сокровенной сущности еврея, чья мирская природа вовлекает его в поверхностное сознание. Дарованная свыше часть Бога внутри человеческого сознания должна стать его центром. Дарованная свыше часть Бога, таким образом, определяет базовое мышление человека. Я недостаточно компетентен, чтобы понять тонкости и тайны, связанные с этим каббалистическим понятием «дарованной свыше части Бога», и не могу утверждать, что понимаю его адекватно. Однако эта идея дает нам образ того, как подобает видеть себя, образ, который, по убеждению хасидов, указывает на глубинную сущность нашей природы. Я сосредоточен на том, как хасиды относились к этому понятию.

Есть много примеров, когда хасидские учителя следовали более ранним каббалистическим писаниям, используя термин «дарованная свыше часть Бога» исключительно для еврейского народа. Примеры этого ограничения есть в ранних хасидских писаниях, в первую очередь, связывающие эту еврейскую привилегию со святостью еврейского народа в сравнении со всеми остальными.

---

[15] Подробное исследование этого кабалиста см. в [Зак 2002].

Вот небольшой пример. Рабби Яаков Йосеф из Полонного (1710–1784) пишет, что «душа еврейского человека — это дарованная свыше часть Бога. Вот почему сказано: "Твой народ весь праведен", ибо все они могут быть праведными» в силу наличия в них дарованной свыше части Бога [Яаков Йосеф 1973: 2:513]. Рабби Менахем Нохум из Чернобыля (1730–1787) пишет, что евреи, близкий к Богу народ, имеют «преимущество [перед язычниками], ибо у них есть душа, которая является дарованной свыше частью Бога в прямом смысле слова» [Менахем Нохум 1989–1990: 108]. Рабби Элимелех из Лиженска (1717–1787) пишет в похожем ключе, что «святой еврейский народ не может оставаться на одном уровне, но должен всегда продвигаться в служении Богу, потому что он обладает дарованной свыше частью Бога» [Элимелех из Лиженска 1992–1993: 150]. Идея, по-видимому, заключается в том, что божественная часть еврея влечет его все выше и выше в служении Богу, если только его не одолеют препятствия, связанные с его материальной природой. Рабби Шнеур Залман из Ляд, глава хасидского движения Хабад, сделал одной из своих главных тем уникальность еврейского народа как обладателя дарованной свыше части Бога. У еврея две души, одна, из которой исходят все возможные злые наклонности, а вторая душа — дарованная свыше часть Бога [Шнеур Залман 1984: глава 2]. Часто ссылаются на р. Нахмана из Брацлава (1772–1810), говорившего, что «еврейский народ — это святой народ, и каждый отдельный еврей имеет в себе дарованную свыше часть Бога». Рабби Авраам Йеошуа Хешель (1748–1825) так трактует стих «Святы будьте, ибо свят Я — Господь, Бог ваш» (Левит 19:2): «Я — Бог ваш, и ваши души — часть Бога, дарованная свыше. По этой причине у каждого еврея есть способность прийти к состоянию святости» [Хешель 1962–1963: 163]. Я считаю, что этот рабби читает этот стих не только как повеление, но и как обещание: «Будьте святы, ибо ваше "Я" — Бог ваш» — то есть ваши души — дарованная свыше часть Бога, поэтому неизбежно вы будете святы. «Я», внутренняя природа еврея, есть Сам Бог, низведенный до человеческого уровня [Там же: 134].

Часто хасиды пишут просто, что «человек» имеет дарованную свыше часть Бога, но из контекста почти всегда ясно, что имеется в виду именно еврей. Отсюда нельзя сделать вывод, что каждый человек обладает дарованной свыше частью Бога. В хасидской литературе преобладает употребление, ограничивающее формулу о дарованной свыше части Бога евреями.

Тем не менее мне удалось обнаружить в моих базах данных совершенно иной вариант хасидской трактовки темы «дарованная свыше часть Бога». В этом варианте все имеет дарованную свыше часть Бога. И я имею в виду действительно все: от человека до неодушевленных предметов. Согласно этой точке зрения, Бог поддерживает все, что существует в мире, не извне, как это было, а из божественной части, заложенной в самой глубине бытия всех существующих вещей. И это я называю «хасидским панпсихизмом»:

1. Раннее произведение хасидизма содержит афоризмы, большинство из которых приписывается Магиду, рабби Дову Беру из Межерича (ум. 1772). Там мы находим следующий необычный взгляд на эту тему:

> Также в неодушевленном есть жизнь, ибо мы видим, что неодушевленное имеет существование и силу пребывания, поэтому везде есть жизнь от Бога свыше... И Бог, так сказать, сжал Себя до самых нижних уровней и поместил дарованную свыше часть Бога во тьму материи.

И:

> Материя есть отбросы, и ее красота и форма исходят из духовного, которое также является дарованной свыше частью Бога.
> Ибо во всем есть дарованная свыше часть Бога. Ибо в материи также есть дарованная свыше часть Бога [Баал Шем Тов 1991: 90:31].

В этих утверждениях мы видим стремление найти равновесие между дарованной свыше частью Бога материальной сущности и ее «жизнью». Часть Бога, дарованная свыше, является результатом ограничения и уменьшения субъектности Бога, чтобы вместить бытие Бога в неорганические сущности.

2. На более поздней стадии движения мы видим рабби Калонимуса Кальмана Эпштейна (1751–1823), повторяющего кое-что из сказанного ранее, с добавлением:

> Бог, таким образом, ограничил Себя до самых нижних уровней и поместил дарованную свыше часть Бога во тьму материи. Во всем неодушевленном, растительном, животном и человеческом, вплоть до глубин земли, нет ничего без жизни [дарованной свыше части Бога].

3. Тем не менее позже рабби Цадок из Люблина, который часто подчеркивал, что еврейская душа является дарованной свыше частью Бога, также пишет, что «Поистине, все есть дарованная свыше часть Бога, ибо Ты даешь жизнь всему» [Рабинович 1972–1973: 7:37].

4. Это понимание лежит в основе следующего фрагмента из эссе о «Внутреннем образовании» современного хасидского раввина Авраама Мордехая Готтлиба. «Внутреннее образование», в отличие от «внешнего образования», выходит за рамки образования, способствующего правильному поведению; оно должно сформировать внутренние установки и чувства человека, чтобы преобразить себя и избавить от эгоистических наклонностей и установок. Рабби Готтлиб пишет:

> Внутреннее образование означает образование, которое вдохновляет на признание другого. «Другое» включает в себя неодушевленное, растительное, животное и человека. Это потому, что внутреннее образование показывает, что сокровенная реальность всего сущего — это присутствие Бога. Поэтому любое неуважение к чести Бога или пренебрежение ей противно закону.

> Присутствие Бога — это то, что дает жизнь неодушевленному, растительному, животному и человеческому. Наша великая задача в мире — наладить связь с создателем всего и жить таким образом, чтобы максимально соотноситься с присутствием Бога. Когда человек живет таким образом,

эмоции уважения и любви формируются ко всему существующему: неодушевленному, растительному, животному и человеческому.

Человек может использовать [неодушевленное, растительное, животное и человеческое] в соответствии с законами природы, которые создал Бог, но не убивать их в соответствии с диктатом своих эгоистических желаний. Внутреннее образование предотвратит прежде всего экологический холокост, уничтожение растительного мира ради денег и позволит избежать вымирания животных из-за денежной жадности и ради развлечения.

Соответственно, я универсально понимаю то, что рабби Леви Ицхак из Бердичева написал только о евреях:

Слово «я» относится к чему-то, что принадлежит человеку, и эта жизнь [в человеке] является дарованной свыше частью Бога. Итак, поскольку его жизненная сила исходит от Бога, человек не может сказать «я», поскольку если бы жизненная сила была уничтожена, человек был бы ничем... Только Бог может сказать «я» о Себе [Леви Ицхак 1865–1866: 66].

Субстанциальное, если можно так выразиться, существование чего-либо зависит от наличия дарованной свыше части Бога. Как выразился Уайтхед, наука имеет дело только с поведением материальных объектов, а не с их субстанциальным существованием.

Эта хасидская онтология человека помогает объяснить, почему один из великих хасидских учителей, Яков Ицхак Горовиц из Люблина (1745?–1815), «Провидец», или «Хойзе» из Люблина, как говорят, с любовью называл библейского Корея «der zyde Korah», «дедушка Корей». Вспомните историю о Корее в Числах 16. Корей возглавляет группу людей, восставших против руководства Моисея и Аарона. За это Бог предает Корея и его последователей смерти. Как мог хасидский учитель с любовью думать об этом злом человеке как о своем любимом дедушке? Возможно, этот раввин отождествлял восстание Корея против Моисея и Аарона с хасидским восстанием против существующих раввинских учреждений его времени?

Я предлагаю другое объяснение этого удивительного отношения, основанное на том, что говорит Корей в Числах 16:3. Он бросает вызов Моисею следующим заявлением: «все общество, все святы, и среди их Господь!». Слово, переведенное как «среди» — bitokham — в равной степени можно перевести как «в них» или «внутри». Именно так один и тот же корень единогласно переводится в Исходе 14:16, когда израильтяне должны войти «в» море. Поэтому я предполагаю, что Хойзе читал стих следующим образом: «Вся община свята, каждый из них, и Бог внутри них». Корей понял это правильно. Он воскликнул на все времена, что человек — это дарованная свыше часть Бога. Он — возлюбленный «дедушка Корей». Аналогичным образом, рабби Цадок ха-Коэн пишет, что «когда Корей сказал, что народ свят и Бог внутри него, это была правда. Не может же быть, чтобы в Торе была записана лживая чепуха о Корее» [Рабинович 1972–1973: 19].

Я использую эту универсальную концепцию человеческой души, чтобы представить хасидскую интерпретацию истории Синайского Откровения, основываясь на отрывках из трудов раввина Ицхака из Радвил (ок. 1743 г.). Интерпретация этого хасидского раввина основана на представлении о том, что идея дарованной свыше части Бога применима только к евреям[16]. Идея его противоположна универсальному хасидскому панпсихизму:

> Жизнь человека — это дарованная свыше часть Бога... Как человек может не смущаться принимать Божественную жизнь внутри себя и совершать в ней грех? Сказано: «Бойся Бога *твоего*» (Левит 19:14) — имеется в виду божественность внутри тебя. Также: «Не имей *в себе* чужого бога» (Псалтирь 80:10. Рус. пер. — «Да не будет у тебя иного бога»). Именно — «внутри тебя». И это то же самое значение, что и «И гнев Божий возгорится *в тебе*». Это относится к божественности, которая содержится в вас. И это есть благо, которого нет ни в одном другом сотворенном существе; Бог даровал нам [евреям] часть себя [Ицхак из Радвил 2009: 249] (все выделения мои).

---

[16] В изложении рабби Ицхака есть одно место, где он, кажется, намекает, что неевреи также имеют дарованную свыше часть Бога. Но этот небольшой отрывок конфликтует с остальной частью большого комментария. Поэтому я здесь не касаюсь его.

Все процитированные библейские стихи адресованы еврейскому народу, и толкование каждого из них подразумевает новое прочтение, относящееся к внутренней жизни евреев, а не к внешнему положению дел. Например, стих из Псалма переводится примерно так: «Да не будет у тебя [*б'кха*] чужого бога». Раввин меняет это на «внутри тебя», значение, которое может иметь слово *б'кха*. В каждом случае стих получает новое прочтение. Комментарий продолжается:

> И это было откровением Божественного, которое Бог открыл нам на горе Синай. И это значение «Я [*анохи*] Господь Бог твой», то есть твое «Я» — *твой* Бог, внутри тебя. До Синайского явления наши отцы не знали этой тайны, и даже наш отец Авраам сказал: «Я — земля и пепел... » Однако на горе Синай нам стало известно, что Бог, так сказать, находится внутри нас на самом деле.
>
> Когда человек освобождается от материального, тогда святая душа, которая есть «я» Бога, *анохи*, способна увидеть «я» Бога [внутри себя]. И поэтому на горе Синай, когда они стали только душами, они увидели себя такими, какими они были, самим «я» Бога Израиля. Это было то, что они могли видеть[17].

Таким образом, основным откровением, данным на Синае, является раскрытие того, что «я» [*анохи*] (еврея) является дарованной свыше частью Бога. Рабби Ицхак не уточняет, как это связано с продолжением стиха, о том, что, по-видимому, «это "я" вывело вас из Египта». Хасиды были известны тем, что вырывали части стиха из контекста, не обращая внимания на остальную часть стиха, поэтому рабби Ицхак мог не думать о продолжении. С другой стороны, рабби Ицхак мог прочитать стих как продолжение того, что дарованная свыше часть Бога внутри вас имеет силу извлечь вас из вашего *личного* Египта, вашего собственного изгнания и отчуждения от Бога. Это соответствовало бы склонности хасидов заглядывать внутрь души человека.

---

17 Это следует из Вавилонского Талмуда, Шаббат 146, где говорится, что на горе Синай евреи были освобождены от «нечистоты».

Рабби Ицхак не уточняет связь, если таковая имеется, между откровением истинного «я» как дарованной свыше части Бога и получением Десяти Заповедей. Тем не менее мне кажется, что, возможно, для этого хасида и для других была существенная связь между откровением истинного «я», и заповедями, которые следуют далее. Израэлю Баал Шем Тову приписываются следующие слова:

> Ты знаешь то, что наверху — изнутри тебя» (Мишна Авот 2:1)[18]. Вы должны знать, что человек — это дарованная свыше часть Бога, и когда он обращается своими мыслями к тому, что свыше, он может знать, что происходит свыше, ибо [тогда] все, что происходит свыше, пройдет через его разум [Menachem Mendel: 12].

Теперь, учитывая эту идею, мы можем сказать, что Синайское откровение может быть в полной мере откровением человека самому себе, своему истинному я, своей дарованной свыше части Бога. Именно эта внутренняя часть Бога открывается на Синае. Человек поднимается до такого высокого осознания природы своего истинного существа, что затем он может знать остальное из того, что «происходит», так сказать, свыше, и таким образом «слышать» заповеди изнутри себя. Он «слышит» их изнутри собственной души. Следовательно, полнота активного откровения будет заключаться только в раскрытии каждому человеку, находящемуся на таком уровне бытия, того, что он имеет дарованную свыше часть Бога так что последующее фактическое содержание откровения возникает как бы само собой, автоматически, из дарованной свыше части Бога внутри каждого человека.

Бог не спускается с небес на гору. Осознание того, что ты дарованная свыше часть Бога — вот что спускается на гору. Сознание же людей поднимается на уровень горы. Бог не говорит внешней речью. Дарованная свыше часть Бога внутри каждого

---

[18] На иврите это דע מה למעלה ממך, что переводится просто как «Знай то, что выше тебя», что всегда следует иметь в виду, чтобы не грешить. Чтение Баал Шем Това своеобразно, как и во многих хасидских произведениях.

человека «говорит» сама за себя. Нет никакого землетрясения, никакого грома и молнии, кроме как внутри душ, потрясенных возвышенным откровением, которое они переживают, откровения, что каждый из них является дарованной свыше частью Бога.

Есть еще один аспект этого способа восприятия откровения, и он заключается в том, что, когда человек подвергается воздействию своего внутреннего существа как дарованной свыше части Бога,, он также узнает, что все израильтяне являются частью одного разума — разума Бога. Дарованная свыше часть Бога знает это, поэтому это открывается на Синае в душе каждого израильтянина.

Это понимание Синайского откровения зависит от исключительности части Бога, дарованной еврейскому народу свыше. Это подводит меня ко второму этапу моей интерпретации, расширяя сферу Синайского откровения относительно того, кто и что имеет дарованную свыше часть Бога. Во-первых, у нас есть отрывок из Талмуда (БТ Шаббат 88б), который говорит нам следующее:

> Ученик рабби Ишмаэля сказал: [Слово Божье] подобно молоту, который разбивает скалу на куски. Так же, как молот разбивает скалу на множество кусков, так и каждая [из Десяти Заповедей] распалась на 70 языков[19].

Семьдесят языков представляют все остальные народы мира, подразумевая, что Десять Заповедей были переданы народам мира.

Более того, вот отрывок из Мидраша (Шмот Рабба 29:9):

> Сказал рабби Авагу со слов рабби Йоханана: когда Бог давал Тору, ни одна птица не кричала, ни одна птица не садилась, ни один вол не мычал, ангелы Офен не летали, ангелы Серафимы не говорили: «Свят, свят». Море не волновалось.

---

[19] Мой перевод следует Раши. Тосефот говорят, что молот сам по себе ломается, ударяясь о твердую скалу.

> Никто не говорил. Мир был тих и спокоен. И раздался голос [и возвестил]: Я Господь, Бог твой».
>
> Сказал раввин Шимон бен Лакиш: когда Господь говорил на Синае, Он заставил замолчать весь мир, чтобы создания знали, что нет никого, кроме [букв.: вне] [Бога]. И сказал Бог: «Я Господь, Бог твой». А относительно Грядущего Времени написано: «Я [анохи], Я Сам — Утешитель ваш» (Исайя 51).

Я бы добавил, что, так сказать, все молекулы прекратили свою активность, все электроны прекратили вращение, и все квантовые коллапсы прекратились. Все, просто все, было открыто для того, чтобы услышать, что его «я» было дарованной свыше частью Бога.

В рамках эксклюзивистской версии учения о дарованной свыше части Бога читатель, скорее всего, воспримет эти отрывки как провозглашение миру того, что только «я» евреев, а не чье-либо еще является дарованной свыше частью Бога. Мир слышал, как Бог говорил с евреями, Бог давал миру знать, что только евреи — дарованная свыше часть Бога. Однако, согласно универсалистскому подходу к этому учению, который я здесь отстаиваю, эти события означали нечто совсем иное. Они ведут нас к мысли, что каждое существо в мире испытало откровение, гласящее, что его собственное, индивидуальное «я», его сокровенная субстанциальная сущность является дарованной свыше частью Бога. Бог говорит с каждым членом человечества о нем самом, говоря каждому, что его сокровенная суть Божественна. В Грядущие времена сознание того, что человек является дарованной свыше частью Бога, снова оживет и станет искупительным, освобождающим событием в жизни всех.

Если мы предположим, что израильтяне узнали все Десять Заповедей и поняли, что они являются дарованной свыше частью Бога, нам не следует делать вывод, что всем остальным в мире открылись Десять Заповедей, поскольку они тоже узнали, что являются частью Бога. Существует соответствие между уровнем уменьшенного сознания и степенью, в которой человек способен понять, что он является дарованной свыше частью Бога.

Мидраш (Шмот Рабба 5:9) говорит, что эта способность, как «было сказано» на Синае, была градуирована:

> Каждый человек слышал голос согласно своей способности[20] [понимать]. Старейшины слышали согласно своим возможностям, молодые люди — согласно своим возможностям, дети — согласно своим возможностям, младенцы — согласно своим возможностям и женщины — согласно своим возможностям[21]. Даже Моисей слышал только согласно собственным возможностям.

На Синае были градации в том, насколько каждое существо могло слышать голос Бога. Обратите внимание, что младенцы тоже были способны слышать на своем уровне. Признавая наш всеобщий хасидский панпсихизм, я хочу предположить, что все «слышало голос Бога» на собственном уровне, от людей до кварков. Все народы, будучи людьми, слышали его на одном и том же уровне, — как иудеи, так и хетты, что объясняет универсальную природу Десяти Заповедей. Человеческий уровень сам по себе обладает ограниченным менталитетом, и поэтому наше понимание Десяти Заповедей ограничено нашей умственной скудостью. Низшие существа слышали меньше, предположительно, только первую заповедь, что их «я» было частью Бога, но они были недостаточно развиты, чтобы постичь что-то большее.

Мир был тихим и неподвижным, утверждает Мидраш, когда Бог произнес Десять Заповедей. Когда ветры снова забушевали и океаны заволновались; когда электроны вернулись к своему утомительному вращению и квантовые вероятности начали деловито разрушаться; когда ястребы снова закружили над головой, а птицы полетели к своим птенцам; когда львы проголодались, а зебры убежали; и когда мы снова попали в ловушку наших

---

[20] Букв. «сила».

[21] Упоминание женщин как отдельной категории отражает талмудическое представление о том, что женщины «легкомысленны» и поэтому все будут понимать иначе (слабее), чем мужчины. (Талмуд Кидушин 80б, Шаббат 30б и, в частности, в раввинистической литературе.)

эгоистичных жизней, это важное знание было в значительной степени забыто. Но в Грядущее время это сознание вернется, и мы будем утешены «Я» Самого Бога как «Я» части Бога во всем существующем. Как говорит Израэль Баал-Шем о Книге пророка Исайи 11:9: «Мир будет наполнен ведением Бога». Он продолжает: «И домашние животные, и дикие животные, все они познают Бога» [Menachem Mendel: раздел 12]. Далее он пишет: «А о Грядущем Времени написано: "Я, Я Сам — Утешитель ваш"» (Исайя 51). Короче говоря, ваше знание того, что ваше «я» есть мое «я», утешит вас.

Именно через еврейское сознание прорвалось знание о том, что вы часть Бога свыше, от самых высоких до самых низких уровней менталитета. Почему евреи? Потому что именно евреев Бог избрал быть парадигмой Божьей любви ко всему человечеству[22]. Обычно Бог недоступен сознанию мира. Присутствие Бога в мире стало менее явным с тех пор, как Бог «отдохнул» на седьмой день. Соблюдение евреями седьмого дня как Шаббата напоминает миру, что Бог полностью присутствует и не ушел. Я предполагаю, что Бог действительно даровал людям это глубокое понимание Своего присутствия во всем, а затем подготовил мир к тому, чтобы снова открыть его в будущем.

В наши дни некоторые захотят принять эту историю о Синае как указание на факт, не являющийся историческим, а именно, что евреи являются живыми носителями глубокого знания о том, что все является дарованной свыше частью Бога, даже если это знание не часто явно проявляется в сознании.

Хасидский раввин Яаков Лейнер отмечает стих из Второзакония 5:18[23] об откровении Десяти заповедей, в котором говорится, что Бог говорил громким голосом «и более не говорил». Средневековый комментатор Раши интерпретирует еврейские слова ולא יסף в конце стиха как означающие, что голос Бога на Синае

---

[22] Я не предлагаю объяснений, почему Бог не выбрал хеттов. Меня беспокоит, почему Бог выбрал только одну нацию, которой оказались евреи.

[23] Христианские Библии не соответствуют еврейской Библии по номеру этого стиха. Там это стих 22.

никогда не умолкает. Это продолжается вечно. Рабби задает вопрос: если Бог продолжает громко провозглашать: «Я Господь, Бог твой», то почему никто этого не слышит? Он отвечает, что никто этого не слышит, потому что в мире нет тишины. Мир слишком полон шума. На самом деле, говорит рабби, голос Бога произносил Десять Заповедей с момента Творения. Но мир всегда был слишком шумным, чтобы услышать могучий голос Бога. Все, что произошло на Синае, заключалось в том, что на мгновение мир погрузился в тишину. Тишина. Неудивительно, что мир услышал голос, который он мог услышать всегда.

В то же время, есть моменты, когда человек может увидеть свою дарованную свыше часть Бога, даже если он не осознает, что он переживает. Человек должен иметь возможность переживать дарованную свыше часть Бога внутри себя, когда его мир погружается в совершенную. тишину. Тогда он может переживать свою истинную природу. Это может произойти, например, в созерцательной молитве, правильно сосредоточенном изучении священных текстов, в медитативной практике, в осмысленном контакте с другим человеком и в эстетических переживаниях. Сильвия Йонас утверждала, что в невыразимых мистических переживаниях человек переживает свое истинное «я» [Jonas 2016]. Я бы добавил, что для хасидов истинное «я» невыразимо, потому что это дарованная свыше часть Бога.

Также можно переживать часть Бога внутри себя во время уединения. Уайтхед однажды сказал, что, если вы никогда не переживали уединения, вы никогда не были религиозны. Уединение имеет силу успокоить мир для человека, даже если мир снаружи шумен, как цирковое представление. В одиночестве вы можете создать мир, в котором коровы не мычат, собаки не лают, и люди не мешают вашему самораскрытию.

Однако может быть и коллективный опыт погружения в тишину. В иудаизме коллективный опыт — это не сумма индивидуумов, а каждый человек в коллективе, переживающий коллективную тишину как единое целое, а коллектив — это еврейский народ в миниатюре или в целом. Чисто еврейский момент коллективного опыта глубокой тишины, наполненный историей и пропитанный религиозной торжественностью, — это момент предвкушения в синагоге на Рош ха-Шана между окончанием благословения на шофар и первым звуком шофара. Для хасидов это время раскрытия человеком своей истинной природы.

Пришло время связать онтологию человека как «дарованной свыше части Бога» с тем, что мы видели в предыдущей главе — с концепцией этого круга хасидских учителей относительно греха и отношений человека с Богом. Для этих хасидов грешить — значит поддаться обманчивому поверхностному сознанию. Быть без греха — значит быть в сознании своей Божественной сущности. Когда человек благ и чист, это именно его божественность блага и чиста. С мистической стороны хасидизм имел тенденцию представлять человека способным отказаться от поверхностного сознания и полностью погрузиться в Божественный свет. (Этот опыт, однако, мог быть только временным. Жизнь была циклом восхождения к этому мистическому осознанию и возвращения к поверхностному сознанию.)

Дихотомия Баал Шем Това между радостью и печалью, которую мы видели в предыдущей главе, следует линии разлома между онтологией дарованной свыше части Бога и наложением на реальность. Человек может быть печален, только если погружен в самосознание, скрывающее истинную реальность. Опыт осознания своей божественности, с другой стороны, является величайшим источником радости, который может знать человек. Таким образом, наставление служить Богу в радости равнозначно указанию нам развивать осознание нашего истинного «я» как части Бога. Отсюда интерес Баал Шем Това к радости и отвержение печали.

Наставление быть в радости становится наиболее важным во время ежегодного периода покаяния. Ибо именно тогда человек рискует впасть в жалкое чувство самоосуждения — чувствовать себя охваченным грехом, испорченным до глубины души. Такая самооценка отрицает истинную природу человека и блокирует личный свет от открытого и эмпирического соединения со светом свыше. Не плачьте в этот период, говорит нам Баал Шем Тов, если только вы не плачете от радости. Поскольку есть период покаяния, это означает, что мы можем освободиться от нашего греховного «я». И это только из-за нашей истинной Божественной природы. Другими словами, вы должны плакать, но плакать слезами радости.

Время от времени в талмудических историях пророк Илия (который, согласно Библии, бессмертен) внезапно появляется перед раввином, чтобы поговорить с ним. Одна история рассказывает о том, как Илия явился рабби Бероке Хозаа на рыночной площади (Таанит, 22a). Рабби спросил Илию, есть ли на рыночной площади кто-нибудь, кто отправится на небеса. Сначала Илия сказал «нет». Затем он заметил одного человека, а затем двух братьев, которые, по его словам, отправятся на небеса. Желая узнать, почему братья заслуживают такой участи, рабби Берока подошел к двум братьям, чтобы спросить их, чем они занимаются. Они ответили: «Мы шуты. Когда мы видим людей грустными, мы подбадриваем их. Когда мы видим людей ссорящимися, мы пытаемся примирить их нашими шутками». Баал Шем объяснил эту историю так, что, когда люди грустят, они не могут связать собственный Божественный свет с Божественным светом наверху. Грусть заключает их в тюрьму их внешнего сознания. Когда два шута развлекают грустных и делают их счастливее, люди, возможно, могут получить доступ к своему глубокому и истинному «я». Аналогично, гнев по отношению к другому является исключительно продуктом «внешнего» сознания человека. За помощь людям в преодолении препятствия на пути к их более глубокому «я» эти двое заслужили попасть на небеса [Кетер Шем Тов 1968, раздел 272].

Как мы видели, хасидский учитель мог призвать своих последователей в Святой День Искупления быстро исповедоваться и не увязнуть в этом. Не принимайте грех слишком близко к сердцу, умоляет он, иначе вы рискуете увидеть себя единым со своим эмпирическим «я», закрываясь от познания себя как дарованной свыше части Бога.

Некоторые хасидские учителя так серьезно относились к идее о том, что человек — часть Бога, что им было трудно погрузиться в обстановку Судного дня, Йом-Кипура. Как я могу предстать на суде перед Богом, частью которого я являюсь? Чтобы подчиниться суду, я должен верить, что судья — кто-то другой, а не я сам. Так, рабби Дов Бер из Межерича, которого цитировали ранее, молился в Йом-Кипур, чтобы Бог удалил от него сознание того, что он является дарованной свыше частью Бога. Только таким образом он мог поверить, что стоит перед внешним судьей, почувствовать необходимость измениться к лучшему и получить от этого духовную пользу.

Мы увидели, что реб Нахман учил, что при смешанных мыслях, направленных одновременно на Бога и на Золотого Тельца, последняя не отменяет ценности первой. Теперь мы можем понять, почему. Две смешанные мысли не исходят из одного и того же источника. Мысли, направленные на Бога, исходят изнутри дарованной свыше части Бога. Мысли о Золотом Тельце исходят из внешнего сознания, которое опутывает внутреннее сознание, если мы не прорвемся через него на более глубокий уровень. Поверхностный уровень сознания не может отменять ценность подъема внутреннего света на поверхность. Это победа части Бога внутри нас. То же самое относится к моменту покаяния, который, как утверждает рабби Цадок, окружен грехом — грех предшествует ему и следует за ним. Краткий момент покаяния — это прорыв к более глубокому осознанию себя, не стираемый тем, что происходит до или после него.

Мы увидели учение о том, что, если человек может исполнить одну заповедь с чистотой сердца, то он заслужит спасения на небесах. Обратите внимание, что это сказано независимо от того, какие другие хорошие и плохие поступки может совершить человек. Это потому, что исполнение одной заповеди с чистотой сердца открывает внутреннюю Божественную часть для соединения с высшим Божественным светом. Спасение на небесах здесь — не награда за некий поступок. Нет, оно следует из онтологии человека по отношению к Богу. Один поступок в чистоте сердца имеет силу спасти человека от ложного, поверхностного восприятия себя и привязать его к высшему Божественному свету.

Мы увидели два взгляда на разрушение Храма. Первый взгляд подчеркивает большую доступность Бога после разрушения Храма. Эта доступность присуща онтологическому составу человека, учитывая, что человек является дарованной свыше частью Бога. Именно внешний Храм с его церемонией и величием стал мешать этой естественной доступности. Царь за пределами дворца — символ того, что Бог теперь естественно доступен «безродному крестьянину», который на самом деле совсем не безроден. Второе представление о Храме подчеркивает пользу возросшей прямой зависимости от Бога, когда промежуточный ритуал Храма отпал. Чувствовать зависимость от Бога — значит осознавать свою близость к Богу и в итоге обнаружить, насколько человек близок к Богу как дарованная свыше часть Бога.

Радикальное учение рабби Лейнера об отсутствии греха могло исходить только из убеждения, что никакая сущность, являющаяся дарованной свыше частью Бога, не может согрешить, как и сам Бог не может согрешить. Просто должно быть так, что все, выглядящее как грех, является тонкой иллюзией, что то, что мы видим сейчас в тусклом стекле, будет открыто лицом к лицу как работа Божественного внутри нас и вне нас. Для рабби Лейнера немыслимо, чтобы поверхностное сознание могло победить Божественное внутри нас и совершить грех. Итак, перед нами этот хасидский учитель и другие, которые говорят, что на самом деле греха нет. Его быть не может. Восприятие греха в существе, которое является частью Бога свыше, является ошибочным восприятием, поверхностное сознание маскирует истинное бытие человека. Но это сознание не может быть сильнее той части Бога, которая, собственно, является человеком.

Я добавляю сюда поразительную хасидскую интерпретацию важности пыла и восторга в молитве. Раввин Калонимус Калмиш Шапира замечает, что, когда наш опыт лишен эмоций, наше осознание, как правило, полностью или почти полностью, пребывает вне нас. Мы мало осознаем себя или совсем не осознаем. Однако, когда наш опыт эмоционально окрашен, как в случае со страхом или любовью, мы четко осознаем себя единым целым с внешним объектом наших эмоций. Отсюда следует, по его словам, что, наполняясь эмоциями в молитве, мы таким образом обретаем полное осознание себя, если только мы достаточно хорошо подготовлены, чтобы обнаружить, что наше истинное я — это часть Бога свыше. И в этом для многих хасидов цель молитвы — растворить наше чувство действительно отдельного я в переживании себя как дарованной свыше части Бога [Шапира 1966–1967: глава 2].

Учитывая эту хасидскую точку зрения, что могли сделать эти хасидские учителя, чтобы удержать своих последователей от греха? В конце концов, они, несомненно, были против того, чтобы их последователи начинали грешить, поскольку их учение о грехе относилось только к тому, что за грехом следовало. Есть хасидская поговорка, что, когда родился Баал Шем Тов, Ад был сожжен дотла (!) и его больше нет. Другая хасидская поговорка заключается в том, что, когда родился Баал Шем Тов, необходимость служить Богу в страхе была отменена. С тех пор осталась только любовь к Богу. Эти хасидские учителя выступали против греха, проповедуя любовь, а не страх. Людям нужно было осознать, что они являются частью Бога, дарованной свыше, лелеять это онтологическое состояние и чтить его своими мыслями и действиями. Суровая проповедь отца Арнолла, ректора из «Портрета художника в юности», не могла бы сорваться с их уст [Joyce 2001: 83ff].

Хасиды энергично проповедовали послание о том, что человек — дарованная свыше часть Бога. Они создали новые религиозные формы радости и экстаза. Танцы и употребление алкогольных напитков должны были стимулировать переход в иное осознание себя. Они обучали как энергичной, так и медитативной молитве, в которой свет должен был встречаться со светом. И они поощряли паломничества к «Ребе», хасидскому мастеру, как средство обогащения осознания их истинного «я». Говорили, что у учителя особая, «включающая душа», которая была привязана к душам всех его последователей. Не одна история рассказывает о том, как хасид посетил учителя и вернулся домой, чтобы сообщить, что при дворе ребе он открыл новую энергию себя, пришел к новому самопознанию.

Говорят, что Баал Шем Тов был раввином конокрадов. Коно-
крады приходили к Баал Шем Тову, чтобы попросить его помо-
литься за их успех в краже лошадей. И он это делал. Это может
быть апокрифической историей. Однако обратите внимание, что
подобное не рассказывается ни о ком другом...

Хасидская онтология человека находится в центре их концепции Бога. Я предлагаю эту метафизическую позицию как подходящий элемент для того, чтобы помочь смягчить современную
идеологическую критику в отношении сохранения совершенной
благости Бога. Бог ближе к нам, чем наше собственное дыхание.
Гегелевское осуждение иудаизма за то, что бог отчужден от глу-
бочайшего «я» человека[24], утрачивает силу, и открывается путь
для хасидской трактовки современной идеологической критики.
Если вы не готовы зайти так далеко, чтобы принять такую онтологию, в любом случае можно взять хасидскую онтологию в качестве показательного примера того, какие возможны ответы на
современную идеологическую критику, как можно изменить
образ Бога евреев Торы, чтобы он стал совершенно благим Богом.

---

[24] См. [Hegel 1961].

Глава 9
Мультивселенная: возможная теодицея

В этой главе я обращаюсь к теологической задаче: смягчить как аргумент от зла, так и идеологически окрашенную историческую критику Бога. Аргумент от зла пытается доказать, что совершенно благого существа не существует. Идеологическая историческая критика утверждает, что даже если традиционный приверженец иудаизма может избежать современной идеологической критики, внеся необходимые коррективы в современную религию, этот человек все равно найдет почти невозможным объяснить, как в прошлом совершенно благой Бог позволял морально проблемным текстам существовать и оказывать сильное влияние на людей. Здесь я представляю возможную теодицею по крайней мере относительно не самой страшной части зла, присутствующей в нашем мире, а затем применяю эту возможную теодицею к моральной проблематике исторической критики.

«Теодицея» — это объяснение того, почему Бог допускает зло этого мира. Однако, за исключением очень узких возможностей (того, что сам Бог мог бы открыть о своих целях, или того, что можно надежно вывести), мы не можем знать, почему Бог создал мир, подобный нашему. Моя теодицея, таким образом, является лишь возможной теодицеей, возможным объяснением того, почему Бог создал мир, подобный нашему. Целью этой возможной теодицеи является противодействие тому взгляду, что невозможно представить себе какую-либо причину, по которой Бог мог бы допустить зло (которое Он, однако, допускает), и по которой Бог мог бы допустить существование морально проблематичных текстов в еврейской Библии и раввинистической литературе. Если вы не можете представить себе никакой возможной причины, по которой Бог мог бы допустить мир, подобный нашему, это вполне может помешать вашей способности жить в соответствии с верой в совершенную благость Бога; и это может помешать правильной религиозной позиции по отношению к Богу. Возможная, воображаемая теодицея, хотя и не предназначенная для того, чтобы найти истинную причину, по которой Бог допускает известное нам зло, показала бы, что оправдание зла по крайней мере *вообразимо*, даже если объяснение возможной теодицеи может быть не истинным. Его вообразимость сделает возможными для нас и другие объяснения, находящиеся за пределами нашего понимания. Моя возможная теодицея не решит проблем зла, которое мы знаем. Моя надежда скромнее — помочь облегчить проблемы во имя религиозной жизни. Учитывая то, как я выше разбираю нашу неспособность понять причины, по которым Бог допускает зло, очевидно, что то, что я делаю здесь, — это лишь попытка смягчить ситуацию, а не дать полное возможное объяснение.

Моя цель — не только предоставить абстрактно возможное оправдание зла, но и предложить живое объяснение этого зла. Живое объяснение зла в нашем контексте — это то, которое будет использовать традиционные еврейские тексты, а также основные религиозные мотивы, обращаясь к традиционному еврейскому уму. Моя возможная теодицея соответствует этим условиям, но требует мышления несколько нестандартного, хотя в целом согласующегося с важными мотивами в еврейской традиции.

Моя возможная теодицея — это модификация и расширение «создающей душу» теодицеи Джона Хика. Проще говоря, Хик утверждает, что люди в этом мире находятся в процессе развития, будучи сперва далекими от Бога (морально неразвитыми), затем близящимися к Богу (морально утонченными). Однако наш мир не является конечной остановкой этого развития, поскольку моральное развитие продолжается и после этой жизни[1]. Я беру

---

[1] См. [Hick 2007] и [Hick 1994].

это основное направление мысли Хика, чтобы разработать собственную версию этой сложной возможной теодицеи. Для этой цели я должен сделать следующие теологические предположения, которые я считаю верными. Но вам необязательно соглашаться со мной. Для моих целей вам нужно согласиться только с тем, что они могут быть истинными. Следовательно, возможная теодицея такова.

1. Я предполагаю, что у Бога есть то, что философы называют «промежуточным знанием». Наличие у Бога промежуточного знания означает, что Бог знает не только то, что произойдет, но также знает для каждого возможного индивидуума, которого Бог создал или мог бы создать, что этот человек сделал бы по собственной свободной воле в каждой ситуации, в которой Бог создал бы его. Основываясь на таком знании, Бог может решить, кого Он хочет создать, а кого нет, в зависимости от свободных действий, которые, как знает Бог, они бы выбрали, если бы были созданы[2]. Промежуточное знание необходимо для совершенной благости Бога. Поскольку Бог с промежуточным знанием более способен реализовать Божью благость, чем без промежуточного знания, промежуточное знание должно быть частью совершенного знания. А совершенное знание является частью совершенной благости Бога[3].

2. Наибольшее возможное благо, которое Бог может дать другим, — это их близость к Себе, Богу, который совершенно благ. Близость к Богу означает приближение к Богу, особенно в отношении Божьей благости. Так же, как Бог благ, так и вы будете благи. Конечно, благость в сотворенном существе ко-

2 Я оставляю в стороне классическую дилемму о свободной воле и предвидении Бога. Традиционному еврею предлагается оперировать и тем и другим, как одновременными оперативными картинками в своем сознании. В любом случае моя цель здесь не в том, чтобы разбираться со всеми теологическими проблемами, которые могут беспокоить верующего.

3 Тема промежуточного знания вызывает споры среди религиозных философов, но здесь не место для споров с оппонентами. Общая критика этой теории: [Adams 1977: 109–117]. Развернутую техническую защиту см. в [Flint 1998].

нечна, в отличие от бесконечной благости Бога. Быть благим, как Бог, в моем понимании, означает излучать все благо и только его другим, делая это только ради других, а не ради себя, в той степени, которая возможна в рамках его тварного статуса и индивидуальных возможностей. Так, например, тот, кто делает благо другим для самоудовлетворения тем, что он благ, не похож на Бога. Эта благость исходит из желания собственного благополучия. И тот, кто делает благо, чтобы наслаждаться — ради себя — вечным Божественным блаженством, в этом отношении не подобен Богу. Чтобы быть подобным Богу, нужно желать делать благо ради других. Это включает в себя желание быть подобным Богу не ради себя, а ради Бога, потому что именно таким Бог, который совершенно благ, хочет, чтобы вы были. Это близко к совершению добра ради добра. Если кто-то хочет быть подобным Богу ради себя, то он не достигает желания быть подобным Богу. Это потому, что нет ничего, чего Бог хочет ради Бога.

3. В благости есть два вида ценностей. Одна — ценность обладания благом. Вторая — ценность получения блага. Преодоление недостатка блага само по себе является ценностью, в дополнение к получаемому благу. Когда человек не может ходить из-за травмы, и он, его семья, и его медицинские сиделки упорствуют, пока он не начнет ходить, полученное им в итоге благо двояко: благо от того, что обретена возможность ходить, и благо от того, что удалось достичь способности ходить, преодолеть невзгоды и уныние. Развитие хорошего характера имеет ценность, превышающую ценность обладания хорошим характером с самого начала. Поэтому, когда Бог создает людей, которые должны развиваться, чтобы быть близкими к Богу, Бог получает ценность от того, что человек становится подобным Богу, в дополнение к благу от того, что он похож на Бога. Однако Бог сделает это наилучшим возможным способом с точки зрения затрат и выгод. (Примечание: я не собираюсь предлагать упрощенную точку зрения, что зло существует только для того, чтобы дать нам шанс извлечь добро из зла. Все будет гораздо сложнее.)

4. Бог может создать некоторых людей, которые с самого начала будут обладать в высшей степени праведным характером. Различные религии утверждают, что знали таких существ. Но я утверждаю, что Бог также создает других, которые, как Бог знает, станут совершенными по своему характеру только через процесс становления таковыми. Бог делает это, потому что Он благ и желает, как мы уже говорили, даровать им высшее благо близости к Богу. Создавая людей, которые должны пройти процесс роста, чтобы приблизиться к Богу в святости, Бог производит дополнительную ценность по сравнению с созданием только тех, кто к благу уже готов

5. Очевидно, что оправдание зла ради достижения блага имеет свои ограничения. Существуют ограничения на то, какие существа Бог создаст, чтобы они приблизились к Богу. Бог создает только тех, о ком Он знает, что, если Он создаст их, они фактически свободно выполнят Божью цель стать подобными Богу. Кроме того, Бог создает только тех, о ком Он знает, что процесс их становления подобными Богу будет оправдан с точки зрения затрат/выгоды добра и зла. Всеобщее спасение — это достойная цель для Бога при творении, и Бог гарантирует это с самого начала, уважая свободу творения, согласующуюся с Божественной помощью. Выбирая, кого Он создает, посредством промежуточного знания, Бог обеспечивает результат. Бог не создает людей, которые в итоге не будут искуплены в гармонии с Богом[4].

Очевидно, что, взятые вместе, эти теологические предположения серьезно диссонируют с жизнью в нашем мире. Некоторые умирают детьми, так и не получив возможности развиваться после первых лет. Есть люди, которые живут в боли и страдании, их сознание настолько заполнено трудностями, что не остается места для размышлений о чем-либо еще. Есть те, кого раздавила жизнь, кто умирает в печали и унижении. Затем есть те, чья

---

[4] Трудно представить себе возможность, что такие, как Гитлер, будут полностью искуплены. Думать иначе — значит нарушать мой принцип всеобщего искупления, что Бог создает только тех, кто в итоге приблизится к Богу.

жизнь — это погоня за собственной выгодой, с начала до конца. Есть те, кто основывает свою жизнь на причинении вреда другим людям своим преступным и безнравственным поведением и преуспевает; и те, кто был так обижен и так ранен жизнью, что ненависть и страх стали их девизами до самой смерти. Никто из них не исполняет желания Бога, чтобы они стали ближе к Богу. И затем есть бо́льшая часть людей, которые достигают некоторой степени добра в своей жизни, но о которых мы никоим образом не можем думать как о ставших подобными Богу. Если моя возможная теодицея зависит от приведенных выше теологических предположений, наша вселенная, по-видимому, явно ее побеждает.

Однако мир, который мы знаем, ставит крест на моих теологических предпосылках только в том случае, если наша вселенная — единственная, созданная Богом. Тогда нам нужно смотреть только на нашу вселенную, чтобы определить добро и зло. Тем не менее, у теиста нет причин предполагать, что наша вселенная — единственная. Это предположение было бы неоправданной узостью видения. Благость Бога совершенна. Творческие способности Бога огромны. Из этого следует, что, вероятно, Бог создал бы множество вселенных, чтобы умножать благо. Соответственно, моя теодицея постулирует множество вселенных, «мультивселенную». Мультивселенная просочилась в квантовую физику Хью Эверетта[5] и является центральной для одной из теорий струн[6]. Учитывая совершенную силу Бога, множественные вселенные должны быть живым вариантом для традиционных евреев и всех теистов.

Множественные вселенные не могут быть доступны друг другу. Это происходит либо потому, что они существуют в разных измерениях, либо потому, что каждая из них находится в своем «пузыре вселенной», без физического способа попасть из одной в другую. В соответствии с творческими способностями Бога, мультивселенная будет включать в себя вселенные, отличающиеся друг от друга по своим законам природы, включая возможность отсутствия постоянных фиксированных законов, по своим

5 См. [Byrne 2008].

6 См. [Vilenkin, Tegmark 2011].

природным элементам и по своему материальному составу. Они также могут отличаться по видам объектов, которые их населяют, и по природе разума. Две вселенные также могут отличаться, если у них одинаковые законы природы и одинаковые компоненты, но разные начальные условия. Тогда две вселенные будут разветвляться в разных направлениях от своих начальных условий, с очень разными результатами. Возможности так же широки, как и совершенная благость Бога.

Помимо множественных вселенных, отличных от нашей, я признаю возможность множественных мест жизни за пределами нашей Земли, в той или иной форме, в пределах нашей собственной Вселенной. Поэтому в дальнейшем мои ссылки на мультивселенную и множественные вселенные неявно включают эту возможность. Предположительно, все внутривселенские места будут регулироваться теми же естественными законами, которые существуют здесь, на Земле, и будут иметь в основном те же элементы, что и наша Земля. Однако множественные вселенные за пределами нашей предлагают реальности, сильно отличающиеся от нашей вселенной.

В традиционных еврейских источниках есть прецеденты, приближающиеся к моей гипотезе мультивселенной. Герсонид (1288–1344) рассматривал возможность множественных «миров». Однако «миры» Герсонида не то же самое, что мои «вселенные». Герсонид думал о мирах с пространством между ними. Мои вселенные включают те, что недоступны друг другу — возможно, потому что они находятся в разных измерениях. Его миры были бы больше похожи на разные части того, что было бы, в моем понимании, единой вселенной. Тем не менее как мультимир, так и мультивселенная предполагают существование реальностей, отличных от того, что мы знаем в этом «мире» или «вселенной». Герсонид отверг возможность множественных миров только потому, что он думал, что между мирами должен быть вакуум. Он отверг возможность вакуума, а вместе с ним и множественных миров — нас это не должно останавливать[7].

---

[7] См. [Rudavsky 2003: 345–370].

Хасдай Крескас (ок. 1340–1411) серьезно рассматривал одновременное существование множества миров. Как и в случае с Герсонидом, «миры» Крескаса не совпадают с моими «вселенными» и по схожим причинам. Тем не менее, аргументы Крескаса о множественности миров в равной степени справедливы для существования множественных вселенных. У Крескаса есть два аргумента в пользу существования множественных миров. Первый заключается в том, что Бог имеет силу создавать множественные миры, поскольку Он неограничен в силе. Его второй аргумент вытекает из благости Бога:

> Поскольку было установлено, что возникновение мира произошло по воле и в порядке благодеяния и благодати, и ясно, что [в Творце] нет скупости или нежелания даровать благо, чем больше Он увеличивает миры, тем больше Он увеличивает благо; и таким образом кажется возможным, что существует много миров[8].

Поскольку Бог совершенно благ, Он захочет создать более одного мира, чтобы увеличить Божественное благодеяние. Далее, из этого следует не только то, что возможно существование множества миров, но и то, что такая множественность существует на самом деле. Поскольку Бог совершенно могущественен, то Бог может создать множество миров, и поскольку Бог совершенно благ, то Бог должен создать более одного мира. Однако Крескас останавливается на простой возможности многих миров, а не на их действительности. Причина этого в том, что он находится в затруднительном положении относительно того, сколько миров Бог мог бы создать:

> Если бы Бог должен был создать множество [миров], они должны были бы быть либо конечными, либо бесконечными по числу. Однако невозможно, чтобы они были конечными по числу, поскольку тогда какое бы количество миров мы ни предположили, Бог мог бы создать еще больше блага.

---

8 Английский пер. по [Harvey 2011: 347–359].

Также невозможно, чтобы [миры] были бесконечными по числу, поскольку это повлекло бы за собой бесконечное число физических объектов[9].

Крескас хочет сказать, что если бы Бог создал только конечное число миров, то Он не был бы совершенно благ. Бог мог бы даровать больше благодеяний, чем даровал, просто создав больше миров. Бог, согласно Крескасу также не мог создать бесконечное число миров, потому что, как и многие философы, начиная с Аристотеля, Крексас отрицал возможность фактической, конкретной бесконечности, в отличие от бесконечности абстрактной или потенциальной. Следовательно, обе возможности исключаются. Таким образом, множественность миров должна быть исключена из уравнения. Однако Крескас приходит к выводу, что множественность миров все же может иметь место, потому что возможно, что Божественное знание постановило, что реальность должна быть конечной, и у нас нет представления о том, почему существует то, что существует — и не больше. То есть, учитывая, что число миров должно быть конечным, у Бога могли быть причины, непостижимые для нас, по которым Бог создал конечное число миров. Как следствие, остается живая возможность множественности миров.

Аргументы Крескаса о множественности миров в равной степени справедливы для множественных вселенных. Сила и благость Бога делают существование мультивселенной серьезной возможностью, даже правдоподобным предположением. Что касается сомнений Крескаса относительно конечного или бесконечного числа миров, то для моей возможной теодицеи я постулирую конечное число вселенных. Число вселенных, которые создает Бог, будет точно установлено тем, сколько вселенных нужно Богу, чтобы привести всех созданных Богом людей к их окончательному духовно-этическому совершенству. Эта позиция останется несколько загадочной, пока я не представлю следующий компонент моей возможной теодицеи: реинкарнация в нескольких вселенных.

---

[9] Английский перевод мой.

Реинкарнация подразумевает, что человек прекращает жить (как бы это ни случилось), а затем «возвращается к жизни», возможно, принимая новую форму. Моя идея реинкарнации предполагает, что человек может последовательно переходить из одной вселенной в другую. Моя теодицея утверждает, что, когда человек возвращается к жизни, это не обязательно должно быть возвращение в ту же вселенную: человек может вернуться в другую вселенную, и, возможно, радикально отличную от предыдущей или предыдущих. Разница между одним существованием и другим может включать в себя существование человека в другой вселенной, отличной от нашей, в форме, сильно отличающейся от человеческой формы, с которой мы знакомы, включая невообразимые для нас формы.

Еврейская традиция содержит веру в загробную жизнь. Одним из вариантов этой веры является личная реинкарнация. Хотя вера в реинкарнацию не входит в число догматов веры, она имеет довольно долгую историю в традиционном иудаизме[10]. Она повсеместно встречается в каббалистической и хасидской литературе, особенно в учении рабби Ицхака Лурье. Вот что писал о реинкарнации рабби Менассе бен Исраэль (1604–1657), один из ее ведущих сторонников:

> Вера в реинкарнацию является твердой верой для всей нашей общины, и никто не оспаривает ее, кроме рабби Саадии Гаона и [Йедайи] Бедерси… И так писал раввин Леви ибн Хабиб… «Но гораздо большая часть мудрецов Израиля верит [в это], и они говорили, что это истинная вера и один из основополагающих принципов Торы, который решает вопрос о страданиях праведников. Мы обязаны прислушиваться к слову этих учителей и принять эту веру без каких-либо сомнений или колебаний»[11].

---

[10] В дальнейших рассуждениях мне очень помогла работа [Goldschmidt, Seacord 2013: 393–417]. Они тоже рассматривают реинкарнацию как элемент теодицеи спасения душ.

[11] [Менаше бен Исраэль 1651: 154b] цит. в [Goldschmidt, Seacord 2013: 393–417].

Этот отрывок значительно преувеличивает поддержку реинкарнации в иудаизме и преуменьшает оппозицию реинкарнации среди ученых авторитетов. Более того, он надежно связывает реинкарнацию с теологией наказания — той, которая предполагает новую жизнь как наказание за грехи в предыдущей жизни. Хотя теология наказания имеет некоторое применение в теодицее инкарнации, я вижу цель реинкарнации гораздо шире наказания грешников; цель эта — создание души. Я цитирую рабби Моше Хаима Луццатто (1707–1746), который вводит мотив телеологического построения характера в теологию реинкарнации:

> Высшая мудрость устроила, чтобы еще больше увеличить успех... что одна душа будет входить в этот мир в разное время в разных телах, и таким образом сможет исправить в одно время то, что она испортила в другое время, или усовершенствовать то, что она не усовершенствовала. Затем, в конце всех воплощений, когда она предстанет перед окончательным судом, вердикт будет соответствовать всему, что произошло на протяжении воплощений, и тем обстоятельствам, с которыми она столкнулась[12].

Здесь акцент делается не на наказании, а на движении вперед в направлении все большего и большего совершенства. Это именно то, что я представляю в своей теодицее, за исключением того, что реинкарнации необязательно будут происходить в той же вселенной, что и раньше. Человек скорее будет проходить между вселенными, которые составлены совершенно по-разному. Аналогично, природа человека может радикально измениться.

Возвращаясь теперь к проблеме Крескаса, нам нужно определить, каким числом вселенных может ограничиться Бог, не создавая больше, чтобы быть совершенно благим. Мой ответ заключается в том, что число вселенных, которые Бог решит создать, будет числом вселенных, необходимых Богу для того, чтобы все

---

[12] Перевод по тому же источнику, с. 416.

созданные прошли через достаточное количество вселенных, чтобы свободно достичь цели Бога — приблизиться к Богу. Предполагая, что каждый человек выполняет цели Бога, проходя через конечное число вселенных, и что нет бесконечного числа людей, которые достигнут этой цели, если будут созданы, общее число вселенных будет конечным. И число конечных вселенных, которые создает Бог, будет точным числом вселенных, необходимых для того, чтобы все созданные люди прошли через них, чтобы достичь цели. Таково решение дилеммы Крескаса.

Современный традиционный еврей может посчитать, что теология реинкарнации «странная» и что в любом случае не совсем соответствует доктрине традиционного иудаизма. Напоминаю, что моя теодицея является только возможной и что она не утверждает реальность реинкарнации. Все, что нам нужно признать для этой возможной теодицеи, — это то, что у Бога есть сила вызывать реинкарнацию, и что, насколько нам известно, Бог использовал бы ее для высшего блага тех, кого Бог создает. Это было бы мотивировано теми компонентами, которые благость Бога может включать в себя и которые находятся за пределами того, что мы знаем о мире, в котором здесь и сейчас живем. Кроме того, обращаю ваше внимание на то, что, ссылаясь на традиционные тексты сторонников реинкарнации, я не собираюсь искать защиты в их авторитете. Я лишь хочу только показать, что реинкарнация знакома нам из легитимных элементов в истории еврейской традиции: она не чужда этой истории.

Второе возражение против реинкарнации может заключаться в том, что она обычно ассоциируется с теодицеей наказания — страдания в этой жизни являются наказанием за грехи в предыдущей жизни. Причиной для того, чтобы отказаться от этой мысли, может быть нежелание признать, что человек своими грехами может заслужить такое количество и такие виды страданий, которые мы находим в нашем мире. Это хорошее возражение. Однако моя теология реинкарнации не основывается на мотиве наказания. Нет, я предполагаю, что в основном переход от одного воплощения к другому мотивирован тем, что требуется данному человеку для свободного роста в самости к его (или ее) окончательному искупленному «я»[13]. Наказание также может быть фактором, но акцент на нем как на причине реинкарнации не поможет прогрессу в решении проблем.

Наибольший дискомфорт, который люди в принципе испытывают в связи с реинкарнацией, возникает из-за материалистической концепции человека[14]. Материалистическая концепция существует в двух основных формах. Одна заключается в том, что человек — это материальная субстанция, имеющая только материальные свойства. Ощущения, чувства и тому подобное — это не более чем физические состояния организма, прежде всего мозга. Вторая форма заключается в том, что человек — это материальная субстанция, обладающая как материальными, так и ментальными свойствами. Для второго типа материалистов ментальное не имеет независимого существования: это лишь атрибут материальной субстанции. В любом случае, когда материальная субстанция, которая является человеком, больше не существует, и сам человек больше не существует. В этом случае материальные и ментальные свойства (если таковые имеются), которыми он обладает, исчезнут вместе с материальной субстанцией, которой они присущи. В рамках материализма нет способа объяснить идентичность человека на протяжении последовательных реинкарнаций, поскольку нет материального перехода из одной вселенной в другую, и, следовательно, нет преемственности от одного воплощения к другому.

Традиционному еврею не нужно слишком беспокоиться об этой трудности, поскольку у него есть все основания отвергнуть материалистическую концепцию человека. Он уже верит в нематериального Бога и будет верить в нематериальное «что-то» или «душу», чем бы это ни было, которая переживает эту жизнь,

---

[13] Слова «его» и «ее» характеризуют существование человека в одной вселенной. Тот же человек, который является мужчиной в одной вселенной, например, может быть женщиной в другой вселенной или оказаться во вселенной, где такие различия не существуют.

[14] Классическую и непреходящую формулировку материализма см. в книге [Armstrong 1968].

каким бы зыбким это «что-то» ни было в его представлении. Конечно, у светских философов есть весьма продвинутые материалистические концепции человеческой идентичности, но эти теории не должны беспокоить верующего. Это потому, что философы в значительной степени формировали свои теории в соответствии со своими установками, которые обычно являются светскими. Редко требуется, чтобы теория принимала во внимание реинкарнацию или придавала смысл загробной жизни. Верующий вправе придерживаться модели личной идентичности, которая придаст смысл нематериальному существованию.

У нас шла речь об одном и том же человеке, существующем в последовательных вселенных, пока он не достигает конечной точки, становясь подобным Богу. Но какой смысл может иметь тождество индивидуальной идентичности при путешествии через эти вселенные? Если мы рассмотрим роль памяти в индивидуальной идентичности, одной из возможностей будут вселенные, в которых человек живет с полноценными воспоминаниями о предыдущих жизнях в других вселенных. Это зафиксирует индивидуальную идентичность во вселенных.

Тем не менее будут и другие вселенные, в которых такие воспоминания отсутствуют. Чтобы зафиксировать индивидуальную идентичность при путешествии через такие вселенные, мы можем представить себе проживание во вселенной как нечто вроде погружения в фильм. У меня не будет самосознания; мое сознание будет заполнено тем, что происходит на экране. Воспоминания будут подавлены. Однако, выходя из своего погружения в фильм, я снова соединюсь со своими воспоминаниями. Я буду помнить, как пришел в кино, начал смотреть фильм и так далее, а затем буду знать, что это я был полностью поглощен фильмом, а затем вышел из этого погружения и нахожусь здесь и сейчас. Моя индивидуальная идентичность продолжается от начала до конца.

В моей возможной теодицее мы, когда живем в определенной вселенной, можем быть полностью поглощены этой вселенной без памяти о каких-либо предыдущих вселенных. В это время мы не осознаем нашу всеобъемлющую самоидентичность за пределами нашего существования в настоящей вселенной. Когда индивид умирает или иным образом переходит в другую вселенную[15], у него тогда будет возникать воспоминание о жизни во вселенной, которую он покинул, и о предыдущих вселенных, в которых он обитал. Она знает их как свою жизнь и свои воспоминания и, таким образом, способен интегрировать последнюю вселенную в свои накопленные трансвселенские воспоминания. Он смотрит в будущее, обладая этими воспоминаниями.

Но в моей возможной теодицее происходит нечто большее. Теперь можно оглянуться на ту жизнь и, надеюсь, извлечь уроки на будущее. Бог создал только таких людей, которые на самом деле свободно делают выводы из того, какой была их жизнь в недавно покинутой вселенной или в серии предыдущих вселенных. Принимая все это близко к сердцу, человек теперь переходит в другую вселенную, обладая, таким образом, наклонностями, несколько отличными от наклонностей предыдущей вселенной — в той степени, в какой он был способен учиться на своих прошлых жизнях, оставшихся в памяти. Человек может начать с начала в новой вселенной, будучи ближе к Богу, чем раньше, или ему может потребоваться несколько вселенных, чтобы начать становиться ближе к Богу.

Идея индивидуальной идентичности во вселенных имеет полный смысл, однако, если мы утверждаем, что у человека есть «душа», уникальная «самость», которая переходит из вселенной во вселенную. По пути она формируется, чтобы достичь своего конечного искупленного состояния. Тогда характер человека каким-то образом присущ душевному субстрату, который объясняет фундаментальную идентичность — то, кем является человек.

Но что, если мы примем хасидское представление из предыдущей главы о том, что человек — это «дарованная свыше часть Бога»? В этом понимании сокровенное существо человека — это «часть» Божественной реальности, отделенная от других «частей»

---

[15] Мы не можем предполагать, что люди покидают любую вселенную только через смерть. Вероятно, будет множество способов выхода, включая мгновенное исчезновение.

не чем-то реальным, а лишь иллюзорным познанием, которое делит единую Божественную субстанцию на «части». То, что определяет человека как одинакового от вселенной к вселенной, не будет той частью Божественного существа, которая присуща лично ему. Это потому, что нет ничего внутренне различимого между одной Божественной частью и другой. Они на самом деле вообще не являются частями, а всего лишь проявлениями наших ограниченных восприятий Божественного.

В этом случае то, что определит индивидуальную идентичность, может быть определенным комплексом индивидуальных черт личности и наклонностей, которые служат коркой, покрывающей и окружающей внутреннюю сущность — дарованную свыше часть Бога[16]. Эти наклонности включают в себя самосознание (необязательно исключительное) личности, которой человек является, с точки зрения «внешней корки» этого человека. Я оставляю открытым то, какой будет конечная точка мультивселенной для каждого сотворенного человека в этой концепции человека как дарованной свыше части Бога. Одной из возможностей для конечной точки является состояние, наиболее напоминающее Бога в Его благости, учитывая тварное необходимое ограничение человека и его личные границы. Индивид остается с чувством самоотличения от Бога. Другой возможностью была бы конечная точка, где индивидуальная «корка», покрывающая часть Бога, растворяется, и часть Бога снова проявляется в самости Бога, без какого-либо отчуждения от ее источника. Это произойдет, когда человек достигнет чистого желания отдавать другим — Богу и всем созданиям — без какой-либо личной заинтересованности и без различия между собой и сущностью Божественной благости.

---

[16] Это не слишком отличается от понятия личной идентичности, распространенного в буддизме, который поддерживает последовательные реинкарнации, но отвергает индивидуальную субстанциальную идентичность. Идентичность человека от воплощения к воплощению зависит от кармической обусловленности следующего кластера характеристик, необходимых в предыдущей жизни.

Это постулировало бы как эсхатологическую мультивселенскую задачу хасидское стремление к «самоуничтожению», достижимое немногими прямо здесь, в нашей вселенной.

Человек, в моей схеме продвигается к Богу, переходя из вселенной во вселенную. Двум людям не обязательно проходить через одни и те же вселенные. Все зависит от того, через какие вселенные им нужно пройти, чтобы свободно приблизиться к Богу. Будут те, кто никогда не появится в нашей нынешней вселенной, их траектория требует, чтобы они прошли через другие вселенные. Им не нужна наша вселенная, чтобы достичь конечной точки. Другие, существующие в нашей вселенной, могут появляться здесь более одного раза. Некоторые могут появляться в одной вселенной, затем в другой, а затем возвращаться в первую. Мы с вами можем пересекаться в нескольких вселенных во время наших восхождений к Богу. И наоборот, мы могли бы обитать в совершенно разных и непохожих вселенных.

Далее: Бог может быть в состоянии создать некоторые существа, которые с самого начала будут подобны Богу. Но Бог также создает других, тех, которые, как Бог знает, будут близки к Нему только через долгий процесс приближения. Бог делает это, потому что Он благ и желает даровать благо близости к Себе как можно большему количеству существ.

Личности могут существовать во вселенной, не имея человеческой формы. Бог, создав их, различных в разных вселенных, помогает им в этом процессе, предоставляя среду и божественную помощь, которые, как Он знает, помогут привести к успеху. Бог создает только тех, кто, как ему известно, станет Ему подобен, и при этом процесс обретения ими богоподобия будет морально оправдан с точки зрения соотношения добра и блага. Таким образом, Бог создает только тех существ, которые соответствуют этим требованиям, чтобы увеличить благо творения насколько это возможно.

Есть два проявления человеческой благости. Первое — это доброта, которую человек проявляет по отношению к другим. Вы просите меня помочь вам наложить повязку на порез на руке, и я это делаю. Второе — это благость, которую общество проявляет в своей структуре и функционировании, результат кумулятивных и совместных усилий коллектива. Мы, как общество, коллективно строим больницы для лечения людей, получающих серьезные порезы на руках, и управляем ими. Бог создал нас как социально-политические существа, чтобы расширить разновидности блага, которые будут результатом нашей близости к Богу. Конечным результатом будет как индивидуальная, так и коллективная благость.

В результате возникают дополнительные ограничения на то, в каких вселенных может обитать человек. Это потому, что добрая воля к даянию не должна быть ограничена готовностью делать только частное благо. Она должна будет найти выражение также в воле к даянию через участие в создании и функционировании сострадательных общественных структур, а также в верности им. Следовательно индивиды, в определенной степени, должны быть отобраны для вселенных, где они, на своей стадии развития, могут прогрессировать в тандеме с общественным благом, которое им соответствует. Бог, в Своей великой мудрости, знает, как организовать целое так, чтобы в конце достичь достойной Бога степени благости. Для каждого концом пути будет вселенная, в которой этот человек будет подобен Богу как своей личной жизнью, так и своим вкладом в общество, отражающее Бога.

Таким образом, конечная точка не может заключаться только в том, что отдельный человек станет подобным Богу, отложив заботу о себе и заменив ее любовью к другим. Эта конечная точка должна включать других людей, также участвующих в общей социальной структуре, отложив заботу о себе, в высшем выражении индивидуальной и коллективной доброты. Взятые вместе, «последние» вселенные (нет оснований предполагать только одну) будут «мессианским веком», где (по гипотезе, что личности остаются отличными от Бога) все люди будут пребывать в мессианской вселенной под сенью общественного совершенства — насколько это возможно для сотворенных существ — в тесном общении с Богом. (Если мы будем придерживаться хасидского духа, то «мессианская эпоха» растворится в Божественном.)

Наша нынешняя вселенная может не быть одной из тех последних вселенных, которые будут частью этой «мессианской эпохи», хотя и она вносит вклад в коллективность мессианской эпохи. Мессианская эпоха будет столь драгоценна, что все путешествия всех людей через вселенные будут поняты так, каковы они были, и будут оценены как стоящие усилий. (Предположим, в порядке гиперболы, на которой я не настаиваю, что теодицея мультивселенной решает все проблемы.) В последних мирах слова нашего *сидура* (молитвенника) обретут истинность, когда Бог «исцелит больных» (разумеется, морально и духовно), «освободит всех, кто заключен» (морально и духовно), и не оставит тех, кто умер и (на наш взгляд) «спит в земле».

Разнообразие вселенных означает, что параллельные вселенные служат для личностей параллельными путями для последовательных вселенских прогрессий «все время». Два человека могут жить в одной и той же вселенной, находясь на разных стадиях развития своего богоподобия. И два человека могут находиться на одной и той же стадии развития-к-Богу, но при этом находиться в разных вселенных. Бог, творец и искупитель, знает, какая вселенная подходит каждому в его путешествии к Богу, и размещает их соответствующим образом.

Бог создает только тех, о ком Он знает, что они достигнут желаемой цели и получат обоснование пережитого и обретенного. Бог создает такие личности на уровне, с которого они в итоге преуспеют в достижении цели стать подобными Богу. Некоторые могут быть таковы, что, если бы Бог создал их с высокой степенью эгоцентризма, скажем, они не достигли бы цели, независимо от того, какую помощь им оказали бы. Таким образом, Бог создает каждого с самого начала на уровне, поднимаясь с которого он в итоге окажется близок к Богу.

В моей теодицее человек не переходит из одной вселенной в другую из-за того, что «потерпел неудачу» в предыдущей вселенной. Человек не продолжает переходить из вселенной во вселенную из-за того, что не смог выпутаться из цепочки вселенных. Человек переходит из вселенной во вселенную в ходе образовательного процесса, который еще не осуществился. В конце концов, образовательный процесс завершается. Цепь вселенных — это не зло, а благо, которое Бог создал для нашего блага. Нам не нужно думать о диком количестве последовательных вселенных, в которых нужно прожить жизнь, чтобы преодолеть эгоцентризм. Мы можем быть уверены, что Бог не допустит больше страданий, чем необходимо. Количество вселенных, которые должен прожить данный индивидуум, может быть совсем небольшим.

Бог, Правитель вселенных, дает жизнь мертвым. Бог, Правитель вселенных, приносит смерть (или эквивалентную ей стратегию выхода для данного мира) — условие нашего вхождения в новые вселенные, в которых мы еще больше приблизимся к Богу. В этом был бы глубинный смысл Воскрешения мертвых, о котором говорят религии. Мы должны славить Бога за «умерщвление и дарование жизни», поскольку смерть в этой вселенной является условием следующей жизни для большинства из нас.

Моя теодицея не требует, чтобы вопросы, имеющие религиозное значение в нашей вселенной, были воспроизведены в других вселенных. В моей теодицее еврейский народ необязательно должен существовать где-то, кроме нашей вселенной, и я оставляю открытым вопрос о том, может ли быть метафизический принцип, воплощенный здесь еврейским народом, проиллюстрирован другими способами в других вселенных. Вселенные могут различаться разнообразно и широко, в том числе в этом отношении. С другой стороны, роль, которую еврейский народ играет на земле в нашей вселенной, может вообще не иметь смысла в других вселенных.

Учитывая вышесказанное, как я предлагаю понять природу и цель нашей нынешней вселенной в схеме вещей? Как моя теодицея мультивселенной сводится к теодицее этой вселенной? Теодицея может быть либо событийной теодицеей, либо вселенской теодицеей, либо комбинацией того и другого. Событийная теодицея для вселенной предлагает оправдывающие объяснения, в принципе, для каждого отдельного зла в этой вселенной. Например, в событийной теодицее можно предположить, что некоторые плохие вещи являются наказанием за грех, совершенный в этой жизни или в предыдущих жизнях, что другие предназначены для предоставления возможностей для совершения добра, а третьи — и не зло на самом деле. Или можно предположить, что естественное зло — землетрясения, наводнения, эпидемии и тому подобное — в данной вселенной вызвано преднамеренным восстанием ангелов. Их свободная воля перевешивает плохие результаты. Или, более широко, событийная теодицея сказала бы, что каждое существующее зло является причиной определенного блага или нескольких благ. Без этого конкретного зла рассматриваемое благо не возникло бы.

В теодицее вселенной, напротив, объясняется, почему Бог оправдан в создании рассматриваемого типа вселенной, обладающей определенной общей природой, не пытаясь объяснить, даже в принципе, конкретные виды зла, существующие в этой вселенной. Как только мы поймем, что вселенная такой природы оправдана, мы сможем легче принять возможность того, что зло этой вселенной вытекает из ее, уже оправданной, природы, и принять, что Бог выстроил рассматриваемую вселенную для достижения конечного блага. Так мы обходимся без утверждения, что каждое зло в этой вселенной требуется для того, чтобы помочь вызвать определенное благо.

Одно из основных следствий различия между теодицеей событийной и вселенской — возможность оправдания создания Богом вселенной, в которой случайные события являются правилом или, по крайней мере, происходят. В событийной теодицее это должно быть в основном исключено, поскольку каждое зло должно быть задумано так, чтобы принести некоторое благо, которое в противном случае было бы невозможным. Это нельзя оставлять на волю случая. С другой стороны, во вселенской теодицее, в принципе, можно допустить и оправдать создание Богом одной или нескольких вселенных, в которых случайность доминирует или хотя бы имеет место. Тогда теодицея будет сосредоточена на преимуществе наличия случайных событий во вселенной, в той или иной степени.

Теодицея, которую я здесь представляю для нашей вселенной, является вселенской теодицеей, с лишь вторичной апелляцией к событийной теодицее. Это исходит из признания того, что в нашей вселенной происходят случайные события. Теодицея посвящает себя выдвижению возможных причин, по которым Бог мог бы в своей мультивселенной создавать вселенные, где важную роль играет случай. В то же время, я оставляю за собой возможность объяснять события в терминах ограниченного прямого Божественного вмешательства, помимо случайных событий.

Наша вселенная, безусловно, кажется такой, где индивидуумы и общества подвержены случайным событиям. Действительно, несколько еврейских философов Средневековья считали наше существование в значительной степени «управляемым» случаем. В «Путеводителе растерянных» Маймонид писал:

> Я ни в коем случае не верю, что сей данный лист упал из-за провидения, надзирающего за ним; и что этот паук поглотил эту муху, потому что Бог теперь постановил и пожелал что-то относительно отдельных существ... Ибо все это, по моему мнению, происходит из-за чистой случайности (Маймонид. Путеводитель растерянных: 3:17).

И:

> Божественное Провидение для людей оценивается в соответствии со степенью человеческого совершенства: Соответственно, Божественное Провидение не наблюдает в равной степени за всеми людьми человеческого рода, но возрастает в своем внимании по мере того, как растет их человеческое совершенство... Что касается невежественных и непослушных, их состояние презренно... и они были низведены до уровня особей всех других видов животных (Там же, 3:18).

Нахманид (1194–1270) принял еще более ограничительный взгляд на Божественное Провидение, ограничив его только «святыми»:

Знание Бога, которое является Его Провидением в низшем мире, относится к сохранению видов. И также люди преданы в [мире] воле случая, до времени суда над ними. Однако Своим святым Он уделяет внимание, чтобы лично знать их, чтобы Его защита всегда была с ними (Нахманид на Бытие 18:19. Перевод мой)[17].

Аналогичным образом, Бахья бен Ашер (XIII век) пишет, что

Провидение, спасающее одного человека от случайных событий, существует не для всех людей, даже в народе Израиля, за исключением святых среди них, которых Бог спасает от случайных событий, *которым преданы другие люди.* (Бахья бар Ашер, б.д. на Бытие 18:19. Мой перевод и мое выделение) [Bahya bar Asher, 1: 67].

Герсонид (1288–1344), как обычно понимают, придерживается взгляда на провидение, родственного взгляду Маймонида, а именно, что провидение не действует для большинства отдельных людей, а только в той степени, в которой редкие люди «объединяются с Богом», достигая соответствующих интеллектуальных уровней понимания. Таким образом, обсуждая книгу Иова, Герсонид приводит в качестве правильного взгляда на провидение следующее:

Провидение распространяется на мудрого человека в первую очередь из-за присущей ему способности воплощать свою потенциальную силу замысла в действительность... и поскольку злоба мешает людям постигать возвышенные идеи, как утверждал сам Иов, то отсюда следует, что на нечестивых не распространяется никакое провидение, но они предоставлены злой судьбе, уготованной им[18].

Принимая во внимание эти почтенные источники о провидении и случайности, нет никаких доктринальных оснований

---

[17] [Nachmanides 1959–1960: 110; на иврите]. Однако иногда Нахманид рассуждает иначе, имея в виду строгий Божий Промысел.

[18] [Lassen 1946: 232–233], цит. по: [Kellner 1974: 677].

придерживаться строгой версии Божественного Провидения, распространяющегося на все конкретные события и на всех людей. Поэтому я позволю себе, опираясь на очевидность, поддержать предположение, что в нашей вселенной есть изрядное количество случайности, движущей ею.

Соответственно, я буду отстаивать то, что я назвал в другом месте умеренным провидением, в котором случайность преобладает на одном уровне, в то время как направляющее Божественное Провидение существует на более высоком уровне в целостном виде[19]. В умеренном провидении Бог определяет общие результаты, не обязательно определяя детали, которые составляют этот результат. Один из способов, которым это может произойти, — это то, что называется «нисходящей» причинностью. Нисходящая причинность проявляется, когда организующие принципы более высокого уровня влияют на элементы на более низком уровне таким образом, что результирующее положение дел не может быть приписано кумулятивным свойствам самих более низких элементов. Это означает случайность и произвольность на уровне компонентов, в то время как более высокий уровень в целостном ограничивающем и направляющем процессе придает общую широкую организацию случайным событиям. Это несколько похоже на то, как я насыпаю сахар в миску через воронку. Я не определяю микропуть любой гранулы и не фиксирую место, где гранула приземлится в миске. Однако, высыпая его в воронку, я определяю, что гранулы окажутся где-то внутри миски, а не где-то еще. Я задам ограничивающие рамки для того, где будет находиться сахар, а именно в миске, не определяя для каждой крупинки сахара, где она будет, когда я закончу высыпать.

Хорошим примером высокоуровневого ограничения такого рода в природе случайных событий является понятие теистически направленной эволюции. В теистически направленной эволюции изменения в генетическом профиле организма могут быть вызваны случайностью, поскольку не существует законов или

---

[19] Более полное представление об умеренном провидении см. в [Gellman 2016].

закономерностей, в соответствии с которыми изменения могут быть включены на эмпирическом уровне. В то же время, генетические случайные события и сопутствующие им случайные вариации окружающей среды могут на высоком уровне руководства Божественного Провидения быть ограничены коридором возможностей («чашей», имеющей собственную форму и размер), который будет направлять эволюционную историю в общем направлении, а его определяет провидение[20]. Божественное Провидение позволяет случаю преобладать на микроуровне, одновременно следя за тем, чтобы все заканчивалось правильным образом на макроуровне.

Таким образом, наша вселенная является одной из вселенных, в которой случайность изобилует, в то время как другие вселенные будут, частично или полностью, иметь иную природу. И в этой нашей вселенной в общепризнанных закономерностях природы преобладает случайность. Это вселенная, в значительной степени характеризующаяся нисходящей Божественной, направляющей, целостной причинностью. Вселенные также будут различаться относительно степени, в которой Бог доступен созданиям вселенной. В некоторых вселенных Бог может быть вообще недоступен. В других вселенных Бог будет открыт для, так сказать, всеобщего обозрения. В других Бог будет доступен в определенной степени, в моменты откровения, в индивидуальных душах или в скрытой форме. Наша вселенная является именно такой, по крайней мере в нашем небольшом ее секторе: здесь есть явления Бога, включая моменты откровения, есть возможность переживать присутствие Бога, есть и другие намеки на Его присутствие.

Далее, моя теодицея гласит, что люди, которые существуют в этой вселенной, — это те, чей свободный духовный прогресс зависит от их посещения этой вселенной, по крайней мере один раз, но, возможно, несколько раз, возможно, с перерывами в ходе их путешествий по мультивселенной. Оправдание их пребывания в этой вселенной заключается в том, что им, чтобы разви-

---

[20] Одну из версий направленной эволюции см. у [Peacocke 2004].

ваться, необходимо жить некоторое время во вселенной, где доминирует случай, особенно в такой вселенной, где иногда кажется, что одно безобразие следует за другим. (Подробнее об этом ниже.)

Итак, вот моя вселенская теодицея для того сектора нашей вселенной, который мы знаем — жизни на Земле. В другом месте этой вселенной дела могут обстоять иначе. Люди на Земле являются результатом длительного эволюционного процесса, ключом к которому является выживание и воспроизводство. Следовательно, на Земле они обычно находятся на той стадии своих межмировых путешествий, когда в них очень развито стремление к удовлетворению их эгоцентричных потребностей. У них есть доминирующее, эгоистичное стремление, которое, в свою очередь, порождает вторичные стремления к безопасности, статусу, средствам к существованию и сильной идентичности в пределах своей семьи, города, страны и т. п. Хотя степень эгоцентризма определяется континуумом, этот континуум, увы, на Земле довольно тяжел.

Правда, наше эволюционное прошлое также наделило нас тем, что биологи называют «взаимным альтруизмом», который они определяют поведенчески, а не мотивационно. То есть при взаимном альтруизме я веду себя альтруистично по отношению к другим, чтобы повысить вероятность того, что они, в свою очередь, будут действовать таким же образом по отношению ко мне. Таким образом, взаимный альтруизм все же соответствует нашим «эгоистичным генам». Тем не менее по всей земле (в прошлом, настоящем и будущем) существуют люди, в высокой степени ориентированные на других, которые парят намного выше ландшафта, который простирается от стремления к выживанию до стремления к удовольствию. И есть просто обычные люди, как вы и я, которых иногда можно поймать на действиях из подлинного альтруизма, когда они мотивированы действовать исключительно ради других.

Эгоцентризм является фундаментальным аспектом личности на земле и как таковой является причиной страданий по двум причинам. Во-первых, люди заставляют других страдать из-за того, что они считают своими интересами. Бездумность, безразличие, жадность, жестокость, гнев и многое другое — все это симптомы эгоцентризма, когда человек действует без заботы о других. Войны и социальные потрясения в больших масштабах — то же самое. Правительства и общества имеют тенденцию расширять эгоцентризм человека, который отождествляется со «своим» государством, народом и культурой. Экономические и политические институты, даже когда это не является их целью, причиняют огромное горе и несчастье, не говоря уже о преднамеренных злоупотреблениях экономической и политической властью, как дальнейших последствиях эгоцентризма. Для слишком многих людей на земле, как пишет Сартр, «ад — это другие»[21].

Проходя через множественные вселенные, мы учимся развивать нашу любовь к другим, ко всем созданиям, и через это (а также иными путями) — нашу любовь к Богу. Любовь к Богу возвращается, чтобы вызвать больше любви ко всему остальному, поскольку Бог обладает совершенной благостью, и любовь к Богу, если не что-то еще, мотивирует нас быть настолько совершенными в благости, насколько это возможно.

Вторая причина, по которой эгоцентризм вызывает страдания, заключается в том, как люди переносят превратности жизни. Обычно мы реагируем на события с точки зрения нашей эгоцентричной поглощенности. Когда дела идут не так, как нам хочется, мы разочаровываемся, грустим, приходим в отчаяние. Испытывая боль, мы желаем ее избежать — часто тщетно. Мы страдаем от боли. Феноменология боли отличается от феноменологии страдания — страдание накладывается на боль. Боль необязательно влечет за собой страдание. Подумайте о ребенке, у которого болит палец и он действительно страдает, а мы, взрослые, думаем, что его боль не так уж сильна. Или подумайте о том, как, когда я сижу в медитации, мои ноги начинают болеть из-за их неподвижного положения в течение длительного периода, иногда сильно, и все же я не страдаю от боли. Я пребываю в пассивной невозму-

---

[21] Русское издание: [Сартр 2017].

тимости[22]. И все же мы чаще всего воспринимаем боль как страдание.

Болезнь, наводнения, штормы, землетрясения и все остальное могут принести хаос в человеческую жизнь и переживаются почти исключительно через страдания и поражения. Я не призываю смотреть с оптимизмом на человеческие страдания или обвинять людей в том, как они реагируют на такие события в своей жизни. Страдание реально, и мы должны сделать все возможное, чтобы облегчить его. Но именно реакция на страдание обязывает нас, а не боль как таковая. Я хочу сказать, что человеческие реакции на невзгоды могли бы, в принципе, быть совсем другими, чем они есть. Мы, как правило, не способны реагировать на боль иначе, чем страданием, из-за нашей поглощенности собой.

Примеры различных возможных реакций на боль разбросаны по всей истории. Яркими примерами являются религиозные мученики. Иерусалимский Талмуд (Брахот 14б) рассказывает историю рабби Акивы (I век), которого до смерти пытал римский центурион Руфус. Последний увидел, что рабби Акива, как будто не замечая своей боли, читает молитву Шма, молитву, в которой говорится, что мы должны любить Бога всей своей душой. Руфус подумал, что рабби Акива — волшебник, который может свести на нет боль, просто заставить ее исчезнуть, или что рабби Акива каким-то образом просто невосприимчив к боли. Однако я предполагаю, что то, что демонстрировал рабби Акива, не имело ни магической, ни биологической природы. Рабби Акива не испытывал боль так, как мы обычно это делаем. Он испытывал сильнейшую боль, но преодолел эгоцентричный ответ на боль, чтобы в это мгновение предложить свою жизнь Богу. Рабби Акива испытывал сильную боль, но не страдал. Правдива ли эта история или только легенда — не суть важно. Скорее, суть в том, что Талмуд выдвигает эту историю как идеал в ответ на боль, идеал, конечно, трудно достижимый в этом мире.

---

[22] Это не значит «смейтесь и терпите». Когда вы смеетесь и терпите, вы пытаетесь скрыть тот факт, что вы страдаете.

Ранние христианские мученики также демонстрировали победу над эгоцентричными реакциями на боль. Их бросали на растерзание диким животным, пытали на дыбе, сжигали на кострах, жарили заживо, обезглавливали или побивали камнями, но они предпочитали суровые пытки и смерть отречению от своей христианской веры. Я считаю, что они, несомненно, испытывали боль, но не страдали от нее, по крайней мере, в той степени, в которой мы ожидали бы. Позже многие евреи демонстрировали схожее религиозное отношение к боли, сталкиваясь с католической инквизицией.

В этих особых случаях люди, терпящие боль, развили или, по крайней мере, признали идеалом преодоление страданий. И в принципе, в той степени, в которой это возможно для созданных существ, человеческие страдания могли бы быть уменьшены, если бы мы были менее эгоцентричными, чем мы есть. Однако в этой вселенной, за исключением душ, которые разбросаны здесь и там и которые намного опережают остальных из нас, мы представляем собой смешение впервые вошедших в поток и других, которые не слишком опережают их. Наше страдание — нечто само собой разумеющееся.

На земле мы узнаем, каково жить, подчиняясь воле случая, будучи при этом сами до краев наполнены самозаботой и самоугождением. Мы узнаём, то значит испытывать боль как страдание. Мы близко знакомимся с тем, каково реагировать на события как на разочарования и как на причины парализующей грусти. Мы понимаем, что значит быть движимым врожденной потребностью выживать и размножаться. И мы слишком хорошо знаем тревогу, страх и гнев, которые чувствуем, когда нам угрожает опасность. Многие из нас узнаю́т, что значит, когда вся жизнь становится поражением.

В нашей жизни есть радикально безнравственные люди, идущие своим путем к Богу, которые представляют нам весь ужас безнравственности — нам гораздо проще обнаружить ее в других, чем в себе. Благодаря им мы узнаем цену серьезного эгоцентризма. Но мы также видим намеки на другой путь, отрекающийся от эгоизма. Взаимный альтруизм (хотя еще не подлинная забота о других) открывает окно к подлинной любви, направленной на других. Бог дает человеческие образцы истинного альтруизма, чтобы остальные люди могли стать свидетелями того, чего Бог желает для нас. Подлинная любовь матерей и отцов к своим детям является для нас подобием как любви Бога к нам, так и той любви, что нам суждено иметь к Богу и ко всем другим. Мы сами поднимаемся над мирским, чтобы совершать поступки истинного альтруизма, поступки, которые держат перед нами зеркало того, как мы будем выглядеть в будущей жизни. И мы благословлены от Бога многими дарами, от «ежедневных чудес с нами» до особых моментов Божьей благодати к нам. Это окна в мессианское будущее, где подобное будет нормой существования.

Наша жизнь на земле — одна, вероятно, из многих, в которых нам показывают как последствия поглощенности собой, так и идеал самоотдачи. Это одна из серии вселенных, в которых мы, рассматривая причины и последствия событий, можем оценить то, в какой степени наши страдания находятся в наших руках, и это касается как преступников, так и объектов зла. С этим пониманием в качестве отправной точки мы переходим к следующей станции вселенной, где мы можем делать больше добра и меньше зла, и где естественное зло уменьшается в той степени, в которой мы усвоили наш урок в предыдущих вселенных, в которых мы жили. Некоторые вселенные по пути будут переполнены добром и близостью к Богу, с небольшим количеством зла. Такие вселенные будут такими отчасти из-за того, что их обитатели имеют большую склонность к добру, поскольку жили в более ранних вселенных. Количество добра и свободы от страданий, которые накапливаются ускоренными темпами во вселенных, которые мы занимаем, вместе с изобильной благостью вселенных будущей Мессианской Эры, наилучшим образом оправдывает это путешествие.

Эта возможная теодицея направлена на то, чтобы в какой-то степени ослабить силу аргумента от зла, избегая легкомысленного отношения к самому злу. Моя возможная теодицея не умаляет зло мультивселенной. Напротив, цель мультивселенной в первую очередь состоит в том, чтобы преодолеть зло путем формирования дающего «я» вместо берущего «я». Моя возможная теодицея требует желать предотвращения зла в любой вселенной, в которой оказываются разумные личности, и действовать с этой целью.

Кто-то скажет, что мы не должны стремиться устранить зло, поскольку Бог хочет, чтобы мы жили в мире случайностей, включающем зло и страдания. Если устраним зло, мы, дескать, будем действовать против планов Бога. Поэтому мы должны просто позволить злу идти своим чередом. Этот аргумент рассыпается, потому что моя теодицея включает в себя промежуточное знание Бога. Итак, Бог знает для каждой вселенной, которую Он создает, какова будет степень свободно избранного добра в этой вселенной, и Бог знает относительно каждой вселенной, сколько зла предотвратят наши человеческие действия. Бог учитывает зло, которое предотвратят люди, когда Бог решает, какие вселенные создать. Затем прогресс в путешествии по вселенным измеряется степенью нашей любви к Богу и к другим людям и степенью блага, совершенного нами ради Бога и ради других людей. Мы измеряемся нашей решимостью избегать зла и нашей решимостью устранить это зло. В этой теодицее Бог в Своей совершенной благости калибрует миры и определяет их для тех, кто идет к окончательному исполнению своего предназначения. Моя теодицея предполагает, как все это становится возможным, когда люди выбирают желание приблизиться к Богу — любить и давать так же, как Бог любит и дает. Каждый человек, сотворенный Богом, достигнет этой цели в своей Мессианской Вселенной в обществе, освященном Именем Бога.

Моя теодицея не объяснила страдания животных. Одна из возможностей — что у животных есть человеческие души и поэтому их страдания поглощаются человеческими страданиями. Хотя странно представить себе животное с человеческой душой, есть способ обойти эту трудность. Души, которыми обладают люди, являются человеческими не по своей сути, а лишь случайно. Подумаем о душах как об общих сущностях, которые сами по себе ни люди, ни животные, которые могут безразлично обитать в людях, животных или любых других формах, существующих для них в этой или других вселенных. Тогда наличие у животного «человеческой души» означало бы не что иное, как то, что у него есть душа, подобная той, что есть и у людей. Просмотрите мой предыдущий сценарий личностной идентичности и подумайте о животных — в целом — как о существах, обладающих еще большей дозой эгоцентризма, чем люди. Результат: теодицея страданий животных.

Другим решением проблемы страданий животных мог бы стать полный отказ от онтологии отдельных индивидуумов в пользу хасидской онтологии «части Бога». Души с частицами Бога будут происходить из единой сущности, которая имеет — на данный момент — разделенное сознание в отдельных физических сущностях. Хотя в настоящее время все души разделены в сознании, позже они станут единым сознанием, поглощенным Богом. Это примерно как если бы мы могли разъединить правую и левую доли мозга и получить параллельные сознания, а затем рекомбинировать их, чтобы слить их в единое сознание. То, что мы принимаем за онтологически отдельные человеческие души, — фазы одной обширной души, Божества. Тогда мы можем думать о страдающих животных как о сегментах одной души. Затем мы можем представить себе, что этот сегмент переходит в другие физические формы в других вселенных. Тогда и животные будут интегрированы в мою возможную теодицею.

Многие, без сомнения, посмеются над этим предложением, поскольку убеждены, что мы, очевидно, не похожи на животных, и наши души не имеют с ними ничего общего. «Я — это очевидно — фундаментально дискретная, независимая и устойчивая сущность. Никто не смеет отнять это у меня!» Тем не менее, если задуматься, может быть и так, что наша привязанность к онтологии индивидуумов и наше сопротивление мысли, что животные имеют подобную нам душу, основаны всего лишь на эгоцентричной потребности чувствовать, что каждый из нас автономен как отдельное, исключительно человеческое «я».

Я не осмелюсь здесь говорить об аде ужасов, обрушившихся на мир и еврейский народ в первой половине XX века. Осмелюсь ли

я сказать, что миллионы евреев, включая всю семью моей бабуш-
ки, оставшуюся в Опатове, в Польше, убитую в Треблинке
в ноябре 1943 года, должны были познать массовые варварские
страдания и жестокие убийства ради мультивселенного процесса создания души? Я боюсь так думать и обойду это молчанием.
Шоа — это черная дыра в моей теодицее, из которой не может
вырваться никакой свет. Это одна из веских причин, по которой
я представляю свою теодицею лишь как частичную. После всего
сказанного остается полная непостижимость Бога.

Действительно ли существуют все эти вселенные и вращаю-
щиеся души? Действительно ли существуют мессианские вселенные? Опять же, я не знаю. Но я выступаю за то, что было бы
уместно, если бы Бог создал их в рамках параметров, которые
я сформулировал ранее в этой главе. И если допустить, что Бог
«окружен облаком и тьмой», их существование согласуется со
всем, что мы знаем. И их существование согласуется с теизмом.
Следовательно, это возможная теодицея. С помощью этого сце-
нария я надеюсь представить возможный путь для объяснения
по крайней мере значительной части зла в этом мире из нас.
И с этим, я надеюсь, я внес вклад в облегчение в какой-то степени проблемы зла для человека веры.

Остается применить эту возможную теодицею к проблеме
идеологической критики истории. Вспомним, что идеологическая
критика истории протестует против того, как многие повествования и законы Библии и раввинистической литературы пони-
мались и практиковались в прошлом. Как таковые, они воплощают в себе морально проблемное содержание. Эта проблема
остается, даже если нам удастся смягчить остроту современной
идеологической критики. Недостаточно переделать повествования в соответствии с хасидским этосом, как я высказался в предыдущей главе, или заявить, что многие законы, считавшиеся
морально проблемными, больше не действуют и не будут действовать в будущем. Ибо это оставляет нас с тревожным вопросом, как Бог, если Он совершенно благ позволил такому морально проблемному содержанию существовать в таком виде в прошлом.

Моя теодицея сказала бы, что мы живем во вселенной, в которой преобладает умеренное провидение, в которой Божественное влияние, как правило, является высокоуровневым, направленным сверху вниз целостным влиянием на более низкие уровни случайности и свободный человеческий выбор. Другие миры не обязаны быть такими. Вполне могут быть вселенные с более прямым Божественным вмешательством, чем в этой, или вселенные с менее целостным Божественным контролем, чем в нашей, и т. д. Индивидуумы, которые появляются в этой вселенной, должны прожить жизнь здесь, чтобы продвигаться в великом проекте создания своей души. В этой нашей «чаше» создания души, наполненной сахаром, солью и перцем, мы живем со случайностью, происходящей внутри широких границ, установленных высокоуровневым провидением, в каждой сфере жизни. Иногда мы можем ощущать Руку Бога напрямую в нашей жизни, но в этой вселенной это не стандартный сценарий.

Умеренное провидение Божественного в широком смысле формирования мира — налагаемое на случайные события низшего уровня — также применимо к содержанию Торы и еврейских текстов. Умеренное провидение не должно просачиваться во все детали содержания. По этой причине, как я уже утверждал в другом месте, Тора необязательно должна сообщать истинную историческую правду. Это рассуждение применимо и здесь. Это означает, что хотя общий моральный этос и направление еврейской традиции являются провиденциальными, они не должны опускаться до уровня всех деталей. С одной стороны, Тора — это Тора Бога, потому что Божественное Провидение управляет ее общим направлением и этосом в том, что мы можем назвать «макроуправлением». В то же время она построена из компонентов, которые необязательно «микроуправляемы». На макроуровне также присоединяются случайность и человеческий выбор. Так обстоят дела в нашей вселенной, и так Бог запланировал это для тех из нас, кому нужно испытать жизнь в такой вселенной. Мы испытываемся и должны пройти свой путь. Таким образом, идеологическая критика истории соответствует природе этой вселенной в том виде, в каком она существует, в то время как другие вселенные будут отличаться от нашей во многих отношениях.

На практике это означает, что в этой вселенной человеку суждено испытывать несправедливость и неправоту, как в мире в целом, так и в рамках своей религии. Вот что значит находиться в таком мире. Здесь мы сталкиваемся с вызовами и испытаниями со стороны мирового зла и моральных пробелов наших собственных религий. В процессе создания души мы должны научиться правильно оценивать моральные вопросы, касающиеся истории наших традиций. С одной стороны, мы должны научиться избегать жестокосердия, антипатии и просто преданности системе, когда сталкиваемся с моральными ошибками; но, с другой стороны, когда речь идет о моральный вопросах, мы не должны поддаваться влиянию толпы из-за наших личных или групповых страхов оказаться изгоями или не принадлежать к большинству. Мы должны подходить к моральным вопросам с честностью и смирением, а не следовать последней моде в моральных нововведениях, только потому что они являются последней модой. Моральные проблемы не должны рассматриваться в зависимости от модный тенденций. По этой причине моя теодицея рискует утверждать, что нам даны моральные недостатки в наших религиях, чтобы мы научились честно смотреть Богу в лицо с предельной преданностью Богу и добру, и, как я утверждал от имени некоторых моих хасидов, не дарить нашу предельную преданность системе, которая угрожает встать между нами и Богом.

Моя возможная теодицея выводит нас за пределы ограниченного видения одной вселенной, чтобы контекстуализировать нашу ситуацию в большом массиве вселенных. И моя теодицея не настаивает на том, что наша вселенная является одной из мессианских вселенных. Моя возможная теодицея, как мы, по крайней мере, надеемся, в значительной степени отдает должное силе, знанию и доброте Бога как совершенно благого существа. Бог воскрешает мертвых, чтобы они могли снова жить в другой вселенной; и в конце их путешествий по многочисленным вселенным Бог исцелит больных (в душе), приведет измученных к победе и спасет бедных от желаний, страхов и ненависти, перед которыми они бессильны в нашей вселенной.

Традиционный еврей, таким образом, может продолжать верить в совершенно благого Бога, если он примет Ответ смирения — что в значительной степени Бог находится за пределами нашей способности судить; если он примет, что проект превращения Бога еврейской Библии и раввинской литературы в образ еврейского Бога является постоянным обязательством перед Богом и перед нами; и если он может представить себе возможность того, что у Бога есть веская причина допустить, по крайней мере, большую часть мирового зла. В любом случае утверждение о том, что существует совершенно благой Бог, может быть достаточно правдивым для того, чтобы он захотел придерживаться этого курса.

Заключение

Я представил здесь теологические подходы к проблемам, встающим у современного традиционного еврея, затронутого современными моральными убеждениями, на пути веры в совершенно благого Бога. Есть те, для кого этот теологический подход будет излишним, потому что когда вы любите что-то, то принимаете его таким, какое оно есть. Вы готовы нести с ним его проблемы, пробираясь, шаг за шагом, через лабиринт под названием «жизнь».

Нет никакого грандиозного плана — просто вы, спонтанно и интуитивно, делаете все возможное, чтобы избежать внезапных кратеров и нависающих скал, которые появляются на вашем пути. Никакой теологии. Жизнь.

Библиография

Abe 1992 — Abe Masao. A Study of Dogen: His Philosophy and Religion / Edited by Steven Heine. Albany: State University of New York, 1992.

Adams 1977 — Adams Robert Merrihew. Middle Knowledge and the Problem of Evil // American Philosophical Quarterly. — 1977. — No. 14. P. 109–117 (2).

Alston 1991 — Alston William P. The Inductive Argument from Evil and the Human Cognitive Condition // Philosophical Perspectives. 1991. No. 5. P. 29–67.

Armstrong 1968 — Armstrong David M. A Materialist Theory of the Mind. London: Routledge, 1968.

Augustine 2015 — Augustine. The Morals of the Catholic Church / Translated by Richard Stothert. Seattle: Createspace Independent Publishing Platform, 2015.

Ayer 1952 — Ayer A. J. Language, Truth, and Logic. New York: Dover, 1952.

Bahya bar Asher — Bahya bar Asher. Midrash on the Five Books of the Torah. N.d.

Bal 1987— Bal Mieke. Lethal Love: Feminist Readings of Biblical Love Stories. Bloomington: Indiana University Press, 1987.

Basile, Kiverstein 2010 — Basile Pierfrancesco, Kiverstein Julian. The Metaphysics of Consciousness / Edited by Pauline Phemister. Cambridge: Cambridge University Press, 2010.

Bergmann, Murray 2011 — Bergmann Michael, Murray Michael J. Divine Evil? The Moral Character of the God of Abraham / Edited by Michael C. Rea. Oxford: Oxford University Press, 2011.

Bettenson 2011 — Bettenson Henry. Documents of the Christian Church. 4th ed. / Edited by Chris Maunder. Oxford: Oxford University Press, 2011.

Biale et al. 2018 — Biale David, Assaf David, Brown Benjamin, Gellman Uriel, Heilman Samuel, Rosman Moshe, Sagiv Gadi. Hasidism: A New History / Edited by Marcin Wodziński. Princeton: Princeton University Press, 2018.

Bohm 1980 — Bohm David. Wholeness and the Implicate Order. London: Routledge, 1980

Braithwaite 1971 — Braithwaite R. B. An Empiricist's View of the Nature of Religious Belief. // The Philosophy of Religion / edited by Basil Mitchell. Oxford: Oxford University Press: 1971. P. 72–91.

Bunge, Frethheim 2008 — Bunge Marcia, Frethheim Terence E. The Child in the Bible / Edited by Beverly Roberts Gaventa Grand Rapids: Eerdmans, 2008.

Bruntrup 2017 — Bruntrup Godehard. Panpsychism: Contemporary Perspectives / Edited by Ludwig Jaskolla. Oxford: Oxford University Press, 2017.

Byrne 1995 — Byrne Peter. Omnipotence, Feminism and God // International Journal for Philosophy of Religion. 1995. Vol. 37, No. 3. P. 145–165.

Byrne 2008 — The Many Worlds of Hugh Everett // Scientific American. 2008. Vol. 299 (October).

Cardozo 2018 — Cardozo Nathan Lopes. Jewish Law as Rebellion: A Plea for Religious Authenticity and Halachic Courage. Jerusalem: Urim Publications, 2018.

Christensen 1994 — Christensen David. Conservatism in Epistemology // Nous. 1994. Vol. 28. No. 1. P. 74.

Cochran 1971 — Cochran Andrew A. Relationships between Quantum Physics and Biology // Foundations of Physics. 1971. Vol. 1. No. 3. P. 235–250.

Copan 2011 — Copan Paul. Is God a Moral Monster? Making Sense of the Old Testament God. Grand Rapids: Baker Books, 2011.

Daly 1985 — Daly Mary. Beyond God the Father. Boston: Beacon Press, 1985.

Dawkins 2006 — Dawkins Richard. The God Delusion. Boston: Houghton Mifflin, 2006.

De Chardin 2002— De Chardin Pierre Teilhard. The Phenomenon of Man. New York: Perennial Library, 2002.

Deutsch 1969 — Deutsch Eliot. Advaita Vedanta: A Philosophical Reconstruction. Honolulu: East-West Center Press, 1969.

Eddington 1928 — Eddington A. The Nature of the Physical World. New York: Macmillan, 1928.

Faierstein 1989 — Faierstein Morris M. All Is in the Hands of Heaven: The Teachings of Rabbi Mordecai Joseph Leiner of Izbica. New York: Ktav, 1989; 2nd ed., Piscataway: Gorgias Press, 2005.

Feldmann-Kaye — Feldmann-Kaye Miriam. Jewish Theology in a Postmodern Age. Liverpool: The Littman Library of Jewish Civilization, forthcoming.

Figes 1970 — Figes Eva. Patriarchal Attitudes. Greenwich: Fawcett, 1970.

Fiorenza 1986 — Fiorenza Elisabeth Schlusser. In Memory of Her. New York: Crossroad, 1986.

Fishbane 1985 — Fishbane Michael. Biblical Interpretation in Ancient Israel. Oxford: Clarendon Press, 1985.

Fisher 2011 — Fisher Cass. A Contemplative Nation: A Philosophical Account of Jewish Theological Language. Stanford: Stanford University Press, 2011.

Flint 1998 — Flint Thomas P. Divine Providence: The Molinist Account. Ithaca: Cornell University Press, 1998.

Foucault 1972 — Foucault Michel. The Archaeology of Knowledge / Translated by Alan Sheridan. New York: Harper and Row, 1972.

Freeman 2006 — Freeman Anthony, ed. Consciousness and Its Place in Nature: Does Physicalism Entail Panpsychism? Exeter: Imprint Academic, 2006.

Gagliano et al. 2016 — Gagliano Monica, Vyazovskiy Vladyslav V., Borbély Alexander A., Grimonprez Mavra, and Depczynski Martial. Learning by Association in Plants // Scientific Reports. 2016. 6:38427.

Gellman 1984 — Gellman Jerome. The Philosophical Hassagot of Rabad on Maimonides' Mishneh Torah // The New Scholasticism. 1984. Vol 58. No. 2. P. 145–169.

Gellman 1993 — Gellman Jerome. Religious Diversity and the Epistemic Justification of Religious Belief // Faith and Philosophy. 1993. Vol. 10. No. 3. 345–364; reprinted in: Philosophy of Religion: The Big Questions // edited by Eleonore Stump and Michael J. Murray. Oxford: Blackwell, 1999. P. 441–453.

Gellman 1994 — Gellman Jerome. The Fear, the Trembling, and the Fire: Kierkegaard and Hasidic Masters on the Binding of Isaac. Lanham: University Press of America, 1994.

Gellman 1997 — Gellman Jerome. Experience of God and the Rationality of Theistic Belief. Ithaca: Cornell University Press, 1997.

Gellman 2001 — Gellman Jerome. Mystical Experience of God: A Philosophical Inquiry. Farnham: Ashgate Publishers, 2001.

Gellman 2006a — Gellman Jerome. Gender and Sexuality in the Garden of Eden // Theology and Sexuality 2006. Vol. 12, No. 3. P. 319–335.

Gellman 2006b — Gellman Jerome. Hasidism as an Activism // Religious Studies 2006. Vol. 42. No. 3. P. 343–349.

Gellman 2006c — Gellman Jerome. Wellhausen and the Hasidim // Modern Judaism. 2006. Vol. 26. No. 2. P. 193–207.

Gellman 2007 — Gellman Jerome. Conservative Judaism and Biblical Criticism // Conservative Judaism. 2007. Vol. 59. No. 2. P. 50–67.

Gellman 2011 — Gellman Jerome. Review of Michael Bergmann, et al, and Paul Copan // International Journal for Philosophy of Religion. 2011. Vol. 70. No. 2. P. 161–166.

Gellman 2012 — Gellman Jerome. God's Kindness Has Overwhelmed Us: A Contemporary Doctrine of the Jews as God's Chosen People. Brighton: Academic Studies Press, 2012.

Gellman 2016 — Gellman Jerome. This Was from God: A Contemporary Theology of Torah and History. Brighton: Academic Studies Press, 2016.

Gellman 2017 — Gellman Jerome. A Surviving Non-Inferential Argument from Evil // Faith and Philosophy. 2017. Vol. 34. No. 1. P. 82–92.

Glatzer 1953 — Glatzer Nahum. Franz Rosenzweig: His Life and Thought. New York: Schocken, 1953.

Goldman 1999 — Goldman Alvin I. Knowledge in a Social World. Oxford: Oxford University Press, 1999.

Goldschmidt 2014 — Goldschmidt Tyron. Jewish Responses to the Argument from Evil: Traditional Texts in Contemporary Categories // Philosophy Compass. 2014. Vol. 9. No. 12. P. 894–905; https://doi.org/10.1111/phc3.12176

Goldschmidt, Seacord 2013 — Goldschmidt Tyron and Seacord Beth. Judaism, Reincarnation, and Theodicy // Faith and Philosophy. 2013. Vol. 30 No. 4. P. 393–417.

Griffin 1998 — Griffin David R. Unsnarling the World Knot. Berkeley: University of California Press, 1998.

Hampson 1988 — Hampson Daphna. On Power and Gender // Modern Theology. 1988. Vol. 4. No. 3. P. 239ff.

Harris 2004 — Harris Sam. The End of Faith: Religion, Terror, and the Future of Reason. New York: Norton, 2004.

Hartman 2011 — Hartman David. The God Who Hates Lies: Confronting and Rethinking Jewish Tradition. Woodstock: Jewish Lights, 2011.

Hartshorne 1978 —Hartshorne Charles. Panpsychism: Mind as Sole Reality // Ultimate Reality and Meaning. 1978. Vol. 1. No. 2. P. 242–255.

Harvey 2011 — Harvey Warren. Nicole Oresme and Hasdai Crescas // Studies in the History of Culture and Science. Book 30 / edited by Resianne Fontaine, Ruth Glasner, Reimund Leicht, and Giuseppe Veltri. Leiden: Brill, 2011. P. 347–359.

Hazony 2012 — Hazony Yoram. An Imperfect God // The New York Times. 2012. November 25.

Hegel 1961 — Hegel Georg Wilhelm Friedrich. On Christianity / Translated by T. M. Knox. New York: Harper Torchbooks, 1961.

Heschel 1996 — Heschel Abraham Joshua. Hasidism as a New Approach to Torah // Abraham Joshua Heschel: Moral Grandeur and Spiritual Audacity / edited by Susannah Heschel. New York: Farrar, Straus and Giroux Noonday Press, 1996. P. 33–39.

Hick 1989 — Hick John. An Interpretation of Religion: Human Responses to the Transcendent. Basingstoke: Palgrave Macmillan, 1989.

Hick 1994 — Hick John. Death and Eternal Life. Louisville: Westminster / John Knox, 1994.

Hick 2007 — Hick John. Evil and the God of Love. 2nd. ed. New York: Palgrave Macmillan, 2007.

Hitchens 2007 — Hitchens Christopher. God Is Not Great: How Religion Spoils Everything. New York: Twelve, Hachette Book Group USA, 2007.

Holloway 2004 — Holloway Richard. Review: After These Things by Jenny Diski // The Guardian. 2004. April 23.

Howard-Snyder 1996 — Howard-Snyder Daniel. The Argument from Inscrutable Evil. // The Evidential Argument from Evil / edited by Daniel Howard-Snyder. Bloomington: Indiana University Press, 1996. P. 299–300.

Inwagen 2011 — Inwagen Peter van. Comments on "The God of Abraham, Isaac, and Jacob." In Divine Evil? The Moral Character of the God of Abraham / edited by Michael Bergmann, Michael J. Murray, and Michael C. Rea. Oxford: Oxford University Press, 2011. P. 79–84.

Jacobs 2006 — Jacobs Louis. Hasidic Prayer. Oxford: Littman Library, 2006.

James 1950 — James William. Principles of Psychology. Mineola: Dover, 1950.

Jonas 2016 — Jonas Silvia. Ineffability and Its Metaphysics: The Unspeakable in Art, Religion, and Philosophy. Basingstoke: Palgrave Macmillan, 2016.

Joyce 2001 — Joyce James. A Portrait of an Artist as a Young Man. Hertfordshire: Wordsworth Editions, Limited, 2001.

Kaplan 1995 — Kaplan Mordecai M. The Meaning of God in Modern Jewish Religion. Detroit: Wayne State University Press, 1995.

Kellner 1974 — Kellner Menachem. Gersonides, Providence, and the Rabbinic Tradition. // Journal of the American Academy of Religion. 1947. Vol. 42. No. 4. P. 673–685.

Kitcher 2011 — Kitcher Philip. Challenges for Secularism. // The Joy of Secularism: 11 Essays for How We Live Now / edited by George Levine, 26. Princeton: Princeton University Press, 2011.

Lassen 1946 — Lassen Abraham L., ed. and trans. The Commentary of Levi ben Gerson (Gersonides) on the Book of Job. New York: Bloch Publishing Company, 1946

Laing 2019 — Laing, John D. Middle Knowledge // The Internet Encyclopedia of Philosophy. Accessed 13 April 2019. http://www.iep.utm. edu/middlekn/.

Laytner 1990 — Laytner Anson. Arguing with God: A Jewish Tradition. Northvale: Jason Aronson, Inc., 1990.

Magid 2003 — Magid Shaul. Hasidism on the Margin. Modern Jewish Philosophy and Religion: Translations and Critical Studies. Madison: University of Wisconsin Press, 2003.

Maher 2017 — Maher Chauncey. Plant Minds: A Philosophical Defense. Oxford: Routledge, 2017.

Maimonides 1965 — Maimonides. The Guide of the Perplexed / Translated by Shlomo Pines. Chicago: Chicago University Press, 1965.

Marmorstein 1968 — Marmorstein Arthur. The Old Rabbinic Doctrine of God. New York: Ktav Publishing House, 1968.

McCain 2008 — McCain Kevin. The Virtues of Epistemic Conservatism. // Synthese. 2008. Vol. 164. No. 2. P. 187–188.

Menachem Mendel — Menachem Mendel, Shimon, ed. The Book of Baal Shem Tov. No Bibliographical Data.

Meyers 1988 — Meyers Carol. Discovering Eve: Ancient Israelite Women in Context. Oxford: Oxford University Press, 1988.

Mill 1913 — Mill John Stuart. On Liberty. London: Longmans, Green, and Co., 1913.

Moberly 2009 — Moberly R. W. L. The Theology of The Book of Genesis. Cambridge: Cambridge University Press, 2009.

Nachmanides 1959–1960 — Nachmanides (Moshe ben Nachman). Commentaries to the Torah. Volume 1. Jerusalem: Mossad Harav Kook, 1959–1960. Hebrew.

Nagel 2012 — Nagel Thomas. Mind and Cosmos: Why the Materialist Neo-Darwinian Conception of Nature is Almost Certainly False. Oxford: Oxford University Press, 2012.

Peacocke 2004 — Peacocke Arthur. Evolution: The Disguised Friend of Faith? West Conshohocken: Templeton Foundation Press, 2004.

Pew Research Center 2018 — Pew Research Center, "The Global Religious Landscape." 2018. http://www.pewforum. org/2012/12/18/global-religious-landscape-exec/.

Plantinga 2000 — Plantinga Alvin. Postmodernism and Pluralism // Warranted Christian Belief. Oxford: Oxford University Press, 2000. P. 422–457.

Robertson 1963 — Robertson John. Honest to God. Louisville: John Knox Press, 1963.

Rosenberg 2013 — Rosenberg Shimon Gershon (Rabbi Shagar). Judaism and Post-Modernity. // Luhot ve Shivrei Luhut Tablets and Broken Tablets: Jewish Thought in the Age of Post-Modernism. / Translated by Moshe Simkovich and edited by Shimon Gershon Rosenberg. Tel Aviv: Yediot Aharonoth, Sifrei Hemed, 2013.P. 428–440. Hebrew. Accessed January 18, 2018. https://kavvanah.wordpress.com/2016/10/26/judaism-and-post-modernity-rabbi-shagar-in-english-translation/

Rosman 1996 — Rosman Moshe. Founder of Hasidism: A Quest for the Historical Ba'al Shem Tov. Oakland: University of California Press, 1996.

Ross 2002 — Ross Tamar. The Meaning of Religious Statements in a Postmodern Age. In Jewish Culture in the Eye of the Storm: A Jubilee Book in Honor of Yosef Ahituv / Edited by Avi Sagi and Nahem Ilan. Tel Aviv: Hakibbutz Hameuhad, 2002. P. 459–483. (Hebrew)

Ross 2004 — Expanding the Palace of Torah: Orthodoxy and Feminism / HBI Series on Women. Boston: Brandeis, 2004.

Rudavsky 2003 — Rudavsky T. M. The Impact of Scholasticism upon Jewish Philosophy in the Fourteenth and Fifteenth Centuries. // The Cambridge Companion to Medieval Jewish Philosophy / Edited by Daniel H. Frank and Oliver Leaman. Cambridge: Cambridge University Press, 2003. P. 345–370.

Russell 1921 — Russell Bertrand. The Analysis of Mind. London: George Allen and Unwin, 1921.

Sagi 2009 — Sagi Avi. Jewish Religion after Theology. Translated by Batya Stein. Brighton: Academic Studies Press, 2009.

Salanter 1989–1990 — Salanter Yisrael. The Writings of Rabbi Yisrael Salanter. Jerusalem: Bialik Institute, Sifriat Dorot, 1989–1990. (Hebrew)

Scholem 1971 — Scholem Gershom. Devekut or Communion with God // The Messianic Idea in Judaism, and other Essays in Jewish Spirituality / Edited by Gershom Scholem. New York: Schocken Books, 1971. P. 203–227.

Seager 1995 — Seager William E. Consciousness, Information, and Panpsychism // Journal of Consciousness Studies. 1995. Vol. 2. No. 3. P. 272–288.

Searle 2004 — Searle John. Mind: A Brief Introduction. Oxford: Oxford University Press, 2004.

Skrbina 2005 — Skrbina David. Panpsychism in the West. Cambridge, MA: The MIT Press, 2005.

Skrbina 2009 — Skrbina David, ed. Mind that Abides: Panpsychism in the New Millenium. Amsterdam: John Benjamins Publishing Company, 2009.

Smart 1959 — Smart J. J. C. Sensations and Brain Processes // Philosophical Review. 1959. Vol. 68. No. 2. P. 141–156.

Strawson 2008 — Strawson Galen. Realistic Monism // Galen Strawson. Realistic Materialism: and other Essays. Oxford: Oxford University Press, 2008.

Stump 2016 — Stump Eleonore. The God of the Bible and the God of the Philosophers. Milwaukee: Marquette University Press, 2016.

Swinburne 1993 — Swinburne Richard. The Coherence of Theism. Oxford: Clarendon Press, 1993.

Tertullian — Tertullian. Anti-Marcion in Latin Christianity: Its Founder, Tertullian. Grand Rapids: Eerdman's Publishing Company.

Trible 1973 — Trible Phyllis. Eve and Adam: Genesis 2–3 Reread. // Andover Newton Quarterly. 1973. Vol. 13. No. 4. P. 251–258.

Uffenheimer 1993 — Uffenheimer Rivka Shatz. Hasidism as Mysticism: Quietist Elements in Eighteenth-Century Hasidic Thought. Princeton: Princeton University Press, 1993.

Urbach 1986–1987 — Urbach Ephraim E. The Sages: Their Concepts and Beliefs. 6th ed. Jerusalem: Magnes Press, Hebrew University, 1986–1987. (Hebrew)

Vilenkin, Tegmark 2011 — Vilenkin Alexander, and Tegmark Max. The Case for Parallel Universes // Scientific American. 2011. Vol. 305. No. 2. P. 38–43.

Wainwright 2009 — Wainwright William. Two (or Maybe One and a Half Cheers) for Perfect Being Theology // Philo: A Journal of Philosophy. 2009. Vol. 12. No. 2. P. 228–251.

Weinfeld 1979 —Weinfeld Moshe. "Justice and Righteousness" in Ancient Israel against the Background of Social Reforms in the Ancient Near East. Jerusalem: Institute for Advanced Studies of The Hebrew University, 1979.

Weiss 2017 — Weiss Dov. Pious Irreverence: Confronting God in Rabbinic Judaism. Philadelphia: University of Pennsylvania Press, 2017.

Wettstein 2012 — Wettstein, Howard. The Significance of Religious Experience. Oxford: Oxford University Press, 2012.

Whitehead 1926 — Whitehead Alfred North. Religion in the Making. Cambridge: Cambridge University Press, 1926.

Whitehead 1938 — Whitehead Alfred North. "Nature Alive." Lecture Eight in Modes of Thought. New York: Macmillan, 1938.

Wittgenstein1979 — Wittgenstein, Ludwig. On Certainty. Oxford: Basil Blackwell, 1979.

Издания на иврите

Баал Шем Тов — Баал Шем Тов ал ха-Тора 6. изд., б. д.

Баал Шем Тов 1991 — Баал Шем Тов, Израэль и Дов Бер из Межерича. Тцавват Хариваш. Brooklyn: Kehot Publication Society, 1991.

Горовиц 1883 — Горовиц Яков Ицхак. Зиккарон Зот. Мункач: б. изд. 1883.

Горовиц 1971–1972 —Горовиц Яков Ицхак. Зера Кодеш. Иерусалим: б. изд., 1971–1972.

Горовиц 2015 — Горовиц Шабтай Шефтель. Сефер Нишмат Шабтай Галеви. Ришон Лецион: б. изд., 2015.

Дов Бер 1990 — Дов Бер из Межерича. Магид д'арай л'Яааков. Изд. Ривкой Шац Уффеннгеймер 70. Иерусалим, Магнес Пресс, 1990. (Иврит)

Зак 2002 —Зак Браха. Шомер Хапардес: Хамикубал Раввин Шабтай Шефтель Горовиц ме-Прага. Беэр-Шева: Университет Бен-Гуриона, 2002.

Ирин Кадишин 2009 — Ирин Кадишин. Иерусалим: Махон Цифдей Цадиким, 2009.

Ицхак из Радвил 2009 — Ицхак из Радвил. Или Ицхак. Brooklyn: Machon Or Yitzchak Radvil, 2009.

Кетер Шем Тов 1968 — Кетер Шем Тов. Иерусалим: 1968.

Кетер Шем Тов 2011 — Кетер Шем Тов. Brooklyn: Kehot Publishing Society, 2011.

Кук 2014 — Кук Абрахзам Исаак. ЛэНивуйхей Хадор. Тель Авив: Едиот Ахронот 2014.

Лейнер 1973 — Лейнер Мордехай Йосеф. Мей Хашилоах. Бруклин: б. изд., 1973.

Леви Ицхак 1865–1866 — Леви Ицхак из Бердичева. Кедкшат Леви. Warsaw: Yitzchak Galdman, 1865–1866.

Левин 2010 — Левин Ханох Хейнех. Хашава л'Тора. Иерусалим: Моссад Харим Левин, 2010.

Ликутии Йткарим 1981–1982 — Ликутии Йткарим. Иерусалим 6. изд. 1981–1982.

Маймонид 1976 — Маймонид. Вступление к комментариям к Мишне / перевод с арабского на иврит Рабби Йосефа Давида Кафиха. Jerusalem: Mossad Harav Kook, 1976.

Меир Симха 2002–2003 — Меир Симха ха-Коэн из Двинска. Мешех Хохма / С комментариями рабби Иегуды Копермана. 4-е изд. Иерусалим: б. изд., 2002–2003.

Менахем Нохум 1989–1990 — Менахем Нохум из Чернобыля. Меор Эйнаим. Иерусалим: Иешиват Меор Энаим, 1989–1990.

Менаше бен Исраэль 1651 — Менаше бен Исраэль. Нишмат Хайим. Amsterdam: Sh. A. Su'ero, 1651

Нахман — Нахман из Брацлава. Сихот ХаРан. Иерусалим: Керен Исраэль Дов Одесер, б. д.

Рабинович 1972–1973 — Рабинович, Цадок ха-Коэн. При Цадик. Иерусалим: б. изд., 1972–1973.

Сихот Харан — Сихот Харан. Иерусалим: Керен Исраэль Дов Одесер, б. изд. (Иврит)

Хешель 1962–1963 — Хешель, Авраам. Охев Исраэль. Иерусалим б. изд. 1962–1963.

Шапира 1966–1967 — Шапира, Калонимус Калмиш. Хачшарат Хаав-рейхим. Иерусалим: Ваад Хасидей Песезна, 1966–1967).

Шнеур Залман 1981 — Шнеур Залман из Ляд. Ликутей Амарим Тания (с английским переводом). Brooklyn: Kehot Publication Society, 1981.

Шнеур Залман 1984 — Шнеур Залман из Ляд. Ликутей Тора. Бруклин: Brooklyn: Kehot Publication Society, 1984.

Шнеур Залман 2012 — Шнеур Залман из Ляд. Мамарей Ха-Адмор Ха-Закен, Brooklyn: Kehot Publication Society, 2012.

Штернхарц — Штернхарц, Натан (Реб Натан). Ликутей Галахот. Иерусалим: Керен Исраэль Дов Одесер, б. изд.

Эйбшиц 2017 — Эйбшиц, Давид Шломо. Арвей Нахал. Иерусалим: Йерид Хахасидут, 2017. В 3 томах.

Элимелех из Лиженска 1992–1993 — Элимелех из Лиженска. Ноам Элимелех. Иерусалим: б. изд., 1992–1993.

Эпштейн 1965 — Эпштейн, Калонимус Кальман Маор д'Шемеш (Тель Авив: б. изд. 1965).

Яаков Йосеф 1973 — Яаков Йосеф ха-Коэн из Полонного. Толдот Яаков Йосеф. Иерусалим: Агудат Бет Иолифи, 1973

Nachmanides 1959–1960 — Nachmanides (Moshe ben Nachman). Commentaries to the Torah. Volume 1. Jerusalem: Mossad Harav Kook, 1959–1960.

Русские переводы классических неанглоязычных текстов

Вольтер 1947 — Вольтер. Поэма о гибели Лиссабона, или проверка изречения «Все благо» / Пер. А. Кочеткова // Вольтер, Избранные произведения, М.: Госполитиздат, 1947.

Сартр 2017 — Сартр Жан-Поль. Слова. Мухи. Почтительная потаскушка. За закрытыми дверями. М.: АСТ, 2017.

Предметно-именной указатель

1 Послание к Коринфянам 162
Аарон 64, 86, 87, 195
Авагу, рабби 199
Августин 25
Авраам бен Давид, он же
    Рабад 173
Авраам ибн Эзра 78, 80, 129
Авраам, он же Аврам 53, 62, 65,
    66, 74–77, 85, 86, 88, 89, 111,
    151, 152, 197
Австралия 33
Агада 63
Адам 61, 70–74, 163, 166
Адваита Веданта 182, 183
Азария 64
Айер Альфред Джулс 19, 20, 26
    Язык, правда и логика 19
Акеда 62, 76, 77
Акива, рабби 60, 63, 88, 107, 108,
    154, 237
Альтер Ицхак Меир 157
амаликитяне 77
Амида 142, 143
аморейская литература 90
андроцентризм 70–72, 74, 75, 80
Анкоридж 172
Ансельм Кентерберийский 25

апологетика 12–14, 21, 76
Аристотель 218
Аритха Сутра 10
атеизм 69
Аха, рабби 88
Ахаз 89
Ашер бен Иехель, он же Рош 173

Баал Шем-Тов Израэль, он же
    Бешт 134–136, 140, 141, 148,
    157, 159, 161, 166, 193, 198, 202,
    204, 205, 208, 209
Бал Мике 71
Бар Капра 62
Бартенура Овадия 60
бахаизм 36
Бахья бен Ашер 232
Бергсон Анри 179
Берд Филлис 71
Берока Хозаа 205
Большой взрыв 178
Бом Дэвид 181
Брейтуэйт Ричард Биван
    26, 27
Будда 10, 183
буддизм 32, 36, 183, 225
    Махаяна 183

Валенти Кристос 77
Васан 77
Викка 36
Витгенштейн Людвиг 20
Владивосток 172
возражение происхождения 26, 32–35
Вольтер 92, 93
Всемирный потоп 83

Галаха 68, 170–172, 174, 175
Гегель Георг Вильгельм Фридрих 209
Гейл Ричард 103
Герар 75
Герсонид 216, 217, 232
Гершон Шимон 35
Иудаизм и постмодернизм 35
гзерах 168
Гилель 169
Глатцер Наум 33
Говард-Снайдер Даниэль 101
Голдман Элвин 35, 38, 39, 43
Гоморра 76, 85, 88, 111
Горовиц Нафтали Цви из Ропшица 143, 144
Горовиц Шабтай Галеви 190, 191
Сефер Нишмат Шабтай Галеви 190, 191
Горовиц Яков Ицхак, он же Хойзе 141–143, 195
Готтлиб Авраам Мордехай 194
греческие философы 130
Гриффин Дэвид 179

Давид 78–80
Давид ибн Зимра, он же Радбаз 173

даосизм 36
двекут 135, 141, 144, 145
Дерех Эрец Рабба, трактат 61
Детройт 19
джайнизм 36
Джеймс Уильям 179, 184
Джойс Джеймс 208
Портрет художника в юности 208
дзен 117
Дими, рабби 80, 155
Дов Бер из Межерича 136, 161, 166, 193, 206
Догэн 183
Древо познания добра и зла 71

Ева 70–74, 163
Еврейская Библия 14, 53, 55
Тора 14, 27–29, 31, 57, 58, 60, 62, 63, 72, 75, 79, 96, 108, 115, 119, 126–129, 135, 137–141, 143, 145–151, 153, 155, 166–168, 171, 175–177, 196, 199, 209, 219, 243
Бытие 53, 60–62, 66, 70–76, 81, 85, 88, 111, 113, 125, 137, 138, 163, 185, 232
Исход 53, 60, 62–65, 78, 79, 86, 89, 113, 125, 146, 196
Левит 64, 74, 76, 82, 95, 119, 125, 150, 192, 196
Числа 64, 77–79, 82, 86, 87, 89, 155, 195, 196
Второзаконие 25, 54–56, 64, 77–79, 81, 90, 95, 113, 120, 125, 133, 144, 168, 191, 202
Ранние пророки (Невиим ришоним):
Книга Самуила 80

Поздние пророки (Невиим
Ахаоним)
    Авдий 65
    Амос 87
    Иезекииль 87
    Иеремия 53, 55, 63, 87, 162
    Исайя 54, 55, 107, 189, 200, 202
    Ктувим (Писания)
        Псалтирь 196
        Притчи Соломоновы 54,
        60, 136
        Книга Иова 232
        Паралипоменон 54
европейские евреи 96
Египет 64, 75, 83, 113

заповеди 56, 58, 73, 75, 76, 81, 89,
    113, 115, 119, 121, 127, 128,
    131–133, 140–142, 144, 145, 148,
    151, 152, 155, 159, 165–167,
    198–203, 206
Зимри 64
Зоар 134, 141, 149, 176, 177
Золотой телец 86, 89, 159, 206
зороастризм 36

Иаков 86, 137, 138
Иезекия 89
Иерихон 77
Иерусалим 8, 90, 161, 172
израильтяне 64, 66, 77, 79, 84, 86,
    87, 90, 95, 108, 144, 155, 156,
    159, 196, 199, 200
Илия пророк 205
Инваген Петер ван 69
Индия 33
индуизм 33, 36
инквизиция 238
Интернет 170

Иосафат 80
Иосия 89
Иошуа, рабби 60
Исаак 62, 65, 76, 86, 151
исламские источники 130
Исраэль из Ружина 139
иудаизм 8–14, 16, 17, 19, 20, 25,
    29, 33, 35, 39, 56, 69, 70,
    116–122, 124, 125, 128, 130, 133,
    134, 152, 156, 164, 165, 203, 209,
    210, 219–221
    традиционный 12–14, 17, 25,
    29, 33, 70, 116–122, 124, 128,
    130, 156, 164, 165, 210, 219, 221
    хасидский 133–164
Ишмаэль, рабби 199
    Мехильта рабби Ишмаэля 58,
    59, 62, 63, 66
Ицхак из Радвил 163, 167,
    196–198,
Ицхак, рабби 78

Йедайя Бедерси 219
Йом-Кипур 67, 153, 157, 158, 206
Йонас Сильвия 203
Йосси из Галилеи 63
Йоханан, рабби 82, 199

Кааф 79
Каббала 16, 134, 140, 149, 150,
    157, 176, 190, 191, 219
Каин 74
Калифорния 77
Каплан Мордехай 164
Каро Йосеф 169, 170
Кашрут (или кошер) 29, 44, 45
Кесеф Мишне, комментарий
    к *Мишне Тора* 169
Кимчи Давид 129

Китчер Филип 32
Климт Густав 99
    Портрет Адели Блох-Бауэр 99
Ковчег Завета 79
Кокран Эндрю 181
колодец Мириам 66
конфуцианство 32
Корей 60, 195, 196
Красное море 63, 66
крестовые походы 95

Лайтнер Ансон 90
Леви ибн Хабиб 219
Леви Ицхак из Бердичева,
    рабби 195
Леви, рабби 65, 89
Левин Ханох Хейнех 162
левиты 76, 79
Лейбниц Готфрид Вильгельм 179
Лейнер Мордехай Йосеф, он же
    Избицер 145, 146, 163
Лейнер Яаков 202, 207
Лемех 74
Лиссабон 92, 93
Лондон 32, 93
Лурия Исаак 157
Луццатто Моше Хаим 220

Маймонид 8, 57, 121, 129,
    131–133, 142, 160, 167–171, 173,
    231, 232
    Мишне Тора 57, 121, 160,
    167–169
    Путеводитель растерянных
    131, 132, 231
Маймонид Авраам 129
Маккейн Кевин 22
Манхэттен 99
Маркион 68

материализм 186, 222
мезуза 82
Меир Симха из Двинска, рабби
    171, 172
Меир, рабби 66, 153
Мейерс Кароль 71
Менассе бен Исраэль, рабби 219
Менахем Мендель из Рыманова,
    рабби 143
Менахем Нохум из Чернобыля,
    рабби 192
мессианская эпоха 227, 228
метафизика 25, 28, 29, 40,
    188–190, 209, 229
Мехико 172
Мидраш 60–65, 137, 155, 159,
    199, 201
    Бытие Рабба 60, 62, 81, 85, 88
    Второзаконие Рабба 64
    Исход Рабба 60, 62, 64, 86, 89
    Левит Рабба 64, 74, 82
    Мехильта Рабби Ишмаэля 58,
    59, 62, 63, 66
    Мидраш Псалмы 60
    Мидраш Рабати 65
    Мидраш Рабба 62, 63
    Мидраш Самуил 62
    Мидраш Танхума 61
    Числа Рабба 64, 82, 89, 155
    Шмот Рабба 199, 201
Милль Джон Стюарт 32
Мисаил 64
Мишна 81, 107, 120, 167, 170, 198
Моисей 60, 64, 77, 78, 86, 87, 89,
    90, 107, 108, 111, 113, 145, 195,
    196, 201
Москва 172
Моше Хаим Эфраим из Судилко-
    ва, рабби 136

Навуходоносор 64
Нагель Томас 180
Натан, реб 138
Нахман бар-Ицхах, рабби 78
Нахман из Брацлава, рабби 138,
    159, 192, 206
Нахманид 129, 231, 232
Нахон 79
нацисты 95, 96, 99
Ницше Фридрих 159, 179
Новая галерея Рональда Лаудера
    на Манхэттене 99
Новый Завет 68, 69
Ной 74, 113, 114
Нью-Йорк 172

Олстон Уильям 104
Освенцим 99

Павел, апостол 81
панпсихизм 17, 176–209
Париж 93, 172
Пасхальная Агада 63
патриархат 70, 71, 73, 74
Пекин 32
позитивизм 19, 20
Польша 145, 162, 242
постмодернизм 14, 26, 35–45
постраввинистическая литерату-
    ра 81, 84
прозбул 169

Рабинович Цадок ха-Коэн из
    Люблина 148, 160, 194, 196
раввинистическая литература
    14–16, 53, 55, 57–63, 68–70,
    74–76, 80–86, 88–91, 123, 129,
    130, 133, 135, 138, 147, 153, 155,
    201, 211, 242

Рассел Бертран 40, 179
Раши 70, 78, 80, 199, 202
Рейн 34
Римляне 108
Робертсон Джон 19
Рождество 99
Розенцвейг Франц 33
Росс Тамар 8, 28, 37, 39
Рош ха-Шана, она же Новый Год
    65, 204
Руфус 237

Саадия Гаон 114, 129, 219
Саги Ави 28
Салантер Исраэль 115
Салпаад 86
Самуил бен Хофни 129
Сара, она же Сарра 74, 75
Сартр Жан Поль 236
Саудовская Аравия 32
Саул 80
священники, также коганим
    76, 165
Сефер Га-Хинух 75
Сигер Уильям 179
Сигон 77
сидур 228
сикхизм
Симеон Праведный 56
Синай 28, 140, 144, 145, 155, 156,
    196–203
синтоизм 36
Сифра 76, 167
Скиния 79
Содом 75, 76, 85, 88, 111
Соединенные Штаты Америки 96
Сократ 43
Соловейчик Йозеф Б. 114
Спиноза Барух 179

Средневековье 16, 46, 130–133,
134, 175, 231
Стросон Гален 180, 184
Суинберн Ричард 46, 47
Суккот 12

Таиланд 32
таканах 168, 173
Талмуд 59, 63–66, 78–83, 86, 88,
107, 108, 111, 120, 121, 153–155,
160, 169–172, 197, 199, 201, 237
Вавилонский 153, 169,
170, 197
Иерусалимский 65, 83,
88, 237
Палестинский 153–155
Зераим:
Брахот 57, 59, 65, 83, 108,
120, 237
Швиит 83
Моэд:
Иома 65, 78
Моэд Катан 149
Рош ха-Шана 65
Таанит 88, 89, 205
Хагига 153
Шаббат 29, 64, 153, 174, 197,
199, 201, 202
Эрувин 80
Нашим:
Кидушин 201
Сота 65, 83
Незикин:
Авода Зара 155
Авот 57 60, 64, 107, 198
Бава Батра 82, 83, 90
Бава Кама 81
Бава Меция 65, 66, 82
Макот 86, 87, 141, 142

Санхедрин 60, 64–66,
78–80, 82
Кодашим:
Арахин 66
Бехорот 81
Менахот 108
Хулин 90
Шавуот 82
Тейяр де Шарден Пьер 180
Тенрикё 36
теодицея 17, 18, 101, 108,
210–245
теология 8, 14, 17, 24, 25, 114, 115,
126, 130, 131, 156 161, 164,
188–190, 210, 212, 214, 215,
220, 221
терума 76
Тибет 34
Тит Нат Хан 117
тмимут 25
Торо Генри Дэвид 94
тохаха 149
Трайбл Филлис 71, 72
Треблинка 242
тшува 154

Уайсс Дов 88, 90, 91
Уайтхед Альфред Норт 177,
179–182, 195, 203
Урбах Эфраим 60

фараон 64, 86, 113
Фарра 74, 89
Фельдман-Кэй Мириам 37, 38
феминизм 49, 50, 71
филистимляне 80
Финеес 64
Фишер Кэсс 7, 58, 59
Фуко Мишель 42

Хабад 140, 192
Хай Гаон 129
Хамейри Менахем бен Соломон 60
Ханаан 75, 77, 86, 111
Ханания 141
Ханина бар Папа 90
Ханина, рабби 59, 155
Ханука 12
Хартман Давид 8, 69
Хартшорн Чарльз 179
Хасдай Крексас 217
хасидизм 134, 140, 142, 144, 156, 193, 204
хетты 201, 202
Хешель Абрам Иешуа 154
Хешель Авраам Йеошуа из Апты 154, 192
Хик Джон 32, 211, 212
Хитченс Кристофер 156
холокост 109, 195
Храм 65, 75, 161–163, 165, 166, 207
христианство 19, 27, 33, 34, 37, 68, 69, 157, 202 ,238
   евангелизм 36, 37
   католицизм 25, 37, 98, 238
   протестантизм 37

Центр исследования сознания университета Аризоны 182

Шаббат, также суббота 29, 64, 153, 174, 197, 199, 201, 202
Шапира Калонимус Калмиш 207, 208

Шерира Гаон 129
Шетландские острова 172
Шешет, рабби 83
Шимон бен Азай 90
Шимон бен Лакиш 60, 90, 200
Шма Исраэль 56, 142, 143, 237
шмита 169
Шнеур Залман из Ляд 134, 150, 155, 192
Шолем Гершом 134
Шопенгауэр Артур 179
Шхина 161

Эверетт Хью 215
Эддингтон Артур 180
Эдемский сад 71, 80, 166
Эйбшиц Давид Шломо 142
Эйнштейн Альберт 107
экспрессивизм 26–32, 35
Элазар, рабби 74, 78
Элиезер, рабби 53, 149
Элимелех из Лиженска 151, 192
Элиша бен Абуя 153, 155
эпистемология 20–26, 32–35, 38, 40, 44, 45, 112
Эпштейн Калонимус Кальман 137, 194

Яаков Йосеф из Полонного, рабби 148, 166, 192
Янаи, рабби 107

Оглавление

Благодарности 7
К читателю 10

Введение 12
Глава 1. Мой богословский метод 19
Глава 2. Совершенно благое существо 46
Глава 3. Бог евреев 53
Глава 4. Идеологическая критика 68
Глава 5. Аргумент от зла 92
Глава 6. Ответ смирения 98
Глава 7. Ответ на современную идеологическую критику —
    Бог евреев и еврейский Бог 123
Глава 8. Хасидский панпсихизм: «Дарованная свыше
    часть Бога» 176
Глава 9. Мультивселенная: возможная теодицея 210
Заключение 246

Библиография 247
Предметно-именной указатель 257

Научное издание

Джером Йехуда Геллман
СОВЕРШЕННАЯ БЛАГОСТЬ И БОГ ЕВРЕЕВ
Современная иудейская теология

Директор издательства *И. В. Немировский*
Ответственный редактор *О. Немира*
Куратор серии *С. Козин*
Заведующий редакцией *А. Наседкин*

Дизайн *И. Граве*
Редактор *Е. Голубева*
Корректор *И. Манлыбаева*
Верстка *Е. Падалки*

Подписано в печать 30.04.2025.
Формат издания 60 × 90 $^1/_{16}$. Усл. печ. л. 16,6.
Тираж 200 экз.

Academic Studies Press
1577 Beacon Street, Brookline, MA 02446 USA
https://www.academicstudiespress.com

ООО «Библиороссика».
198207, г. Санкт-Петербург, а/я № 8

Эксклюзивные дистрибьюторы:
ООО «Караван»
ООО «КНИЖНЫЙ КЛУБ 36.6»
http://www.club366.ru
Тел./факс: 8(495)9264544
e-mail: club366@club366.ru

Книги издательства можно купить
в интернет-магазине: www.bibliorossicapress.com
e-mail: sales@bibliorossicapress.ru

12+

www.ingramcontent.com/pod-product-compliance
Lightning Source LLC
Chambersburg PA
CBHW070400100426
42812CB00005B/1580